# 全面建成小康社会的理论与实践

社会科学院基础研究丛书　丛书主编　李中元

景世民　张文丽　主编

山西出版传媒集团

山西人民出版社

图书在版编目（CIP）数据

全面建成小康社会的理论与实践／景世民，张文丽主编．—太原：山西人民出版社，2018.1
ISBN 978-7-203-10076-8

Ⅰ．①全…　Ⅱ．①景…②张…　Ⅲ．①小康建设－成就－山西　Ⅳ．①F127.25

中国版本图书馆 CIP 数据核字（2017）第 195355 号

**全面建成小康社会的理论与实践**

| | |
|---|---|
| 主　　编： | 景世民　张文丽 |
| 责任编辑： | 李建业 |
| 复　　审： | 武　静 |
| 终　　审： | 张文颖 |
| 装帧设计： | 谢　成　郝彦红 |

| | |
|---|---|
| 出 版 者： | 山西出版传媒集团·山西人民出版社 |
| 地　　址： | 太原市建设南路 21 号 |
| 邮　　编： | 030012 |
| 发行营销： | 0351 - 4922220　4955996　4956039　4922127（传真） |
| 天猫官网： | http://sxrmcbs.tmall.com　电话：0351 - 4922159 |
| E — mail： | sxskcb@163.com　发行部 |
| | sxskcb@126.com　总编室 |
| 网　　址： | www.sxskcb.com |

| | |
|---|---|
| 经 销 者： | 山西出版传媒集团·山西人民出版社 |
| 承 印 者： | 山西出版传媒集团·山西新华印业有限公司 |

| | |
|---|---|
| 开　　本： | 720mm×1010mm　　1/16 |
| 印　　张： | 23.5 |
| 字　　数： | 380 千字 |
| 印　　数： | 1—2000 册 |
| 版　　次： | 2018 年 1 月　第 1 版 |
| 印　　次： | 2018 年 1 月　第 1 次印刷 |
| 书　　号： | ISBN 978-7-203-10076-8 |
| 定　　价： | 72.00 元 |

**如有印装质量问题请与本社联系调换**

# 写在前面的话

《山西省社会科学院基础研究丛书》是山西省社会科学院深入贯彻落实习近平总书记系列重要讲话特别是在哲学社会科学工作座谈会上的讲话精神，着力构建中国特色哲学社会科学学科体系、学术体系、话语体系的具体实践，是充分发挥智库功能，服务决策、服务社会、服务人民，同时强化基础研究、提高基本能力的集中体现。这套丛书从2015年底开始着手策划、设计，到2017年5月全部交稿，历时一年多。全院各所、中心结合自身学科方向和研究实际，分别从全面建成小康社会、马克思主义中国化在山西的理论和实践、煤炭产业政策、山西百年史学、地方立法理论和山西实践、晋商学、汉语语汇的变异与规范、哲学视野下的教育理论等集中开展研究，最终形成了展现在各位读者面前的多部著作。

基础研究是构建中国特色哲学社会科学的重要内容，是哲学社会科学工作者的基本功，也是一切应用研究的基础。没有良好的基础研究功力和水平，应用研究只能是水月镜花、空中楼阁。2010年以来特别是2014年9月以来，山西省社会科学院作为山西省委、省政府思想库、智囊团，按照山西省委、省政府安排部署，紧紧围绕中心工作，为构建良好政治生态、不断塑造美好形象、逐步实现振兴崛起提出了许多决策建议，多次得到山西省委、省政府主要领导的批示，有的还被相关部门采用。在服务决策过程中我们发现，打造一支对党忠诚、学养深厚、反应快捷、建言有效的社会科学研究队伍，离开基础研究、没有良好的基本功底是无法达到目的的。为此，院里安排专门经费，要求全院各所、中心按照各自学科方向形成基础研究课题，出版《山西省社会科学院基础研究丛书》。

　　《丛书》的策划、写作、出版始终得到省委宣传部的大力支持，得到山西出版传媒集团特别是山西人民出版社的大力支持，在此一并致谢。我们相信，《丛书》将会为山西省哲学社会科学学术殿堂添砖加瓦，也将为中国特色哲学社会科学学科体系建设贡献一点力量。

# 不负历史使命 加快智库建设
## ——《山西省社会科学院基础研究丛书》代序

山西省社会科学院党组书记、院长 李中元

2016 年 5 月 17 日，习近平总书记在哲学社会科学座谈会上发表的重要讲话，站在人类文明进步的高度、党和国家事业发展全局的高度、中华民族伟大复兴的高度，深刻阐述了什么是中国特色哲学社会科学、怎样发展中国特色哲学社会科学、广大哲学社会科学工作者"为了谁、依靠谁、我是谁"的问题，明确提出中国特色哲学社会科学体系的历史使命、指导思想、根本要求和主要任务，深刻阐明事关哲学社会科学性质、方向和前途的一系列重大问题，是推动当代中国哲学社会科学繁荣发展的纲领性文件，是做好哲学社会科学工作的根本遵循和行动指南。

总书记重要讲话发表一年来，我们反复认真学习，深刻领会其思想精髓、精神内涵和重大意义，深刻感受到作为哲学社会科学工作者的光荣使命和时代担当，更加激发了推动哲学社会科学繁荣发展、加快现代新型智库建设的决心和信心。

一、加快智库建设是贯彻落实习总书记讲话精神、发挥地方社科院职能的有力抓手

习近平总书记在哲学社会科学工作座谈会上指出，要"建设一批国家急需、特色鲜明、制度创新、引领发展的高端智库，重点围绕国家重大战略需求开展前瞻性、针对性、储备性政策研究"。当代世界，依靠技术、资本推动发展正在逐步为依靠智慧推动发展所取代，智库已成为社会发展的一支重要力量。中共中央办公厅、国务院办公厅 2015 年 1 月下发《关于加强中国特色新型智库建设的意见》，明确了中国特色新型智库的发展目标、发展方向和发展要求，是指导现代新型智库建设的根本指南。

作为我省最大的哲学社会科学研究机构，我院多年来始终坚持高举旗帜、围绕中心、服务大局，积极发挥省委、省政府思想库、智囊团职能，在服务政府、服务社会、服务人民上搞研究，为推动全省经济社会发展、传承人类文明成果作贡献。2016 年以来，我们注重全院智库功能建设，加快实施哲学社会科学创新工程和智库建设步伐，取得明显成效。

从 2015 年开始，我们牵头发起倡议，组建山西省智库发展协会（三晋智库联盟）。经过一年多的筹备，2017 年 1 月 7 日，山西省智库发展协会（三晋智库联盟）成立。作为全国首家省级智库团体，协会成立以来，已与中国与全球化治理（CCG）、国研智库、北京大学、清华大学等十多家国内著名智库建立了战略合作关系，聘请了王伟光、谢克昌、郑永年、梁鹤年等国内外知名学者为智库高级学术顾问，整合山西省内智库资源开展了国企国资改革调研，与山西综改示范区达成了"智本+"孵化器入区协议等。

二、加快智库建设是贯彻落实习总书记讲话精神、创新社科研究体制机制的有效平台

习近平总书记强调指出：要统筹国家层面研究和地方层面研究，优化科研布局，合理配置资源，处理好投入和效益、数量和质量、规模和结构

的关系，增强哲学社会科学发展能力。加快智库建设，重在学科创新和体制机制创新。2017 年以来，我们结合"两学一做"学习教育制度化、常态化和"两提一创"大讨论活动要求，研究制定了《山西省社会科学院哲学社会科学创新工程行动方案（2017)》，努力破解制约科研生产力提高和智库功能发挥的体制机制障碍，着力推进学术理论创新、学科体系创新、科研体制机制创新，激发科研活力，促进社科研究水平和服务决策能力全面提升，努力把我院建成省级一流、国内知名的思想库、智囊团和特色新型智库。我们将不断加大学科建设和人才建设力度，按照体现继承性、民族性，原创性、时代性，系统性、专业性的目标要求，构建与新型智库需求相适应的学科、人才支撑体系。以问题和需求为导向，进一步优化学科资源，调整学科布局，发展优特学科，加大新兴、交叉学科的扶持和培育力度，逐步形成目标明确、重点突出、特色鲜明的学科体系。大力推进创新工程，确定一批重点学科和学术带头人，打造一支对党忠诚、学养深厚、反应快捷、建言有效的人才队伍。不断加大体制机制改革力度，搭建省情调研平台、跨界科研平台、开放合作平台等多种平台，通过改革创新形成多平台运转模式，发挥多边效应，推动智库发展。

**三、加快智库建设是贯彻落实习总书记讲话精神、推动哲学社会科学繁荣发展的根本方向**

习近平总书记深刻指出：坚持以马克思主义为指导，是当代中国哲学社会科学区别于其他哲学社会科学的根本标志，必须旗帜鲜明加以坚持。我院既是我省重要的学术殿堂，也是研究传播马克思主义的重要阵地。我们始终坚持守土有责、守土负责、守土尽责，牢牢掌握马克思主义在社科研究领域的领导权，把坚持以马克思主义为指导贯穿社科研究全过程。面对新形势、新征程，我们一定要把深入学习贯彻落实习近平总书记重要讲话精神作为一项长远的重大任务，真学真懂、真信真用、真抓真做，把讲话精神转化为加快智库建设、更好为地方党委政府决策服务的自觉行动，紧密围绕省委、省政府重大战略决策需求，围绕全省经济社会发展的热点、难点问题和人民群众普遍关心的重大理论和实际问题，开展具有前瞻性、针对性、储备性政策研究，不断推出水平较高、质量较好的优秀成果，不断提升服务决策、服务社会、服务人民的能力，以充沛的热情、严谨的精神、科学的态度、求实的学风为全省经济社会发展提供智力支持和决策服务，为我省哲学社会科学事业繁荣发展贡献力量。

# 序　言

　　"小康"是中国人民在长期历史长河中所形成的社会理想，作为典型的中国式概念，所表达的是广大人民群众对宽裕、殷实的理想生活的追求，历经千年而不衰。中华人民共和国成立后，中国共产党人将小康融进了对中国式现代化的追求。改革开放之初，邓小平同志提出"小康之家"，将具有浓厚人文底蕴的小康社会与中国现代化建设框架再次紧密地结合起来，形成了小康社会的战略构想，开启了中国从传统社会走向现代化的原动力。在这伟大战略构想的实践进程中，我国经历了"温饱型小康""总体小康"和"全面小康"三个历史阶段，开创了社会主义现代化建设的新局面。在新的发展阶段，以习近平为核心的党中央，大胆改革、勇于实践，提出了"中国梦"的新构想，既继承和发展了邓小平的小康社会理论，也为中华民族在新的战略机遇期构建了更为长远的发展蓝图，为亿万中国人清晰勾勒出中国梦的美好明天。

　　不断提高人民物质文化生活水平，是我国改革开放和社会主义现代化建设的根本目的。围绕不断提高人民生活水平，根据我国社会主义现代化建设的客观实际，我们党不断发展和完善了全面建成小康社会的理论体系。

从十一届三中全会到十二大，是小康社会思想的初步形成阶段。在改革开放伊始的 1979 年，邓小平同志用"小康之家"来描述中国式的现代化进程，这是我们党第一次提出"小康"概念。邓小平用"小康之家"这样一个中国历史上普通百姓所向往的吃穿不愁、日子好过的理想社会状态，同时又参照西方社会的标准，用世界上通用的衡量一个国家或地区生产水平和生活水平的人均国民生产总值，为"小康之家"这个笼统的、没有任何量化指标概念确定了人均 1000 美元的标准。第一次把我们党的战略目标同人民群众的生活密切地联系起来，从而使长期以来十分抽象的经济发展战略，变成了与每一个中国人利益紧密联系的具体的、明确的发展目标。

从党的十三大到十四大，是小康社会思想的成熟阶段，主要标志是小康社会思想形成了一个较为完整的体系。小康社会实质上是一个生产力不断发展、综合国力不断增强、社会全面进步的过程，是中国现代化进程中的一个重要阶段。1987 年党的十三大正式将"小康水平"列为"三步走"战略第二步目标。十三大报告指出，十一届三中全会以后，我国经济建设的战略部署大体上分"三步走"：第一步，实现国民生产总值比 1980 年翻一番，解决人民的温饱问题。第二步，到 20 世纪末，使国民生产总值再增长一倍，人民生活达到小康水平。第三步，到 21 世纪中叶，人均国民生产总值达到中等发达国家水平，人民生活比较富裕，基本实现现代化。党的十四大肯定这个战略，并提出了近期和长远的三个奋斗目标。即在 20 世纪 90 年代初步建立起新的经济体制，使人民生活达到小康水平；再经过 20 年努力，到建党 100 周年的时候，在各方面形成一整套更加成熟更加定型的制度；在这个基础上，到 21 世纪中叶新中国成立 100 周年的时候，就能达到第三步发展目标，基本实现社会主义现代化。至此，"三步走"发展战略更加明确和具体。

从党的十五大到十七大，是小康思想的丰富阶段。在小康社会战略目标的指引下，经全党、全国各族人民的共同努力，我国经济社会发展进入了快车道。1997年，国内生产总值达到7.48万亿元，提前3年实现了人均国民生产总值比1980年翻两番的目标。党的十五大报告根据我国社会经济发展的实际情况，对21世纪前50年的社会主义现代化建设做出新的战略部署，即21世纪的第一个10年实现国民生产总值比2000年翻一番，使人民的小康生活更加宽裕，形成比较完善的社会主义市场经济体制；再经过10年的努力，到建党100年时，使国民经济更加发展，各项制度更加完善；到21世纪中叶新中国成立100年时，基本实现现代化，建成富强民主文明的社会主义国家。

进入21世纪，我国实现了总体小康的目标，人民生活总体上达到小康水平。党的十六大报告提出全面建设惠及十几亿人口的更高水平的小康社会，明确了全面建设小康社会的战略部署、具体要求、历史机遇和实现途径。使小康社会思想得到了进一步的丰富和发展。党的十七大适应国内外形势发展的新变化，顺应人民过上美好生活的新期待，在十六大的基础上，又进一步提出了实现全面建设小康社会的新要求，包括扩大社会主义民主、加强文化建设、加快发展社会事业、建设生态文明等五个方面，制定实施了一系列推动改革发展的新措施，带领全党全国人民谱写了全面建设小康社会的新篇章。

历史的车轮滚滚向前，全国人民经过十年的努力和共同奋斗，全面建设小康社会取得了重大成就，为到2020年实现建成全面小康社会的目标奠定了坚实基础。从2002年到2011年，我国经济建设、政治建设、文化建设、社会建设、生态文明建设全面推进。经济总量从世界第六位跃升到第二位，国际地位和影响力显著提升；人均国内生产总值从 1135 美元增加到 5432 美元，增长了 1.4 倍；城镇居民人均可支配收入从 7703 元增加到 21810 元；农村居民人均纯收入从 2476 元增加到 6977 元，人民的生活水平得到了极大的提高。

党的十八大首次提出了全面建成小康社会的奋斗目标。与十七大"为夺取全面建设小康社会新胜利而奋斗"的主题表述不同，十八大确定的大会主题为"为全面建成小康社会而奋斗"。从"建设"到"建成"虽只有一字之变，反映的却是我国现代化发展阶段的重大变化。这是一百多年来中国人民强国梦想最实在、最具体的表达，也是执政的中国共产党向各族人民的庄严承诺。十八大就实现全面建成小康社会这一核心目标系统地设计了政治建设、经济建设、文化建设、社会建设、生态文明建设"五位一体"的目标体系，既是对党的十六大、十七大确立的全面建设小康社会目标的承接和提升，也奠定了实现"中国梦"这一奋斗目标的前提和基础。

实现中华民族伟大复兴是中华民族近代以来最伟大的梦想。在中国共产党成立一百年时全面建成小康社会，这是"中国梦"的第一个宏伟目标。全面建成小康社会彰显"中国梦"的时代特征，是"中国梦"的关键一步，"中国梦"的首要目标是全面建成小康社会。

中华人民共和国成立以来，山西这块古老的黄土地发生了翻天覆地的变化，取得了举世瞩目的发展成就。尤其是改革开放以来，山西在国民经济和社会发展、人民生活水平提高方面取得的长足进步，成为全国小康社会建设进程的缩影。从中华人民共和国成立初期的贫困落后到基本温饱，到实现总体小康，再到现在走上加快推进全面建成小康社会的新征程，山西全面建设小康社会的实践历程在共和国气势磅礴的历史画卷上写下了浓墨重彩的一笔。

但是，应当看到，山西作为欠发达地区，全面建成小康社会任务繁重，从纵向上看，还有与全国水平拉大的趋势。2000 年以来，山西全面建设小康社会实现程度落后于全国平均水平。当前，山西全面建成小康社会仍然存在较多的制约因素。

一是经济增长乏力。实现全面建成小康社会目标，经济发展是基础、是关键。但是，目前全省经济下行压力较大，2015 年全省地区生产总值同比增长 3.1%，2016 年上半年同比增长 3.4%，与全年 6% 的目标差距较大，经济增速持续走低表明全省经济仍处于最困难时期。煤炭、钢铁、焦化、水泥、电解铝等行业是全省供给侧结构性改革中化解产能过剩的主要行业，也是一些地方政府财政收入和增加就业的主要渠道。全省财政收入自 2014 年 8 起已经连续 23 个月负增长，2016 年上半年较上年同期下降 7.4%，减收 68.1 亿元，如何在去产能的同时保障地方财政收入、安置好职工下岗失业问题是我们面临的主要困难之一。

二是脱贫攻坚难度加大。实现全面建成小康社会目标，最突出的短板是农村贫困人口，最艰巨的任务是脱贫攻坚。山西是全国扶贫开发重点省份，近年来，按照产业扶贫、技能扶贫、资本扶持和不断改善基本生产生活条件"3+1"的精准扶贫路线，取得了显著成效。但是，扶贫攻坚任务仍然非常艰巨。按照 2010 年人均纯收入 2300 元的贫困线，目前全省有 58 个贫困县，占全省 119 个县的 48.7%，即接近一半的县是贫困县；建档立卡贫困村有 7993 个，占全省 28226 个村的 28.3%；建档立卡贫困人口 232 万，占全省 2410 万农村人口的 9.6%。

贫困面大，贫困人口多，贫困发生率较高。由于全省的贫困人口主要集中在太行山和吕梁山两大片区，地理位置偏僻、基础设施落后、产业发展基础薄弱、人力资源匮乏，都是最难啃的硬骨头。这些地区贫困程度深，减贫边际效应不断下降，脱贫成本越来越高，对脱贫攻坚任务提出更高要求。

三是产业转型升级任务艰巨。当前，全省依然处于经济增长新旧动能转换期，经济结构发生了多个方面的积极变化，新旧动能转换迹象明显。上半年经济发展数据显示，产业结构在优化，GDP 增长构成中，第三产业增长 7.6%，占比达 56.3%；全省社会消费品零售总额 3026.6 亿元，比上年同期增长 6.4%，分别快于一季度、上年同期 1.1 个、1.4 个百分点。投资结构在改善，装备制造业等战略性新兴产业的投资占比在上升。但也应看到，全省经济仍然面临较大下行压力，亟须提高经济发展新旧动能的切换效率，让新动能尽快释放出强劲的动力，让经济阵痛期变得更短一些。目前，煤、焦、冶、电等传统的支柱产业正处于调整关键期，产业结构转型升级的任务十分艰巨。

四是生态环境极度脆弱。小康全面不全面，生态环境很关键。良好的生态环境，是最公平的公共产品，是最普惠的民生福祉。山西地处黄土高原，是全国能源重化工基地，产业结构畸重，导致生态基础差、历史欠账多、结构性污染难以在短时期内得到根本转变，已经成为全省全面建成小康社会的主要制约因素之一。目前，全省的水土流失面积占总面积的 69%，森林覆盖率只有 19.3%，水资源人均占有量是全国平均水平的 1/5，世界平均水平的 1/25，比干旱的西北六省水资源量还低，严重影响和制约全省经济社会的可持续发展。长期以来，由于高耗能、低产出、重污染的产业结构，致使环境污染和生态破坏十分严重，形成巨大的生态历史欠账。因此，必须清醒认识加强生态文明建设的重要性和必要性，真正下决心把环境污染治理好、把生态环境建设好，从而为人民创造良好的生产生活环境。

"十三五"时期是全面建成小康社会的决胜阶段，是山西实现转型发展的关键五年，也是实现和全国同步步入全面小康社会的关键五年。我们必须深入贯彻党的十八届五中全会提出的创新、协调、绿色、开放、共享五大发展理念，破解发展难题，厚植发展优势，以全面深化改革为各项工作的突破口，继续推动产业结构转型升级，深入推进扶贫开发，加强生态文明建设，抓住关键环节，破解难题瓶颈。

一要着力提高改革的突破性、先导性和有效性。坚定不移地深化改革，积极探索建立有利于资源合理配置、有利于激发民间与市场活力的制度安排，是促进当前山西经济发展活力的关键所在。应充分利用山西综改试验区的政策机遇，大胆先行先试，率先实施各领域的改革，重点推进国企改革、财税体制改革、资源市场化配置改革；加快转变政府职能，以行政审批制度改革为突破口，纵向撬动政府自身改革，横向撬动经济社会各领域改革，坚决清除妨碍社会生产力发展的体制机制障碍，推进治理体系和治理能力现代化。

二要坚决打赢脱贫攻坚战。山西是国家扶贫开发工作重点省份，也是一个贫困分布面广、贫困程度较深的省份。全省贫困地区自然条件较差，基础设施薄弱，农村经济发展十分缓慢。应实施精准扶贫、精准脱贫。建立精准扶贫工作机制，实施"五个一批"扶贫攻坚行动计划。积极开展专项扶贫，发展特色产业脱贫、实施易地搬迁扶贫、扩大贫困地区基础设施覆盖面，引导劳务输出脱贫，全面实施行业扶贫，推进贫困地区基本公共服务均等化，加大科技扶贫力度。加强贫困地区生态保护、农村危房改造和人居环境整治。协调推进社会扶贫，发挥村党组织作用。强化定点扶贫，形成社会合力。加强扶贫责任机制和政策保障。要牢固树立以人民为中心的发展思想，越是经济下行压力大，越要注重保障和改善民生，坚决打赢脱贫攻坚战。

三是要促进支柱产业转型升级。山西的优势在煤，困惑也在煤。长期以来，产业结构的"一煤独大"，导致全省经济"一荣俱荣，一损俱损"。目前，在市场变化与环保压力的倒逼下，应以壮士断腕的魄力与决心进行能源革命，推进煤炭绿色低碳高效开发利用，大力发展新能源，推动能源供给多元化，瞄准国际技术前沿，积极开展共性技术科技攻关，实现资源驱动向创新驱动的转变；全面推进供给侧结构性改革，有力有度有效地落实好"三去一降一补"重点任务，对于低水平、长期看没有市场需求的过剩产能，要把握结构调整的"窗口期"，痛下决心坚决淘汰，决不能让其阻碍供给体系提质增效的步伐；要大力发展战略性新兴产业，培育新的经济结构，努力走出一条资源型地区创新驱动、转型升级的新路。

四是要加快生态文明建设。全面协调可持续发展，要求我们在发展中既考量"发展度"，即能否保持真正地发展、健康地发展、理性地发展；又要衡量"协调度"，即能否优化经济发展效率和质量之间的平衡，能否合理调控经济发展的成果分配。同时，还需衡量发展的"持续度"，即经济发展与环境、资源之间的协调性。对于山西这样的生态脆弱省份，更要树立全面协调可持续发展理念，把绿色发展贯穿于经济和社会发展全过程和各领域，严格主体功能区开发，严守生态环境底线，创新生态资源开发利用模式，真正下决心把环境污染治理好、把生态环境建设好，努力走向社会主义生态文明新时代，创造良好的生产生活环境。

　　丰富的资源、独特的区位、深厚的历史文化底蕴，为我省加快发展提供了坚实的基础；光荣的革命精神传统、可贵的艰苦奋斗品质、面对差距奋起直追的勇气，必将释放出我省全面建成小康社会的巨大能量。相信依靠全省各级政府的重视和推动，依靠 3600 万山西人民的努力奋斗，全面建成小康社会的目标一定能够如期实现！

编者

2016 年 10 月

# 目 录

CONTENTS

# 第一章 世界现代化发展历程及相关理论溯源

　　全面建成小康社会是中国现代化发展进程中承上启下的一个必经阶段，是中国人民对现代化的百年追求。全面建设小康社会的理论和实践，是建立在世界现代化发展和人类文明成果基础上，对世界现代化实践及成果的继承和创新。因此，有必要对既有世界现代化理论进行分析与演绎，将其作为全面建设小康社会的理论基础，并为进一步理论深化提供重要的思想素材。

　　建设全面小康社会的实质是以经济发展为核心促进社会的全面进步，而围绕发展中国家或地区经济增长问题的研究一直是 20 世纪国外经济研究的热点。

## 第一节　发展经济学理论

　　20 世纪中叶兴起的发展经济学理论是研究落后地区经济发展问题所借鉴的主要经济理论。第二次世界大战后，随着世界殖民体系的瓦解，出现了一大批经济基础薄弱、贫穷落后问题突出的新兴民族独立国家，这些国家与第二次世界大战前独立的国家统称为发展中国家。由于发展中国家数量众多、人口规模占到世界人口总量的 3/4 以上，因而其出现和兴起对世界经济发展格局产生了极大影响，成为世界经济发展中不可忽视的力量。在此背景下，从 20 世纪 40 年代开始产生了以发展中国家经济发展问题为研究对象的发展经济学。根据发展经济学在演变过程中发展思路及其政策取向的不同，主要分为结构主义学派、新古典主义学派、新古典政治经济学派。

**一、结构主义学派理论**

20 世纪 40 年代末至 60 年代末，发展经济学以结构主义发展思路为主，在政策上主张计划至关重要。结构主义学派强调结构因素对发展中国家的制约作用，他们认为，发展中国家最为典型的特征就是明显的刚性结构，这种刚性结构意味着在较长的时期内发展中国家的结构不会有明显的改进，只有通过大力发展工业化才可以克服这种刚性。因此，结构主义学派对发展目标的研究重点主要集中于如何实现工业化问题上。他们把发展中国家摆脱贫困、经济发展的根本出路定位于如何积累资本、实现工业化，因而把工业化与经济增长看成是同义词，也把经济增长和经济发展加以等同。这一时期，发展被定义为积累能力提高，经济增长趋稳，产业结构提升，现代经济份额和运作范围扩大。

结构主义学派认为，发展中国家面临的最主要问题是居民储蓄能力太低，而导致这一问题的主因是传统部门在二元经济结构中所占的份额过大。因此，发展中国家必须通过转移农业剩余劳动力和实施制度工资来提高国家的积累率。为此，需要从生产资料部门的扩大再生产入手，最大限度地提高现代部门就业机会的增长率，尽快将追求效用最大化的传统经济改造成为追求利润最大化的现代经济。

结构主义学派强调政府宏观调控的重要性，认为发展中国家应制订关于国家工业化与资金筹集的总体计划，实施旨在保护幼稚产业的进口替代战略和相应的产业政策。对此，他们提出了旨在说明计划化的重要性、必要性和可能性的哈罗德—多马模型，钱纳里的"大推进""平衡增长"和"两缺口"等理论，以及旨在解决计划配置的技术性问题的线性规划和投入——产出分析等经济规划方法。

总体来看，结构主义认为刚性结构是所有发展中国家共有的特点，强调发展中国家必须通过结构转变来达到推动经济发展的目的，政策取向上强调资本积累、工业化、计划化和实行进口替代，其核心是突出工业化和计划化的重要性。

### 二、新古典主义学派理论

20世纪60年代末至70年代末，发展经济学以新古典主义发展思路为主，这一时期的政策取向发生了明显变化。一方面，由过去强调资本形成转变为重视人力资本的作用；另一方面，由过去强调计划化的作用转为强调市场机制的作用。新古典主义发展经济学家认为，经济发展的关键是实行充分竞争的市场经济体制，实施旨在发挥比较优势的出口导向战略，特别是要充分发挥和提升人力资本的作用。

在这一阶段，影响最大的是"人力资本理论"，其核心内容是通过知识的教育、技能的培训、经验和信息的传播，开发人的潜能，提高人的发展能力。此时，发展除了原先的含义之外，还包括了市场经济体制的逐步完善、市场机制作用范围的逐步扩大、人力资本提升的外部环境的不断改善和人力资本的质量的不断提高。

### 三、新古典政治经济学派理论

20世纪80年代之后，内生经济增长理论（新增长理论）日益成为分析经济发展问题的重要理论。该理论从现代增长理论的要素实证分析方法出发，探究不同国家经济增长率产生巨大差异的原因，强调人力资本和知识资本积累对经济增长的巨大影响，并认为人力资本和知识的生产与积累是一国经济长期增长的最终源泉，各国经济增长率的差别和收入水平的差异源自各国对知识和人力资本的不同刺激以及向他人学习的能力。因此，一个国家要追赶世界先进水平，最重要的、最具决定意义的是知识资本、人力资本以及本国向其他国家学习的能力。但是，由于内生经济增长理论缺乏对技术进步过程中制度因素演变的分析，使该理论应用于经济发展研究的有效性受到一定影响。

随着新古典政治经济学的兴起，在发展经济学的研究中开始出现对于政治、法律、文化等非经济因素的制度背景分析，即新制度主义。新制度主义学派主张，储蓄率和教育水平的提高以及技术创新等均是发展的事实，而非发展的原因，发展只有在经济组织是有效率的情况下才会出现。发展中国家之所以长期得不到发展，关键是因过于偏重增长所需的经济投入，而忽视了使增长成为现实的基本制度建设的非经济投入，从而导致市场经济在旧的制度框架约束下难以有效运行，最终陷入发展困境。因此，要解决发展问题，不仅需要资本积累、产业结构优化、技术引进、出口促进、人口控制和就业改善等经济因素，更需要作为背景的政治、法律、文化、社会等制度因素。

# 第二节　经济发展阶段理论

经济发展具有阶段性，各阶段之间存在着明显的特征差别。在不同的发展阶段，各国或地区的经济发展目标、重点及发展模式等都存在着明显的差异，其政策制定、社会组织、运用生产要素的方式等方面也存在着根本的差别。因此，根据已有成果明确山西经济发展所处的阶段以及在现代化进程中所处的位置，对于山西全面建成小康社会具有十分重要的意义。对于经济发展阶段的划分，人们通常采用美国经济学家钱纳里和罗斯托等人的划分标准。

## 一、钱纳里人均产出发展阶段论

美国经济学家钱纳里等人通过对 101 个发达国家和发展中国家的数据分析，将经济发展分为初级产品生产、工业化阶段、发达经济三个过程，揭示了不同经济发展阶段的结果变化的标准模式。他们按人均 GDP 水平对经济发展阶段进行划分，即按 1970 年美元计算，人均 GDP 为 140—280 美元时，经济发展处于初级产品生产阶段；人均 GDP 为 280—560 美元时，经济发展处于工业化初级阶段；人均 GDP 为 560—1120 美元时，经济发展处于工业化中级阶段；人均 GDP 为 1120—2100 美元时，经济发展处于工业化高级阶段；人均 GDP 为 2100—3360 美元时，经济发展处于发达经济初级阶段；人均 GDP 为 3360—5040 美元时，经济发展处于发达经济高级阶段。

## 二、罗斯托经济成长阶段理论

20世纪60年代初，美国经济学家罗斯托依据现代经济增长理论和主导产业、生活目标等的变化，从世界经济发展史的角度系统而集中地阐述了经济成长阶段理论。他把人类社会的经济发展分为六个阶段，以此来说明经济增长的历史过程。这六个阶段分别是，传统社会阶段（以农业为主导产业）、为起飞创造前提的阶段（以轻工业为主导产业）、起飞阶段（以采掘业、钢铁工业、交通设施业为主导产业）、成熟阶段（以电力、机械制造、化工为主导产业）、高消费阶段（以汽车业、石油业、耐用消费品工业等为主导产业）、追求生活质量阶段（以信息业、服务业、环保业为主导产业）。

罗斯托认为，对于后进国（穷国）来说，与其经济发展最有关系的是前三个阶段，即传统社会阶段、为起飞创造前提的阶段、起飞阶段。其中，又以起飞阶段最为关键，因为这一阶段是生产性经济活动达到一个关键水平并导致大规模和累进性的结构转变时期，是社会历史中决定性的转变，其实质是结构转变，也就是以主导产业的扩张效应为核心的发展转型过程。即使在成熟阶段、群众高额消费阶段或追求生活质量阶段，罗斯托认为主导产业的加速发展仍至关重要。此外，罗斯托还指出，后进国（穷国）要实现经济起飞需要具备三个条件：一是生产性投资占国民收入或产出的比例由5%增至10%以上；二是巨型制造业发展并得到高速扩张；三是政治、制度和社会结构发生变化以利于现代产业部门的扩张和利用起飞的潜在外部经济效应。

# 第三节　区域经济发展理论

在区域经济发展理论中存在着两大流派，一是由美国经济学家索洛、英国经济学家斯旺等人提出的新古典区域经济均衡发展理论。二是以法国经济学家弗郎索瓦·佩鲁提出的增长极理论为核心的区域经济非均衡发展理论。均衡发展理论的核心是建立在一系列的假设条件基础之上的，它假定区域间生产要素完全自由流动，而且所有区域的再生产要素都是同质的，生产要素可以自由替代，存在同一的固定比例规模收益的生产函数。显然，这一理论存在缺陷，不符合资源要素稀缺、发展条件各异的客观实际。而非均衡发展理论从现有资源的稀缺性的客观实际出发，强调应重点发展重点地区和重点部门以带动整个区域经济的发展，更符合发展中国家的实际，因而被众多国家所采纳。

## 一、不平衡发展理论

在发展中国家经济增长的战略布局上，赫希曼、威廉姆森等提出了"不平衡发展理论"，如增长极、点轴开发、网络开发等，强调一个国家或地区在不同时期要选择有支配全局的重点地区、重点部门发展经济，通过区域增长极的扩散效应促进区域经济的全面发展。

增长极理论最早由法国经济学家弗朗索瓦·普劳克斯提出，他针对古典经济学家的均衡发展观点，指出现实世界中经济要素的作用完全是在一种非均衡的条件下发生的。通过对实际经济活动的观察，弗朗索瓦·普劳克斯认为增长并非同时出现在所有地方，而是以不同的强度首先出现于一些增长点或增长极上，然后通过不同的渠道向外扩散，并对整个经济产生不同的最终影响。在此过程中，增长极发挥着极化效应和扩散效应两种效应，且两种效应在区域经济发展的不同阶段有着不同的作用强度，带动着区域经济发展。

在增长极理论基础之上，经济学家进一步提出点轴布局理论。该理论认为，从区域经济发展的空间过程看，以制造业为代表的非农产业首先在少数点即增长极上得到发展，随着经济发展水平的提高和工业化进程的加快，工业点不断增多，点与点之间经济联系不断加强，必然会建设各种形式的、为点服务的交通线路网络，这些线路即为"轴"。这些"轴"一经建成，便对人口和产业形成强大的吸引力，促进人口和企业向轴线两侧集聚，并产生新的点。通过以点带轴、以轴带面，最终促进整个区域经济的发展。点轴开发模式是一种地带式发展，它比增长极模式对区域经济的带动作用更为有效，主要适用于区域经济发展处于工业化前期和工业化中期阶段的地区。

学者们将点轴布局理论继续延伸和扩展，提出网络开发理论。该理论认为，一个现代化的经济区域，其空间结构均是由节点、域面、网络三个要素构成。"节点"是指不同等级的增长极，"域面"即各增长极的吸引范围，"网络"即联结节点和节点之间以及节点和域面之间的各种交通通信网。区域网络布局首先要明确主要节点之间即主要城市之间的分工协作关系，充分发挥各城市的优势，建立具有特色的产业结构；其次要强化区域中的点轴系统，提高各节点之间、各域面之间，特别是节点与域面之间生产要素交流的广度和深度，促进区域经济一体化进程；最后要加强本区域与其他区域经济网络的联系，将域内的技术经济优势向外围区域扩散，促进更大范围的区域经济发展。网络开发模式是一种较为完备的开发模式，主要适用于经济发展水平处于工业化中后期的区域以及更发达的区域。

### 二、循环累积因果理论

循环累积因果理论由瑞典经济学家缪尔达尔首次提出，他利用"扩散效应"和"回流效应"说明经济发达地区的优先发展对于其他区域的促进作用以及不利影响，并提出了如何既充分发挥发达地区的带头作用，又通过采用适当的政策来刺激落后地区的发展，最终实现消除发达与落后并存的二元经济结构的政策主张。

缪尔达尔认为，经济发展过程在空间上并不是同时发生和均匀扩散的，一些条件较好的优势区域会因集聚经济的存在，在市场的作用下持续累加地加速增长，并同时产生回流效应和扩散效应两种方向相反的效力。回流效应是指资本、技术和劳动力等生产要素在收益差异的吸引下，由落后地区流向发达地区的经济现象。扩散效应是指当经济发展到一定阶段时，资本、技术、劳动力等生产要素又从发达地区向落后地区流动的经济现象。在缪尔达尔看来，回流效应并非无限制地发展下去，当发达地区经济发展到一定阶段，受发展空间和资源承载能力所限，生产成本必然上升，外部经济效益逐步缩小，区域经济增速放缓。此时，出于自身发展需要，发达地区将资本、技术和劳动力等生产要素扩散，客观上拉动落后地区的发展，从而缩小区域发展不平衡形成的差距。

缪尔达尔认为，正是由于回流效应和扩散效应的力量对比，使得区域经济发展向上或向下开始新的累积运动，而这两种效应力量的大小取决于区域经济的发展水平。区域发展水平越高，扩散效应越强；区域经济发展水平越低，回流效应越强。因此，他主张政府应当采取非均衡发展战略，根据区域经济发展阶段的不同采取不同的政策。在区域经济发展初期，优先发展有较强增长势头的地区，通过发展计划和重点投资来求得较好的投资效率和较快的增长速度。当这些优势地区发展到一定程度后，政府应采取一定的特殊措施帮助和刺激落后地区加快发展，以防止累积因果循环造成区域贫富差距无限制扩大。

# 第四节　社会发展理论

20 世纪 70 年代，人们对发展有了新的认识，认为发展不仅仅是经济的增长，而是以人为中心的经济社会各方面的全面进步的过程。联合国第二个发展 10 年（1970—1980）报告指出，发展已不再是单纯的经济增长，社会制度的完善、社会结构的变迁和社会福利的改善具有同等重要的地位。围绕 "全面建设小康社会" 这个主题，以下将从社会发展道路的选择、社会发展的根本目的、社会发展的基本要求方面展开对社会发展理论的评述。

## 一、社会发展的道路选择

20 世纪 60 年代，针对一些发展中国家出现的 "有增长而无发展" 的情形，经济学家尤其是发展中国家的经济学家把考察的视线由发达国家的历史经验转向落后国家的发展实践。他们认为，发达国家的发展是建立在对不发达国家的经济掠夺和殖民统治基础上的，并造成了不发达国家对他们的依赖性和从属性，不发达国家不可能在同样的初始条件下重演发达国家的现代化道路。要实现发展，不发达国家必须独立自主、独辟蹊径，寻求新的发展方式，并建立与此相适应的国际经济新秩序。他们提出，发展中国家不能照搬照抄发达国家的历史经验，而是要在对发达国家成功经验比较研究的基础上，依据变化了的时代或形势进行创新，选择更加切合本国实际的发展战略、发展路径、发展体制和机制，注重强调时代、国情、实践和创新对于特定国家发展的重要性。

进入 20 世纪 80 年代，邓小平吸取并超越当代国外的种种社会发展理论，把中国的社会发展与世界现代化进程相联系，建立了符合中国国情的社会发展理论，即走有中国特色的社会主义道路。党的十一届三中全会之后，以邓小平为核心的党中央领导集体科学回答了"什么是社会主义，怎样建设社会主义"等一系列问题，形成了新的中国化的马克思主义理论——邓小平理论。该理论一方面从根本上否定了西方现代化理论"全盘西化"的主张，提出中国的现代化必须从本国国情出发，要以依靠本国人民自己的力量为主；另一方面也指出了任何一个民族和国家要发展，决不能关起门来搞建设，强调"社会主义要赢得与资本主义相比较的优势，就必须大胆吸收和借鉴人类社会创造的一切文明生产规律的先进经营方式、管理方式"，加强国际交往。邓小平理论不仅是对国外社会发展理论的某些偏激观点的一个纠正，更是对当今现代化发展理论的一大贡献。

## 二、关于人的发展

人的全面发展与人类社会的全面发展之间是辩证统一的关系。全面建设小康社会是促进人的全面发展的前提和手段，而促进人的全面发展则是全面建设小康社会的本质要求和最高目标。

早在 19 世纪德国古典历史哲学家中，康德、赫尔德、黑格尔、席勒等先哲们就人的发展提出了一些有价值但很局限的思想，在经过大量的缜密研究之后，马克思、恩格斯创立了人的全面发展系统思想。在马克思主义看来，人的全面而自由的发展是一个逐步实现、永不完结的过程，在社会发展的不同阶段，促进人的全面发展有着不同的内容和目标。根据马克思在《经济学手稿》中有关社会发展三形态的理论，社会主义初级阶段处在第二大社会形态，全面小康社会属于此阶段的一个具体过程，因此马克思关于第二大社会形态人的发展特征也就是当前阶段促进人的全面发展的基本目标。主要包括以下几点：

一是个人关系的普遍性发展。是通过商品这个中介建立物质交换关系，在个人与社会、个人之间建立普遍的关系，使个人之间的关系突破血缘、地缘自然因素的限制，成为名副其实的社会关系。在市场经济社会中，个人之间的普遍关系开始主要体现为物的联系，即物质交换关系，体现为对物的依赖性。这种物的联系对人的全面发展意义深远。在建立于普遍性的社会分工和交换基础上的个人关系中，个人至少在形式上是独立自主的，也是平等和自由的。这表明，个人的独立性是市场经济的支撑点，个人的自主、自由与相互之间的平等是进行物质交换的前提和保证。

二是个人关系的全面性发展。个人关系全面性的发展，不仅应当有物质交换关系，还应在物质交换关系的基础上，进一步发展个人之间的政治法律关系、思想文化关系、伦理道德关系等诸种社会关系。如果说个人关系普遍性的发展是个人关系广度上的拓展，是从"地方性联系"向"世界性联系"的延伸，那么个人关系全面性的发展则是将物质关系推广到社会关系的全部方面，意味着使个人与社会之间、个人与个人之间的关系超出物质关系的范畴，具有更为丰富和全面的内容。社会生活是丰富多彩的，社会关系也是多种多样的，无论是个人之间的关系还是个人与社会之间的关系，都不可能是单一的，而应当是多元的、复合的。社会关系如果仅仅剩下物质关系一种，那就是一种片面性，是人片面、畸形发展的集中表现。从这个意义上说，个人关系的全面性的发展，就是人的全面发展的表现。

三是人的需要的多样性发展。需要是推动人类社会发展与进步的基本动力之一。人的需要的多样性决定了人的活动的多样性、社会关系的多样性、人的发展的多样性，没有多样性的需要就不会有人的多样性的发展。市场经济为人的多方面需要的发展奠定了基础。在全面建设小康社会的过程中，促进人的需要的多样性，就是通过不断发展生产力，使人的基本需要获得满足，从而降低物质需要或生存需要的紧迫性和重要性，同时为发展和满足人的高级需要创造必要的条件。

四是个人能力的全面发展。人的能力的全面发展是人的全面发展的核心。所谓人的能力是指人类在社会实践中形成的物质生产、精神生产的客观的能动力量。人的能力是多方面的，包括体力和智力、自然力和社会能力、潜力和现实能力等。所谓有市场就有竞争，而竞争的实质是个人能力的竞争。在市场经济社会中，优胜劣汰的竞争机制的存在，客观上对人的能力的不断发展提出了新的要求。任何个人要在残酷的市场竞争中保持优势地位，就必须不断开发自己的潜能，并发展自己多方面的能力。

### 三、关于经济社会协调发展

小康社会是一个体现经济和社会协调发展的概念。以辩证的观点来看待发展问题，经济发展和社会发展是紧密相关的。经济发展是社会发展的前提和基础，没有一定的经济增长和物质积累，社会发展就无法得到有效保障。反过来，社会发展为经济发展提供精神动力、智力支持和必要条件，如果社会发展长期受到抑制，经济发展的稳定性和可持续性就难以保证。因此，经济社会协调发展是发展的客观要求。但是，经济发展和社会发展的目标并非总是一致，经济增长并不必然带来社会总福利的增加和人的全面发展，而且在不同的发展阶段，发展的重心及目标取向存在着一定的差异。在生产力发展水平低、物质产品短缺、人们的温饱问题尚未解决的历史阶段，经济发展是发展问题的中心，一切工作服从服务于经济建设。当生产力有了较大提高，温饱问题得到解决，物质产品剩余增多，人们对物质以外的精神文化、健康安全等方面的需求也日益增长，客观上要求社会与经济共同发展，努力促进经济社会协调发展成为发展所追求的目标。而当生产力高度发展、物质产品极大丰富时，经济发展反过来要服从服务于社会发展这一根本目的。

理论研究表明，促进经济社会协调发展，关键在于努力完善收入分配、城市化、户籍制度、社会保障、教育卫生、食品安全、就业、社会组织管理等方面的相关法律、法规和政策，同时提高对社会发展目标的财政投入比重，加强人口控制、环境保护，并对落后地区、弱势群体权益提供有效保障，从而为经济社会协调发展创造宽松的政策、制度环境。

## 第五节　可持续发展理论

20世纪50年代到60年代，人们在经济增长、人口、资源、城市化等所形成的环境压力下，对"增长等于发展"的模式产生怀疑，并在世界范围内展开了人类关于发展观念上的争论。直到 20 世纪 80 年代，在以人为中心的综合发展观的基础上，人们提出了"可持续发展"的概念。1987 年，联合国世界环境和发展委员会在《我们共同的未来》的研究报告中第一次明确提出"可持续发展"的定义，并于 1992 年联合国环境与发展大会上取得世界各国的普遍共识，即"可持续发展是既满足当代人需求，又不对后代人满足需求的能力构成危害的发展"。可持续发展观顺应了人类历史前进的方向，获得了发达国家和发展中国家的普遍认同。对于山西全面建设小康社会的建设来说，必须以可持续发展的基本原则为指导，实施可持续发展战略，才能在可持续发展中实现全面小康的基本目标。可持续发展的核心理论包括：

## 一、三种生产理论

三种生产理论认为，人类社会可持续发展的物质基础在于，由人类社会和自然环境构成的世界系统中物质的流动是否通畅并形成良性循环。这一理论是把人与自然组成的世界系统的物质运动分为三大生产活动，即人的生产活动、物资生产活动和环境生产活动，并致力于探讨三大生产活动之间和谐运行的理论与方法。

## 二、外部性理论

外部性理论认为，环境日益恶化和人类社会出现不可持续发展现象及趋势的根源，是迄今为止人类一直把自然（资源和环境）视为可以免费享用的"公共物品"，不承认自然资源具有经济学意义上的价值，并在经济生活中把自然的投入排除在经济核算体系之外。基于这一认识，该流派致力于从经济学的角度探讨把自然资源纳入经济核算体系的理论与方法。

### 三、财富代际公平分配理论

财富代际公平分配理论认为，人类社会出现不可持续发展现象和趋势的根源，是当代人过多地占有和使用了本应属于后代人的财富，特别是自然财富。基于这一认识，该流派致力于探讨财富（包括自然财富）在代与代之间能够得到公平分配的理论和方法。

可持续发展理论的产生是人类社会发展的必然，它源于人们对所依赖的自然环境日益恶化的担忧和对传统单维度社会发展观的批判，也反映了人类对今后选择的发展道路和发展目标的憧憬和向往。该理论主要强调四方面内容：一是肯定经济增长的必要性，即只有经济实现增长才能使人们摆脱贫困和不断提高生活水平，才能为解决生态危机提供必要的物质基础，才能最终打破贫困加剧和环境破坏的恶性循环。二是突显经济发展与资源、环境的辩证关系，即经济发展的可持续性取决于资源与环境的可持续性，而资源和环境的可持续性也要依赖于经济发展的支持。三是拓展了公平的概念，既强调了同代人之间发展的代内公平，也强调了世代人之间发展的代际公平，指出"可持续发展是既满足当代人发展的需要，又不对后代人满足其需要的能力构成危害的需要"。四是倡导共同性原则，指出实现社会持续公平发展是世界上所有国家都必须承担的责任。

# 第二章　传统文化中小康思想的源流

小康思想的历史源流，最早可以上溯到 3000 多年前的西周时期。从其发端起，历朝历代的政治家、思想家、文人墨客对小康思想进行了多种多样的阐发，使得"小康"的内涵不断扩大。追溯小康思想的历史渊源，对于当今时代的我们深刻领会全面建成小康社会的宏伟目标具有重要意义。

## 第一节　小康思想的溯源

小康思想发端于我国传统文化，"小康"一词最初用来指代一种生活状态，后又衍生为一种社会发展阶段或者说发展形态。

### 一、《诗经·大雅·民劳》中的"小康"：一种生活状态

"小康"一词最早见于《诗经》。作为我国最早的诗歌总集，《诗经》产生于奴隶社会末期，它搜集了公元前 11 世纪至公元前 6 世纪的古代诗歌 305 首，反映了西周初期到春秋中叶约 500 年间的社会面貌。《诗经》最初只称为"诗"或"诗三百"，据传为孔子编订。《诗经》按

《风》《雅》《颂》三类编辑，其中，《风》收录周代各地的歌谣；《雅》分为《小雅》和《大雅》，收录的是周人的正声雅乐；《颂》分为《周颂》《鲁颂》和《商颂》，收录了周王及贵族宗庙祭祀的乐歌。

《诗经·大雅·民劳》

民亦劳止，汔可小康。惠此中国，以绥四方。无纵诡随，以谨无良。式遏寇虐，憯不畏明。柔远能迩，以定我王。

民亦劳止，汔可小休。惠此中国，以为民逑。无纵诡随，以谨惛恢。式遏寇虐，无俾民忧。无弃尔劳，以为王休。

民亦劳止，汔可小息。惠此京师，以绥四国。无纵诡随，以谨罔极。式遏寇虐，无俾作慝。敬慎威仪，以近有德。

民亦劳止，汔可小愒。惠此中国，俾民忧泄。无纵诡随，以谨丑厉。式遏寇虐，无俾正败。戎虽小子，而式弘大。

民亦劳止，汔可小安。惠此中国，国无有残。无纵诡随，以谨缱绻。式遏寇虐，无俾正反。王欲玉女，是用大谏。

《诗经·大雅·民劳》开篇即有"民亦劳止，汔可小康。惠此中国，以绥四方"之句，这是"小康"一词可以追溯到的最早源头。这句话的意思是说，百姓终日劳作不止、穷困辛苦，应当过上安居乐业的小康生活，只有这样才能使国家强盛、四方安定。反映了劳动人民对安康生活和相对宽裕生存状态的向往，同时规劝统治者不要荼毒百姓，要使人民得到安定的生活。可见，这里的"小康"与后文中"小休""小息""小安"等具有相近的含义，指人们不为劳役所困、能够安居乐业这样一种生活状态。

### 二、《礼记·礼运》中的"小康"：一种社会发展形态

作为一种社会发展形态的"小康"始于我国古代典籍《礼记》。《礼记》亦称《小戴礼记》或《小戴记》，是秦汉之前各种礼仪论著之选集，是儒家经典之一，据传为西汉戴圣[①]编纂。《礼记》包括《曲礼》《檀弓》《月令》《礼运》《学记》《大学》《中庸》《经解》等49篇，大部分为孔子弟子及其再传、三传弟子所记，内容庞杂，上至王室之制，下至民间之俗，无不涉及，是研究我国古代社会文化的重要参考资料。

《礼记·礼运》记载的孔子与子游的对话中，孔子详细阐述了他的"大同"和"小康"社会观，对后世影响深远。孔子将夏代以前黄帝、尧、舜所治理的社会视为"天下为公"的大同社会，而把夏商周三代中禹、汤、文、武、周公时代称为"小康"[②]。对于"大同"，他说："大道之行也，天下为公，选贤与能，讲信修睦。故人不独亲其亲，不独子其子。使老有所终，壮有所用，幼有所长，鳏寡孤独废疾者皆有所养。男有分，女有归。货恶其弃于地也，不必藏于己。力恶其不出于身也，不必为己。是故谋闭而不兴，盗窃乱贼而不作，故外户而不闭，是谓大同。"而针对当时所处的"小康"，孔子认为："今大道既隐，天下为家，各亲其亲，各子其子，货力为己，大人世及以为礼，城郭沟池以为固，礼义以为纪，以正君臣，以笃父子，以睦兄弟，以和夫妇，以设制度，以立田里，以贤勇知，以功为己，故谋用是作，而兵由此起，禹汤文武成王周公，由此其选也。此六君子者，未有不谨于礼者也。以

---

① 戴圣,字次君,生卒年不详,西汉时期官员、学者、礼学家。

② 魏秀芬:《小康思想的理论研究》,载《北京农学院学报》,2005(1)。

著其义，以考其信，著有过，刑仁讲让，示民有常。如有不由此者，在
埶者去，众以为殃。是谓小康。"

由此可见，《礼记·礼运》中所阐释的"小康"是与"大同"相对
应的一种社会发展形态。可见，这里的"大同"和"小康"是中国古代
儒家学派描述的两种不同的社会制度或者说社会发展阶段。"大同"
是最高阶段的理想社会。在大同社会里，实行的是公有制，天下为公，
人们不是为自己的私利，而是为公共利益各尽所能地工作和劳动；没
有战争、尔虞我诈、盗乱等丑恶现象，社会秩序完美。而"小康"则是
"大同"的大道消隐之后出现的社会，是"天下为家"的私有制社会。
在小康社会里，土地和财产为各个家庭私有，人们的智力为个人利益
所驱使，存在着阶级之间的贫富对立和贵贱不同的社会等级差别。社
会中存在国家、军队、战争，也存在阴谋诡计、盗乱等丑恶现象，社会
由王公大人来治理，国君实行世袭制，也存在君臣父子、贫富贵贱的
社会等级关系，社会秩序靠礼义来维护。①

## 第二节　古代小康思想的演变

孔子的小康思想被以后的中国历代思想家继承并不断发展。从春
秋到两汉，再到宋、明、清，历朝历代的政治家、思想家根据现实需
要，都曾对其进行过多种解释、演绎，用以阐释社会发展状态，描述社
会发展趋势。

---

① 张守军,张彩玲:《康有为的小康思想》,载《财经问题研究》,2005(11)。

## 一、孔子的"大同—小康"社会观

孔子把上古时代的黄帝、尧、舜治理社会时期称为"大同"，把夏商周三代中禹、汤、文、武、周公时代称为"小康"。在孔子眼里，小康是比大同社会较低级的社会形态，而大同才是最理想的社会形态。既然上古的大同社会不可重来，人心不古，那么只好退而求其次来实现并维护小康社会，这也反映了在追求理想社会过程中，由于社会现实所限而不得不有所折中、保留的务实心态。综合分析孔子的"大同—小康"社会观，孔子所谓的"大同"强调"天下为公"，而"小康"则着重"天下为家"；大同社会依靠诚信维护社会秩序，而"小康"社会用礼仪调节社会关系、治理国家；大同思想代表了人们对"天性"的理想追求，而小康思想则成为一种"人性"的现实体现。孔子的"大同—小康"社会观对后世影响深远，每一个朝代或者每一个阶段中，不论是政治家还是思想家，不论是儒家还是其他学派，都从不同角度出发，阐释、发展了各自的社会改革和发展理念。

## 二、孟子的温饱型小康生活观

孟子倡导井田制，主张"王道"政治，强调"制民恒产"，实现小康。"制民恒产"是孟子构想的封建社会的土地制度，也是使百姓生活达到"小康"的基本途径。百姓有了恒产，安居乐业，则王道可行，天下便会大统。

孟子所谓的"制民恒产"，就是通过国家法令，授予黎民百姓一定数量的产业。关于如何实现"制民恒产"，据《孟子·梁惠王上》所载，孟子对梁惠王说："是故明君制民之产，必使仰足以事父母，俯足以畜妻子，乐岁终身饱，凶年免于死亡；然后驱而之善，故民之从之也轻。"意思是：贤明的君主规定百姓的产业，一定要使他们上足以赡养父母，下足以抚养妻儿；收成好的年份能够丰衣足食，年馑时也不至于饿死。这种条件下，把百姓引上善良的道路，老百姓也就容易听从了。

继而，孟子向梁惠王提出了实行"制民之产"即使民实现小康生活的具体办法："王欲行之，则盍反其本矣。五亩之宅，树之以桑，五十者可以衣帛矣；鸡、豚、狗、彘之畜，无失其时，七十者可以食肉矣；百亩之田，勿夺其时，八口之家可以无饥矣。"意思是："大王真想施行仁政，为什么不回到根本上来呢？（给每家）五亩地的住宅，种上桑树，（那么）五十岁的人就可以穿上丝织的衣服了；鸡、小猪、狗、大猪这些家畜，不要失去（喂养繁殖的）时节，七十岁的人就可以有肉吃了；一百亩的田地，不要（因劳役）耽误了农时，八口人的家庭就可以不挨饿了。"可见，孟子所设计的是一个典型的温饱型的小康生活模式。

"谨庠序之教，申之以孝悌之义，颁白者不负戴于道路矣。七十者衣帛食肉，黎民不饥不寒，然而不王者，未之有也。"孟子认为，百姓通过"恒产"实现小康生活，再加上重教、尊老，就一定能够统一天下。

### 三、东汉何休的"三世说"

东汉末年，何休[①]著《春秋公羊解诂》[②]，对儒家经典之一的《春秋

---

① 何休，字邵公，东汉顺帝永建四年（公元 129 年）生于任城樊县（今山东济宁市东）。著有《春秋公羊解诂》《春秋公羊文谥例》《公羊墨守》《谷梁废疾》《春秋汉议》等。汉灵帝光和五年（公元 182 年），在谏议大夫任上逝世，终年 54 岁。

② 别称《春秋公羊经传》《公羊解诂》《春秋公羊经传解诂》等。

《公羊传》①进行注疏。

在《春秋公羊解诂》中，何休糅合了《礼记》中关于"大同""小康"等社会形态的描绘，并将其发展成为具有一定系统性的"三世说"理论。根据"三世说"，何休认为人类社会有其自身的发展规律，社会发展是一个由"衰乱世"到"升平世"再到"太平世"的发展过程。在这一进化过程中，社会由野蛮到文明、由乱到治、由落后到进步、由低级到高级不断衍进。何休所描述的"太平世"社会形态相当于前人所述的"大同"社会，而"升平世"则相当于"小康"社会。可见，与孔子认为社会由天下为公的"大同""堕落"至天下为私的"小康"不同，何休认为社会是可以由乱而治、由"小康"而"大同"的。

### 四、南宋洪迈、朱熹的小康社会理想

宋代的洪迈在《夷坚志》②中提出，"然久困于穷，冀以小康"。可见，洪迈认为小康生活是当时人们的生活希冀，反映了人们摆脱贫困、追求富裕的现实愿望。南宋时期，也有学者从"王道仁政"思路出发，试图改变现实、实现小康。同期的理学家朱熹认为，只要有像禹、汤、文、武、成王、周公那样的"大贤"来实行"王道仁政"，小康之世就可以达到，且"千五百年之间……不无小康"③。朱熹认为，如汉朝的

---

①《春秋公羊传》亦称《公羊传》《公羊春秋》，是专门解释《春秋》的一部典籍，相传其作者为子夏的弟子，战国时齐人公羊高。该书上起鲁隐公元年，止于鲁哀公十四年，与《春秋》起讫时间相同，着重阐释《春秋》所谓的"微言大义"，用问答的方式解经。《公羊传》有东汉何休撰《春秋公羊解诂》、唐朝徐彦作《公羊传疏》、清朝陈立撰《公羊义疏》。

②《夷坚志》是文言志怪小说集，南宋洪迈撰。洪迈以夷坚自谓，将其书比作《山海经》。全书原分初志、支志、三志、四志，每志又按甲、乙、丙、丁顺序编次，共著成甲至癸二百卷；支甲至支癸、三甲至三癸各一百卷；四甲、四乙各十卷。

③朱熹：《朱子全书·晦庵先生朱文公文集》，上海古籍出版社，2003年。

"文景之治"、唐朝的"开元盛世"等繁盛时期都应算是小康社会。

### 五、古代文人对"小康"的阐释

历朝历代，都有不满于现实的知识分子通过文学作品来表达对理想社会的追求和向往。总体来看，古代的"小康"含义无非包括三大类：

一是指稍安之意。《诗·大雅·民劳》中"民亦劳止，汔可小康"即为此意。此外，白居易《老病相仍以诗自解》中有"昨因风发甘长往，今遇阳和又小康"之句。

二是指儒家理想中的所谓政教清明、人民富裕安乐的社会局面，如禹、汤、文、武、成王、周公之治。后多指境内安宁，社会经济情况较好。除《礼记·礼运》外，《晋书·孙楚传》有"山陵既固，中夏小康"。《资治通鉴·后唐明宗长兴四年》："在位年谷屡丰，兵革罕用，校于五代，粗为小康。"东晋诗人陶渊明的《桃花源记》、南宋康与之的《昨梦录》等都以生动的笔触，描绘了自然经济条件下"怡然自乐""万民怡怡""计口授田，以耕以蚕""信厚和睦"的小康图景。

三是指家庭稍有资财，可以安然度日的生活状态。除洪迈外，蒲松龄《聊斋志异·丁前溪》："杨感不自已。由此小康，不屑旧业矣。"《儒林外史》第十五回："先生得这'银母'，家道自此也可小康了。"

明代中叶以后，随着商品经济的萌芽和封建制度的危机，出现了早期的启蒙思想。启蒙思想家以颂古非今的方式表达了对理想社会的追求。黄宗羲歌颂古之君"授田以养民"，提出了"均田"的设想，认为不应实行君主专制，而应"公其非是于学校"，主张"工商皆本"以富民。这就使对小康的追求隐约有了一丝"现代化"的意蕴。

# 第三节　近代小康思想的发展

　　鸦片战争以来，觉醒的中国人上下、内外求索，试图找到救国救民的现实路径。在洪秀全、康有为、孙中山等人的社会革命或者改革方案中，小康思想得到进一步阐发。

## 一、洪秀全的小康思想

　　洪秀全在《天朝田亩制度》中描绘了一个"有田同耕、有饭同食、有钱同使，无处不均匀、无处不饱暖"的人间天堂。

　　1853 年冬，太平天国颁布《天朝田亩制度》，成为太平天国的建国纲领。它突出反映了农民要求废除封建土地所有制的强烈愿望，是几千年来农民反封建斗争的思想结晶。它体现了绝对平均主义思想，幻想在分散的小农经济基础上实行均贫富。

　　《天朝田亩制度》致力于解决土地分配问题，追求天下"无人不饱暖"，其具体设计方案是：

　　"凡分田，照人口，不论男妇，算其家人口多寡，人多则分多，人寡则分寡，杂以九等。……凡天下田，天下人同耕，此处不足，则迁彼处，彼处不足，则迁此处。"①

　　《天朝田亩制度》设计的初衷是按家庭人口多寡平分耕地，但其还构筑有另一幅理想国图景，该图景之描述如下：

---

　　①《天朝田亩制度》收录于辽宁大学校内教材，见辽宁大学历史系中国近代史教研室编：《中国近代史资料选编》(上)，辽宁大学印刷厂，1981 年，第 54–58 页。

"凡天下，树墙下以桑。凡妇，蚕绩缝衣裳。凡天下，每家五母鸡，二母彘，无失其时。凡当收成时，两司马督伍长，除足其二十五家每人所食可接新谷外，余则归国库。凡麦、荳、芋、麻、布、帛、鸡、犬各物及银钱亦然。盖天下皆是天父上主皇上帝一大家，天下人人不受私，物物归上主，则主有所运用，天下大家处处平匀，人人饱暖矣。此乃天父上主皇上帝特命太平真主救世旨意也。"[1]

根据上述内容，天国把耕地平分给民众的目的，除了让民众获得饱暖，继而发家致富之外，民众耕作所产，除满足其最基本食用需求外，余下部分需全部收归国库。而且不独粮食如此，布帛、鸡狗、银钱等等，全都"亦然"。其最终目的，需做到"物物归上主"，并声称此乃"太平真主救世旨意"。可见，洪秀全绘就的"小康"图景，基于满足人民的基本生活需要，在此基础上，由"上主"进行统一分配，以达到天下处处平均、人人饱暖的理想境界。

### 二、康有为的小康思想

康有为作为中国近代变法维新运动的领袖，为推行其变法维新主张，他从传统的儒家今文经学中寻找或制造理论根据，他把《公羊春秋》的"三世说"和《礼记·礼运》篇的"小康""大同"思想糅合在一起，用庸俗进化论的观点，将人类社会的历史发展进程推演为"据乱世""升平世"（小康）和"太平世"（大同）三个阶段。康有为认为，人类社会是一个从"乱世"到"升平"再到"太平"不断更新、发

---

①《天朝田亩制度》收录于辽宁大学校内教材，见辽宁大学历史系中国近代史教研室编：《中国近代史资料选编》（上），辽宁大学印刷厂，1981年，第54-58页。

展、进化的历史过程。他把封建专制统治下的社会叫做"据乱世"，把变法维新所要争取的君主立宪制度称为"升平世"即"小康"社会，而把资产阶级民主共和制度称为"太平世"，即"大同"社会。按照康有为的解释，人类社会未来的发展过程就是要从"据乱世"经"升平世"（小康）再进化到"太平世"（大同）。戊戌变法失败后，康有为周游世界，受西方空想社会主义的影响，于 1902 年完成《大同书》。在《大同书》中，康有为所描述的大同社会实际已经是一个实行生产资料公有制的具有空想性质的社会主义社会。这样，在康有为关于社会发展阶段的理论里，既然"据乱世"是指两千年以来的封建专制制度，"大同"或"太平世"又是一个社会主义性质的社会，那么，很清楚，他所说的"小康"或"升平世"就是介于二者之间的现代资本主义社会了。而他领导的维新运动，就是要争取当时的中国社会由封建专制的"据乱世"进入现代资本主义的"升平世"或小康社会。

这样，康有为的"小康—大同"理论和儒家的"大同—小康"理论就完全不同了。在儒家的"大同—小康"理论里，社会的发展是一代不如一代，是从最理想的"大同"降到"小康"，再降到礼崩乐坏的封建"据乱世"。而康有为的"小康—大同"理论则认为社会发展的前景是日益美好的，"小康—大同"并没有成为历史，而是在未来，人类社会必然要向前进入"小康"，并最后进入"大同"社会。而他发动变法就是要争取当时的中国社会由封建专制的"据乱世"进入"升平世"，即实现"小康"。而他所谓的"小康"，其实就是当时在西方已经成为现实的资本主义社会。

这样，康有为就把历史上儒家的具有复古倒退性质的"大同—小康"论转化成描述人类社会发展前景的"小康—大同"论了，从而成为中国近代资产阶级要求变封建社会为资本主义社会的改革变法理论了。康有为本人则以当代孔子自居，打着实现孔子"小康""升平世"理想的旗帜，发动了轰轰烈烈的戊戌变法运动。

在戊戌变法之前，康有为认为，当时中国正处于由"据乱世"向"升平世"过渡的阶段，即由封建社会向资本主义君主立宪社会过渡的阶段，只能讲"小康"不能讲"大同"，讲"大同"必然导致天下大乱："方今为据乱之世，只能言小康，不能言大同，言则陷天下于洪水猛兽。"

戊戌变法的失败，证明资产阶级改良派企图依靠封建朝廷、依靠光绪皇帝实现资本主义改革的道路在中国行不通。戊戌变法失败后，康有为流亡国外，但他仍然坚持改良主义的保皇立场，坚决反对孙中山的革命思想。他反对革命派要用革命手段推翻封建君主专制而实行所谓"大同"社会的主张，重申其"只能言小康，不能言大同"的观点。他说："仆在中国实首创言公理，首创言民权者，然民权则志在必行，公理则今日万不能尽行也。盖今日由小康而大同，由君主而至民主，正当过渡之世，孔子所谓升平之世也，万无一跃超飞之理。"[1]"孔子早明太平世之法，而必先以据乱世、升平世乃能致之，苟未至其时，实难躐等"[2]。意思是如果现在实行大同，就是企图由"据乱世"越过"升平世"而直接进入"太平世"，这种跨越历史阶段的社会变革或革命，是根本实现不了的。

后来，康有为不仅反对革命，而且也否定了改革和变法。他甚至

① 康有为:《答南北美洲诸华商论中国只可行立宪不可行革命书》，见《康有为政论集》(上册)，中华书局，1981，第476页。
② 康有为:《法国大革命记》，见《康有为政论集》(上册)，中华书局，1981年，第588页。

忏悔自己"戊戌首请国会"是"愚昧"之举:"追思戊戌时,鄙人创议立宪,实鄙人不察国情之巨谬也。"①他认为,西方的制度,即使有好的地方,也未必适合于中国。在 1903—1905 年之间,康有为写出《物质救国论》一书。在该书中,康有为提出,中国落后于西方的地方,只有"物质一事",因此,要救中国,要改变中国的贫穷面貌,使中国成为"小康"社会,唯一的办法是讲求物质。康有为所说的"物质",指的是西方的工艺、汽电、炮舰与兵器等物质生产技术。他认为,中国的贫弱与社会政治制度并无关系。中国几千年的封建制度,是中国的立国之本,并不比西方制度差,可以稍加修补,而不可废除。可见,这一时期,康有为心中的"小康"社会,演化为基本保持中国两千年来封建政治制度的社会。

### 三、孙中山的小康思想

孙中山提出了"天下为公"的大同社会理想。他以"三民主义"为基础,在继承传统大同思想的同时又吸取了近代西方社会主义的某些观点而形成的新的社会理想,他认为民生主义就是社会主义,简单地把"大同"等同于社会主义。孙中山认为中国只有经过小康才能走向大同。他说:"大同世界,所以异于小康者,俄国新政府之计划,庶几近之。"②他把实施民生主义、进行小康实践视为实现人类理想的中国道路,这就揭示了小康与大同的历史性联系。

具体来看,孙中山先生的小康思想,主要体现在三个方面:

第一,孙中山的工业化思想和民生主义是其小康思想的集中体现。

① 康有为著:《国会叹》,见《康有为政论集》(下册),中华书局,1981 年,第 880-882 页。
② 孟庆鹏编:《孙中山文集》(下册),团结出版社,1997 年,第 766 页。

孙中山把实现工业化和实行民生主义相结合，实际上是把强国和富民问题紧密结合起来，把工业化上升到了从根本上解决吃饭、穿衣，改善和提高人民生活的高度上。在《三民主义》中他强调："我们要解决中国的社会问题，就是要全国人民都可以安乐，都不至于受财产分配不均的痛苦，我的三民主义的意思，就是民主、民治、民享。"并认为"这就是孔子所希望的大同世界"。

第二，孙中山理想中的小康是贫富差距缩小，老百姓普遍安居乐业的一种生活状况。孙中山所说的"小康之家"是对比美国等发达国家贫富两极分化的状况而言的，他理想中的小康是贫富差距缩小，老百姓普遍安居乐业的一种生活状况。对于英国、美国经济发达的原因，他认为："由于机器多，制造的货物多，赚的钱也很多。有机器的人便一日比一日富，没有机器的人便一日比一日穷。所以他们的社会，小康之家是很少的。我们革命成功后，民国统一之后，要建成一个新国家，一定要开矿，设工厂，谋国家富足。"

第三，追求理想的民主共和国是孙中山小康思想的最高目标。在同盟会宣言中，孙中山把建立民国作为四大纲领之一，他希望在中国实施的共和国政治，是除立法、司法、行政三权外还有考选权和纠察权的五权分立的共和政治。建立共和政体不仅是孙中山的理想，而且孙中山把它当做革命的重要目标。孙中山从强调富国强民到追求民主共和国，表明他不仅重视民生，强调通过工业化改善提高人民的生活，而且力图通过实现民主共和国，使人民享受民主的权利。

# 第三章 全面小康社会理论的形成与发展

　　1979 年 12 月 6 日，邓小平在会见日本首相大平正芳时首次提出"小康之家"这样一个"中国式的四个现代化"的全新概念。此后，他在领导中国特色社会主义现代化建设的实践中反复论证，逐渐丰富、发展了这一思想，形成了小康社会的理论，并在此基础上提出了"三步走"的发展战略。2002 年党的十六大进一步确立了到 2020 年全面建设小康社会的宏伟目标。2007 年党的十七大提出了全面建设小康社会奋斗目标的新要求，赋予邓小平小康社会理论以新的内涵。这是改革开放以来我们党所领导的中国特色社会主义现代化建设最基本的实践活动，是一个生动、流畅和鼓舞人心的发展过程。

## 第一节　从"四个现代化"到"小康之家"

　　从"四个现代化"到"小康之家"，是中华人民共和国建立以来我们党和国家发展战略的一次重大调整和修改，从此，我国走出了一条目标清晰、扎实稳进的具有中国特色的科学发展之路。然而，走上这样一条科学发展之路，并不是一帆风顺的，期间我们党对如何确立和实现社会主义现代化的战略目标，经历了一个不断探索、不断深化、不断完善的过程。

### 一、对"四个现代化"的重新认识

实现"四个现代化"，把我国建设成为一个现代化的社会主义强国，这是中华人民共和国成立后，以毛泽东为核心的第一代中央领导集体提出并矢志不移的奋斗目标。1964年12月21日，根据毛泽东的提议，周恩来在三届人大一次会议上宣布，我国今后的战略目标是："要在不太长的历史时期内，把我国建设成为一个具有现代农业、现代工业、现代国防和现代科学技术的社会主义强国，赶上和超过世界先进水平。"这是我们党第一次完整科学地提出"四个现代化"，并将之确立为党的战略目标。

然而，一年多以后开始的"文化大革命"，使这个战略目标刚开始实施就被迫中断了。直到1975年1月13日，周恩来在四届人大一次会议所做的《政府工作报告》中，重申"四个现代化"的目标，提出要"在本世纪内，全面实现农业、工业、国防和科学技术的现代化，使我国国民经济走在世界的前列"。"在本世纪内"成为我们实现"四个现代化"的一个期限。而这时，离我们党和国家确立实现四个现代化战略目标，已经过去了整整10年的时间。这10年，由于受林彪、"四人帮"的干扰，我国经济建设受到严重破坏，延误了我们接近这一目标的进程。

在"文化大革命"初期被打倒、刚刚恢复工作的邓小平，为了实现"四个现代化"的目标，付出了他全部的心力和智慧。他主持起草周恩来在四届人大一次会议上的《政府工作报告》，向全党和全国人民宣传和介绍"四个现代化"的宏伟目标，为了使这个雄心壮志能够早日实现，他进行了全面整顿。然而，在当时以阶级斗争为纲的"左"的指导思想的影响下，不可能集中精力进行现代化建设。不久，邓小平又一次被打倒，全面整顿被迫中断，实现"四个现代化"的战略目标又一次夭折。

1976年10月粉碎"四人帮"、结束了"文化大革命"后，尽管当时国民经济几近崩溃，我国的经济建设和现代化建设事业面临许多困难和问题，人们在许多问题上认识也不完全一致，但实现"四个现代化"很快成为全党和全国人民的共识。

1978年2月，五届人大一次会议，提出了中国未来23年实现"四个现代化"的目标，并提出：在1978年到1985年新建和续建包括十大钢铁基地、十大油气田在内的120个大型项目。按照这个目标要求，8年间国家财政收入和基本建设投资，都相当于过去28年的总和。

然而，"四个现代化"建设并没有因这个"全面跃进"规划出现"新局面"。相反，违反经济规律的做法给本应急需调整的国民经济雪上加霜，造成了国家财政困难和国民经济比例失调更加严重的后果。邓小平后来总结说，这段时期"脑子有点热，对自己的估计不很切合实际，大的项目搞得太多，基本建设战线太长，结果就出现问题了"。

这段时间，正是邓小平领导全党开展真理标准的讨论，进行全面拨乱反正的时期，他大力倡导全党上下要解放思想，开动脑筋，实事求是，根据我国的实际情况，确定实现"四个现代化"的具体道路、方针、方法和措施。

为了摸清国情，邓小平先后到了广东、成都、东北等地，他看到的实际情况是：社会主义搞了20多年还很穷、很落后，由于"文化大革命"的破坏和延误，同发达国家相比，我国经济上的差距可能是 20 年、30 年，有的方面甚至是 50 年。

为了使更多的人了解世界各国现代化的进程，看看发达国家是怎样搞的。1978 年，我国相继派出多批考察团出国考察，目的地大多是西方发达国家。邓小平本人也频繁地出国访问、考察，先后访问了缅甸、尼泊尔、朝鲜、日本、泰国、马来西亚、新加坡、美国等国家。从一个更宽广的视野来看中国的发展水平，邓小平有了新的感悟，他说："最近我们的同志出去看了一下，越看越感到我们落后。什么叫现代化？五十年代一个样，六十年代不一样了，七十年代就更不一样了。"[①]访日期间，看到那里的劳动生产率比我国高几十倍，他感慨地说："我懂得什么是现代化了。"访美期间，在参观了福特汽车厂、约翰逊航天中心等大型现代化企业后，他"感到很有收获"[②]。

中国与世界现代化先进水平之间的巨大差距，使邓小平感到"我们头脑里开始想的同我们在摸索中遇到的实际情况有差距"，"我们要在本世纪末实现'四个现代化'的雄心壮志是不现实的"[③]。

进入 1979 年，国民经济比例关系严重失调的局面日益显现。改革开放刚刚起步，就面临着不得不进行经济调整的局面。在领导经济调整的过程中，邓小平开始重新思考在基础薄弱、财力严重不足的情况下，中国的"四个现代化"到 20 世纪末究竟要达到一个什么水平？

1979 年 3 月 21 日，邓小平在会见英国客人时，第一次提出了

---

①② 张爱茹：《从"小康"到"全面小康"——邓小平小康社会理论形成和发展论述》，中央文献研究室网站。

③ 中共中央文献研究室编：《邓小平年谱（1975—1997）》（上），中央文献出版社，2004 年版。

"中国式的四个现代化"的全新概念。他说："我们定的目标是在本世纪末实现四个现代化。我们的概念与西方不同，我姑且用个新说法，叫做中国式的四个现代化。现在我们的技术水平还是你们五十年代的水平。如果本世纪末能达到你们七十年代的水平，那就很了不起。"两天后，他在政治局会议上又把"中国式的四个现代化"表述为"中国式的现代化"。他说："我同外国人谈话，用了一个新名词：中国式的现代化。到本世纪末，我们大概只能达到发达国家 70 年代的水平，人均收入不可能很高。"3 月 30 日，他在理论工作务虚会上的讲话中提出："中国式的现代化，必须从中国的特点出发。"并指出："底子薄"和"人口多，耕地少"是中国实现四个现代化和中国现代化建设"必须看到"和"必须考虑"的"两个重要特点"。[①]

1979 年 7 月 28 日，邓小平第一次为"中国式的现代化"定出了标准。他说："搞现代化就是要加快步伐，搞富的社会主义，不是搞穷的社会主义。当然我们不是像西方那样。如果我们平均每人收入达到 1000 美元，就很不错，可以吃得好，穿得好，用得好。"两个多月后，在 10 月 4 日召开的中央政治局会议上，他参照国际上通用的人均国民生产总值，对这个标准做了详细的论证和说明。他说："中国式的现代化，就是把标准放低一点。特别是国民生产总值，按人口平均来说不会很高。前一时期我讲了一个意见，等到人均达到一千美元的时候，我们的日子可能就比较好过了。现在我们的国民生产总值人均大概不到三百美元，要提高两三倍不容易。"

---

① 张爱茹：《从"小康"到"全面小康"——邓小平小康社会理论形成和发展论述》，中央文献研究室网站。

1979 年 12 月 6 日，邓小平会见了来访的日本首相大平正芳。在这次历史性的会晤中，大平正芳一连向邓小平提出了两个他本人十分关注、日本国内议论较多的问题："中国根据自己独自的立场提出了宏伟的现代化规划，要把中国建设成伟大的社会主义国家。中国将来会是什么样？整个现代化的蓝图是如何构思的？"对于大平正芳提出的问题，邓小平事先没有料到，但这也正是这段时期他思考最多的问题。他想了一下给出了明确的回答："我们要实现的四个现代化，是中国式的四个现代化。我们的四个现代化的概念，不是像你们那样的现代化的概念，而是'小康之家'。"

## 二、"小康之家"的提出

1979 年，邓小平同志用"小康之家"来描述中国式的现代化进程，这是我们党第一次提出"小康"概念。"小康"是"四个现代化的最低目标"，"就是还不富裕，但日子好过"。"社会存在的问题能比较顺利地解决。"邓小平说："目标放低一点好，可以超过它。""目标定低一点是为了防止产生急躁情绪，避免又回到'左'的错误上去。"小康社会的现代化，是中国式的现代化。邓小平说："中国这样的底子，人口这样多，耕地这样少，劳动生产率、财政收支、外贸进出口都不可能一下子大幅度提高，国民收入的增长速度不可能很快。"①所以"我们的四个现代化是中国式的"。"小康之家"的中国式的现代化，"不是西方的现代化"，"不能同西方比"。邓小平说："如果我们的国民生产总

---

① 中共中央文献研究室编:《邓小平年谱（1975—1997)》（下），中央文献出版社，2010 年版。

值真正达到每人平均 1000 美元，那我们的日子比他们 2000 美元还要好过。因为我们这里没有剥削阶级，没有剥削制度，国民总收入完全用之于整个社会，相当大一部分直接分配给人民。他们那里贫富悬殊很大，大多数财富是在资本家手上。"

"小康之家"的"中国式的现代化"，是邓小平对过去设想的要在20 世纪末"走在世界前列"，赶上或超过世界先进水平这样一个"全面实现四个现代化"的战略目标所作的重大调整和修改。在明确了"在本世纪末我们肯定不能达到日本、欧洲、美国和第三世界中有些发达国家的水平"之后，邓小平用"小康之家"这样一个中国历史上普通百姓所向往的吃穿不愁、日子好过的理想社会状态，来定位党在 20 世纪末所要实现的战略目标。同时，他又参照西方社会的标准，用世界上通用的衡量一个国家或地区生产水平和生活水平的人均国民生产总值，为"小康之家"这个笼统的、没有任何量化指标概念确定了人均1000 美元的标准。第一次把我们党的战略目标同人民群众的生活密切地联系起来，从而使长期以来十分抽象的经济发展战略，变成了与每一个中国人利益紧密联系的具体的、明确的发展目标。这就使得小康目标既能为广大的中国百姓所熟知，又易于为世界各国所理解，还能根据世界经济发展水平进行调整，使之成为一个生动的、动态的、开放式的发展目标。

## 第二节　从小康社会到"三步走"发展战略

邓小平在不断深化对小康的认识过程中，以小康目标为中心，完整地形成了我国现代化建设"三步走"的发展战略思想。分"三步走"、基本实现现代化的发展战略的确立，把小康社会延伸至下个世纪，标志着邓小平建设小康社会发展规划的完成。

### 一、小康社会的几层含义

小康目标的提出，是从中国的国情出发，并参考世界发达国家现代化建设的经验，对 20 世纪 50 年代以来我们党提出的"要在本世纪末全面实现四个现代化"的目标的重大调整和修改。这一目标的提出，对我们党科学地制订和完善现代化发展的战略，具有十分深远的意义。

"小康"，是中国传统社会长期处于贫困状态的普通百姓对衣食无忧生活的一种美好追求与向往。用"小康"来定位一个时期中国现代化建设的战略目标，是把现代社会价值观与传统社会理想结合起来的睿智的创造。

小康目标是一个与先进的发展理念相融合的科学概念。它参照国际社会普遍的做法，用世界上通用的衡量一个国家或地区生产水平和生活水平的人均国民生产总值作标准，为本来很抽象的一个社会发展目标概念确定了一个具体的标准。这就使现代化的目标不仅更容易为广大的人民群众所掌握，而且又便于与世界各国作比照，根据各种情况适时作出新的调整，从而成为一个动态的、开放式的发展目标。这个目标，有以下几层含义[①]：

1. "小康"是"四个现代化的最低目标"，"就是还不富裕，但日子好过"。"社会存在的问题能比较顺利地解决"。邓小平说："目标

---

[①] 中共中央文献研究室编：《邓小平年谱（1975—1997）》（下），中央文献出版社，2010 年版。

放低一点好，可以超过它。""目标定低一点是为了防止产生急躁情绪，避免又回到'左'的错误上去。"

2."小康"的现代化，是中国式的现代化，"不是西方的现代化"。邓小平说："中国这样的底子，人口这样多，耕地这样少，劳动生产率、财政收支、外贸进出口都不可能一下子大幅度提高，国民收入的增长速度不可能很快。"所以"我们的四个现代化是中国式的"。

3."小康"的中国式的现代化，虽然"不能同西方比"，但是可以依靠社会主义的优越性，使人民的生活得到很大改善。邓小平说，如果我们的国民生产总值真正达到每人平均1000美元，那我们的日子比他们2000美元还要好过。"因为我们这里没有剥削阶级，没有剥削制度，国民总收入完全用之于整个社会，相当大一部分直接分配给人民。他们那里贫富悬殊很大，大多数财富是在资本家手上"。

**二、小康社会理论的形成阶段**

从十一届三中全会到十二大，是邓小平小康社会思想的初步形成阶段，主要标志是提出并形成小康社会思想和确定把翻两番作为奋斗目标。

1979年3月，邓小平在访问了美国和日本之后，清醒地认识到中国现阶段的发展程度与发达国家在经济、科技方面的差距，这使得邓小平对当代中国的发展做了新的规划，逐步提出并形成了小康社会思想。1981年4月14日，邓小平在会见中日友好议员联盟的访华团时指出："经过我们努力，设想十年翻一番，两个十年翻两番，就是人均达到国民生产总值一千美元。经过这一时期的摸索，看来达到一千美元也不容易，比如说八百、九百，就是八百，也算是一个小康生活了。"

这里，邓小平提出了分两步达到小康生活的设想。小康生活本身是一个社会概念，此时所设计的小康社会概念是从经济指标上进行了初步的规划和限定。

1982 年 9 月，党的十二大报告正式把邓小平提出的本世纪末实现小康目标的构想确定为今后 20 年中国经济发展的战略目标："从 1981 年到本世纪末的 20 年，力争使全国工农业的年总产值翻两番，即由 1980 年的 7100 亿元增加到 2000 年的 2.8 万亿元左右。"报告指出："实现了这个目标，我国国民收入总额和主要工农业产品的产量将居于世界前列，整个国民经济的现代化过程将取得重大进展，城乡人民的收入将成倍增长，人民的物质文化生活可以达到小康水平。"

十二大报告中确定的到 2000 年"翻两番"、达到 2.8 万亿元左右，是指我国通常称的全国工农业的年总产值。把 2.8 万亿元的全国工农业的年总产值换算为国际通用的国民生产总值，并按照不变价格和 1980 年人民币与美元的汇率计算，就是 1 万亿美元左右。如果按照人口年均增长千分之十二点五计算，2000 年以后我国人口将达到 12 亿左右，那么人均国民生产总值就是 800 美元，这也就是邓小平所说的小康水平①。

### 三、小康社会理论的丰富阶段

从党的十二大到十三大，是邓小平小康社会思想的丰富阶段，主要标志是小康社会思想形成了一个较为完整的体系。党的十三大把分"三步走"确定为我国的发展战略。

---

① 中共中央文献研究室小康社会研究课题组：《小康社会理论与时间发展三十年》，中央文献出版社，2009 年 12 月版。

邓小平认为，要实现小康社会，需要有政治制度作保障，实现小康社会的过程也是不断实现社会主义本质的过程。他指出："不坚持社会主义，中国的小康社会形成不了。"小康社会是人民生活水平的普遍提高，是一个共同富裕的社会。这也体现着社会主义的优越性。

1983 年 2 月，邓小平去苏州考察，就苏州的所见所闻，描绘了小康社会的大体轮廓。他说："第一，人民的吃穿用问题解决了，基本生活有了保障；第二，住房问题解决了，人均达到二十平方米，因为土地不足，向空中发展，小城镇和农村盖二三层楼房的已经不少；第三，就业问题解决了，城镇基本上没有待业劳动者了；第四，人不再外流了，农村的人总想往大城市跑的情况已经改变；第五，中小学教育普及了，教育、文化、体育和其他公共福利事业有能力自己安排了；第六，人们的精神面貌变化了，犯罪行为大大减少。"他认为，小康社会就应该是这个样子的，人民的基本生活得到了保证，教育就业医疗等民生问题有所改善，社会更加安定和谐，经济政治文化协调发展。

小康社会实质上是一个生产力不断发展、综合国力不断增强、社会全面进步的过程，是中国现代化进程中的一个重要阶段。1987 年 4 月，邓小平在会见西班牙客人时，将原来提出的"分两步走"构想发展为"三步走"战略来实施。他指出："我们原定的目标是，第一步在八十年代翻一番。以 1980 年为基数，当时国民生产总值人均只有二百五十美元，翻一番，达到五百美元；第二步是到本世纪末，再翻一番，人均达一千美元。……我们制定的目标更重要的还是第三步，在下世纪用三十年到五十年再翻两番，大体上达到人均四千美元。做到这一步，中国就达到中等发达的水平。"

同年，党的"十三大"正式将"三步走"发展战略定为国家战略：

第一步，实现国民生产总值比 1980 年翻一番，基本解决人民的温饱问题；第二步，到 20 世纪末，实现国民生产总值比 1980 年翻两番，人民生活达到小康水平；第三步，到 21 世纪中叶，国民生产总值接近世界中等发达国家水平，人民生活比较富裕，基本实现现代化。

## 第三节　从温饱型小康到总体小康

在小康社会战略目标的指引下，经全党、全国各族人民的共同努力，中国的国民生产总值、城乡居民收入均大幅增长，人民的温饱问题基本解决。按照"三步走"的发展战略，从 1991 年到 2000 年，要实现现代化建设的第二步战略目标，即达到小康。这是我国现代化建设进程中一个非常重要和关键的发展阶段。

### 一、社会主义市场经济体制的确立

进入 20 世纪 90 年代，国际国内形势发生了深刻变化。国际上出现了政治格局多极化、经济全球化、科技信息化三大趋势。从国内来看，以 1992 年邓小平南方谈话和党的十四大为标志，我国的改革开放进入了一个新阶段。党的十四大确立社会主义市场经济体制的改革目标，为社会主义现代化建设带来了勃勃生机。

1992 年初邓小平南方谈话以后，我国改革开放和经济建设出现了加快发展的势头。同年 10 月，党的十四大报告中提出："90 年代我国经济的发展速度，原定为国民生产总值平均每年增长 6％，现在从国际国内形势的发展情况来看，可以更快一些。根据初步测算，增长 8％到 9％是可能的，我们应该向这个目标前进。"国务院对"八五"计划做出重要调整，并着手研究制订"九五"计划。1993 年 3 月，中共十四届二中全会通过的《中共中央关于调整"八五"计划若干指标的建议》，对"八五"期间的经济增长速度、产业结构、利用外资、进出口贸易、投资规模等指标提出了调整意见。"八五"期间国民经济平均每年的增长速度，综合考虑各种因素，由原计划的 6% 调整为 8%—9%。

抓住机遇，加快发展，是 90 年代抓经济工作的基本指导思想。随着以建立社会主义市场经济体制为目标的各项改革的推行和对外开放不断取得新进展，整个国民经济始终保持了较高速度的增长。"八五"期间，国民生产总值年均增长 12%。1995 年，国民生产总值达到 5.76万亿元，提前 5 年实现了原定 2000 年国民生产总值比 1980 年翻两番的目标。

总量翻两番实现之后，党中央又及时提出了人均国民生产总值翻两番的更高要求。1995 年 9 月，党的十四届五中全会通过《中共中央关于制定国民经济和社会发展"九五"计划和 2010 年远景目标的建议》，对到 20 世纪末实现小康目标的战略作了进一步调整。《建议》将"九五"国民经济和社会发展的主要奋斗目标确定为：全面完成现代化建设的第二步战略部署，2000 年，在我国人口将比 1980 年增长 3亿左右的情况下，实现人均国民生产总值比 1980 年翻两番；基本消除贫困现象，人民生活达到小康水平；加快现代企业制度建设，初步建立社会主义市场经济体制。

新目标激发了全社会奔小康的积极性。1995 年国民生产总值比上年增长 10.5%，1996 年国民生产总值比上年增长 9.6%，1997 年国民生产总值比上年增长 8.8%。1997 年，国内生产总值达到 74772 亿元，提前 3 年实现了人均国民生产总值比 1980 年翻两番的目标。

1997 年 9 月，党的十五大报告宣布："现在完全可以有把握地说，我们党在改革开放初期提出的本世纪末达到小康的目标，能够如期实现。"

从 20 世纪 80 年代末 90 年代初开始，党中央对我国现代化建设的第三步发展战略进行了科学的论证与规划。1992 年 10 月，党的十四大报告指出："在 90 年代，我们要初步建立起新的经济体制，实现达到小康水平的第二步发展目标。再经过 20 年的努力，到建党 100 周年的时候，我们将在各方面形成一整套更加成熟更加定型的制度。在这样的基础上，到下世纪中叶建国 100 周年的时候，就能够达到第三步发展目标，基本实现社会主义现代化。"这是我们党第一次对第三步战略目标作出具体的规划。

1995 年 9 月，党的十四届五中全会对 21 世纪前 10 年的奋斗目标提出明确要求："实现国民生产总值比 2000 年翻一番，使人民的小康生活更加宽裕，形成比较完善的社会主义市场经济体制。"两年后的 1997 年 9 月，党的十五大报告对 21 世纪前 50 年中国现代化建设的发展，明确地提出了分阶段的发展构想，指出："展望下世纪，我们的目标是，第一个 10 年实现国民生产总值比 2000 年翻一番，使人民的小康生活更加宽裕，形成比较完善的社会主义市场经济体制；再经过 10 年的努力，到建党 100 年时，使国民经济更加发展，各项制度更加完善；到世纪中叶建国 100 年时，基本实现现代化，建成富强民主文明的社会主义国家。"

十五大报告提出的 21 世纪前 50 年分三个阶段的发展构想，被称为"新三步走"发展战略。这是对邓小平提出的"三步走"发展战略的新发展，是小康社会理论与实践发展的新成果。

**二、制定和实施一系列重大战略决策**

20 世纪 90 年代中前期经济的持续快速发展迅速提升了中国的综合国力，同时也暴露出在发展中存在的一些问题。主要是：经济增长方式粗放，产业结构不尽合理，自主创新能力不强，能源资源消耗过大，城乡区域发展不平衡，特别是社会发展方面的问题比较突出等等。90 年代中后期，党中央从实际出发，作出了一系列重大战略决策，破解上述发展中的难题，为提前实现第二步战略目标提供了保证。

一是实施科教兴国战略。党中央领导集体深刻理解"科学技术是第一生产力"的思想，在世界科技革命新浪潮和经济全球化日益发展的新形势下，进一步提高了科技和教育对推动经济社会发展具有决定性作用的认识。1992 年 10 月，十四大报告指出，"振兴经济首先要振兴科技"，"科技进步、经济繁荣和社会发展，从根本上说取决于提高劳动者的素质，培养大批人才。我们必须把教育摆在优先发展的战略地位，努力提高全民族的思想道德和科学文化水平，这是实现我国现代化的根本大计"。这是第一次以党的文件的形式，把科技和教育优先发展的战略地位作为全党的共识确定下来。

1995 年 5 月 6 日，中共中央、国务院作出《关于加速科学技术进步的决定》，正式提出要坚定不移地实施科教兴国战略。《决定》指出："实施科教兴国战略，是全面落实科学技术是第一生产力思想的战略决策，是保证国民经济持续、快速、健康发展的根本措施，是实现社会主义现代化宏伟目标的必然抉择，也是中华民族振兴的必由之路。"《决定》颁布后不久，5 月 26 日至 30 日，中共中央、国务院召开的全国科学技术大会指出："科教兴国，是指全面落实科学技术是第一生产力的思想，坚持教育为本，把科技和教育摆在经济社会发展的重要位置，增强国家的科技实力及向现实生产力转化的能力，提高全民族的科技文化素质，把经济建设转到依靠科技进步和提高劳动者素质的轨道上来，加速实现国家繁荣强盛。"并对科教兴国战略的意义和需要把握的问题作了全面阐述。同年9月，党的十四届五中全会通过《关于制定国民经济和社会发展"九五"计划和2010年远景目标的建议》，科教兴国战略作为今后15年直至21世纪，推进我国国民经济和社会发展的九条重要方针之一。1996年3月，八届全国人大四次会议通过《中华人民共和国国民经济和社会发展"九五"计划和2010年远景目标纲要》，其中把科教兴国确立为我国的一项基本国策。1997年9月党的十五大进一步提出把科教兴国战略作为跨世纪的国家发展战略。

二是实施可持续发展战略。20世纪90年代上半期经济快速发展带来的一系列问题，促使党中央领导集体进一步考虑经济发展还要保证持续、健康的问题和社会全面进步的问题。1994年3月，《中国21世纪议程》提出实施可持续发展战略。1995年9月，党的十四届五中全会提出，将实施可持续发展战略写入"九五"和2010年中长期国民经济和社会发展计划，指出"必须把社会全面发展放在重要战略地位，实现经济与社会相互协调和可持续发展"，"在现代化建设中，必须把实现可持续发展作为一个重大战略。要把控制人口、节约资源、保护环境放到重要位置，使人口增长与社会生产力发展相适应，使经济建设与资源、环境相协调，实现良性循环"。一个具有中国特色的以经济建设为中心，引导经济与社会、人与环境相互协调和可持续发展的新型经济社会发展战略由此而生。1996年3月，八届全国人大四次会议通过《中华人民共和国国民经济和社会发展"九五"计划和2010年远景目标纲要》，把可持续发展战略确立为我国现代化建设的一项重大战略。1997 年 9 月党的十五大再次强调，我国是人口众多、资源相对不足的国家，在现代化建设中必须实施可持续发展战略。

三是区域经济协调发展战略。中共十四届二中全会指出："地区之间发展差距要适度。如果长时间里，只是一部分地区一部分人富，大部分地区大部分人富不起来，那就不是社会主义了。先发展起来的，要帮助没有发展起来的也发展起来，互相支持，共同发展。这些问题，从现在起就要进行研究。1995 年 9 月，党的十四届五中全会又指出："应该把缩小地区差距作为一条长期坚持的重要方针。""解决地区发展差距，坚持区域经济协调发展，是今后改革和发展的一项战略任务。"这次全会正式确定实施促进区域经济协调发展战略，并提出，引导地区经济协调发展，形成若干各具特色的经济区域，促进全国经济布局合理化，是逐步缩小地区发展差距、最终实现共同富裕、保持社会稳定的重要条件，也是体现社会主义本质的重要方面。

为了促进区域经济协调发展，党中央审时度势，又先后作出"扶贫攻坚"和实施西部大开发战略的重大决策。

关于扶贫攻坚。1996 年 9 月 23 日，中央扶贫开发工作会议召开，并指出："实现小康目标，不仅要看全国的人均收入，还要看是否基本消除了贫困现象。""如果不能基本消除贫困现象，进一步拉大地区发展差距，就会影响全国小康目标的实现，影响整个社会主义现代化建设的进程。"1994 年 2 月 28 日至 3 月 3 日，国务院召开全国扶贫开发工作会议，部署实施"国家八七扶贫攻坚计划"，要求力争在 20 世纪末最后的 7 年内基本解决全国 8000 万贫困人的温饱问题。经过各级党委和政府的艰苦努力，扶贫攻坚取得显著成绩。到 2000 年，农村尚未解决温饱问题的贫困人口由 1994 年的 8000 万减少到 3000 万人。

其中，国家重点扶持贫困县的贫困人口从 1994 年的 5858 万人减少到 1710 万人。沂蒙山区、井冈山区、大别山区、闽西南地区等革命老区群众的温饱问题已经基本解决。

关于西部大开发。2000 年 12 月，《国务院关于实施西部大开发若干政策措施》正式出台。西气东输、西电东送、青藏铁路等一批西部大开发标志性工程陆续开工建设。国家还全面加大了对西部经济社会发展的支持力度。2000 年至 2002 年，西部地区国内生产总值分别增长 8.5％、8.7％和 9.9％，比 1999 年的 7.2％明显加快，与全国各地平均增长速度的差距由 1999 年的 1.5 个百分点，缩小为 2002 年的 0.6 个百分点。固定资产投资年均增长 18.8％，比全国平均水平高出近 6 个百分点。

### 三、总体小康目标基本实现

到 2000 年我国国内生产总值达到 89404 亿元，按不变价格计算比 1980 年增长 5.55 倍，平均增长率为 9.9％，人均 GDP 比 1980 年增长了 4.09 倍，平均增长率为 8.4％，超额完成了人均国民生产总值比 1980 年翻两番的任务。农村居民人均纯收入和城镇居民人均可支配收入分别由 1980 年的 191.3 元、477.6 元增加至 2000 年的 2253 元、6280 元；市场商品丰富、居民消费水平得到提高，人均消费绝对数由 1980 年的 238 元增加至 2000 年的 3632 元；城乡居民住房条件得到较大改善，城市人均住宅建筑面积和农村人均住房面积分别由 1980 年的 7.2 平方米、9.4 平方米增加至 2000 年的 20.3 平方米、24.8 平方米。这样，到 2000 年，经过全党和全国人民的共同奋斗，中国的小康建设已经取得了显著的成就，人民生活在总体上实现了小康目标。

然而,"总体小康还是低水平的、不全面的、发展很不平衡的小康","巩固和提高目前达到的小康水平,还需要进行长时期的艰苦奋斗"。

第一,现在的小康还只是低水平的小康,也就是说,虽然我国经济总量已经达到一定规模,但人均水平还比较低。从经济发展看,多年来,我国的 GDP 总量一直呈现出稳定快速增长的势头。2001 年,我国 GDP 已经达到了 95933.3 亿元,按当年平均汇率折算超过 1.1 万亿美元,成为世界上第六个总产量超过 1 万亿美元的大国,毫无疑问,这是令人欢欣鼓舞的发展成就。但是,与发达国家相比,还有很大的差距:美国 1998 年的国民生产总值就达到了 87599 亿美元,比我国当时高近 9 倍。而且最为关键的是,衡量经济发展水平是以人均量为指标的。目前我国的人均 GDP 只有 849 美元,而美国的人均值则高达 2 万美元,韩国人均值也近 9000 美元,与他们相比,我们还有很大的差距,我们还仅属于世界中等偏下收入国家的水平。

第二,现在的小康是不全面的小康。在消费水平方面,总体上的小康是比较偏重于基本消费和生存消费的小康,发展型和享受型消费在人们消费中还远未达到发达国家应有的水平,更不用说这种消费的大众化和普及化了;在生态环境方面,存在着森林资源总量不足、水资源严重匮乏、海洋环境恶化、草原大面积退化、大气污染严重以及土壤的沙漠化和水土流失等一系列严重的问题,更为严重的还在于:在未来的一二十年里,我们还看不到这些问题可以得以缓解的迹象。在社会保障领域,我国的社会保障体制也还存在诸多不健全的方面。在精神风貌方面,我们还需要大力弘扬和培育民族精神,使全国各族人民拥有昂扬向上的精神风貌,否则,即使完成了国民生产总值翻两番的任务,实现的小康也是一个不合格的小康。

第三，现在的小康还是发展不平衡的小康。所谓发展不平衡，是指地区之间、城乡之间，发展水平差距不小。东中西三大区域之间的经济发展水平呈梯度递减形状，这种差距自 20 世纪 90 年代以来日趋明显。以广东、上海为代表的东部沿海地区已率先进入小康，而贫困在中西部地区却还普遍存在；城乡之间也存在着发展速度、个人收入、文教卫生、知识资源等全方位的差别。就个体来看，到 2000 年，在农村我们尚有 3000 多万的人温饱问题没有完全解决，在城镇还有 1930.8 万人在最低生活保障线以下，还有相当数量的人口虽解决了温饱问题但尚未达到小康[①]。

## 第四节　从总体小康到全面小康

党的十六大以后，我国进入全面建设小康社会的新阶段，党中央深刻洞察世界发展大势，准确把握中国基本国情，总结中国发展的经验，创造性地提出了科学发展观等重大战略思想，制定实施了一系列推动改革发展的新措施，带领全党全国人民谱写了全面建设小康社会的新篇章。

### 一、全面建设小康社会新目标、新要求的提出

探索新形势下中国发展的新思路，是十六大以后党中央面临的一个重大课题。2003 年 10 月，中共十六届三中全会通过的《中共中央

---

① 中共中央文献研究室小康社会研究课题组：《小康社会理论与时间发展三十年》，中央文献出版社，2009 年 12 月版。

关于完善社会主义市场经济体制若干重大问题的决定》，正式提出"坚持以人为本，树立全面、协调、可持续的发展观"，并指出"树立和落实科学发展观是推进全面建设小康社会的迫切要求"。科学发展观的提出，为全面建设小康社会提供了新的指导方针。在科学发展观的指导下，党对全面建设小康社会的目标、任务及要求的认识不断提高、深化。

贯彻落实科学发展观，全面建设小康社会的新实践，使党对科学发展观和全面建设小康社会的认识得到全面升华。2007 年 10 月，党的十七大报告对科学发展观作了新的概括和全面阐述，指出："科学发展观，第一要义是发展，核心是以人为本，基本要求是全面协调可持续，根本方法是统筹兼顾。"并对全面建设小康社会提出了五个方面的新目标、新要求：一是"增强发展协调性，努力实现经济又好又快发展"；二是"要扩大社会主义民主，更好保障人民权益和社会公平正义"；三是"加强文化建设，明显提高全民族文明素质"；四是"加快发展社会事业，全面改善人民生活"；五是"建设生态文明，基本形成节约能源资源和保护生态环境的产业结构、增长方式、消费模式"。这五个方面的新目标、新要求，都有非常具体的内容。

这五个方面的新目标、新要求，是对全面建设小康社会目标内涵的新拓展，有经济建设的目标要求，有政治、文化、社会建设的目标要求。经济建设方面，提出经济总量上的目标要求，"实现人均国内生产总值到 2020 年比 2000 年翻两番"，还提出经济结构上的目标要求。政治建设方面，提出"公民政治参与有序扩大。依法治国基本方略深入落实，全社会法制观念进一步增强，法治政府建设取得新成效。基层民主制度更加完善。政府提供基本公共服务能力显著增强"。文化建设方面，提出"社会主义核心价值体系深入人心，良好思想道德风尚进一步弘扬。覆盖全社会的公共文化服务体系基本建立，文化产业占国民经济比重明显提高、国际竞争力显著增强，适应人民需要的文化产品更加丰富"。社会建设方面，提出"现代国民教育体系更加完善，终身教育体系基本形成，全民受教育程度和创新人才培养水平明显提高。社会就业更加充分。覆盖城乡居民的社会保障体系基本建立，人人享有基本生活保障。合理有序的收入分配格局基本形成，中等收入者占多数，绝对贫困现象基本消除。人人享有基本医疗卫生服务。社会管理体系更加健全"。特别是，党的十七大报告在阐述新目标、新要求时，第一次将长期沿用的"转变经济增长方式"的提法，改变为"转变经济发展方式"，更加突出发展要以"优化结构、提高效益、降低消耗、保护环境"为基础；要显著提高自主创新能力，使科技进步对经济增长的贡献率大幅上升。同时，还第一次提出"建设生态文明"，把生态环境问题提高到人类文明建设的高度上来认识，并反映了人在解决生态环境问题上的主观能动性。

2008年1月，中共中央政治局第三次集体学习会上对这五个方面的新目标、新要求又作了新的总结，指出："贯彻落实实现全面建设小康社会奋斗目标的新要求，必须全面推进经济建设、政治建设、文化建设、社会建设以及生态文明建设。"由此，全面建设小康社会的整体布局，从经济建设、政治建设、文化建设、社会建设四个方面明确扩展为五个方面，增加了"生态文明建设"。

党十七大报告对全面建设小康社会的整体目标作了新的阐述："到2020年全面建设小康社会目标实现之时，我们这个历史悠久的文明古国和发展中社会主义大国，将成为工业化基本实现、综合国力显著增强、国内市场总体规模位居世界前列的国家，成为人民富裕程度普遍提高、生活质量明显改善、生态环境良好的国家，成为人民享有更加充分民主权利、具有更高文明素质和精神追求的国家，成为各方面制度更加完善、社会更加充满活力而又安定团结的国家，成为对外更加开放、更加具有亲和力、为人类文明作出更大贡献的国家。"这里的五个"成为"，是对全面建设小康社会的整体目标富于时代精神的新概括。

### 二、推进以改善民生为重点的社会建设

全面建设惠及十几亿人口的更高水平的小康社会，就是要不断地改善民生，使十几亿人过上更高标准的小康生活。党的十六大以来，党中央坚持以改善民生作为重点和着力点，积极全面地推进社会建设。

一是着力解决就业问题。就业是民生之本。我国是世界上人口最多的国家，解决就业问题是长期的艰巨的任务。十六大以来，党中央特别重视解决企业下岗职工再就业和大专院校毕业生就业难的问题，并且实施积极的就业政策，采取了一系列有效的措施和办法。2004年9月，全国再就业工作表彰大会强调，做好就业和再就业工作，直接关系人民群众的切身利益，关系改革发展稳定的大局，是安邦之策，是落实科学发展观的具体行动。2005年6月，中共中央办公厅、国务院办公厅印发《中共中央、国务院关于引导和鼓励高校毕业生面向基层就业的意见》，提出建立与社会主义市场经济体制相适应的高校毕业生面向基层就业的长效机制，引导广大高校毕业生面向基层、面向西部就业，为解决大专院校毕业生就业问题提供了新的思路。2007年8月，十届全国人大常委会第29次会议通过《中华人民共和国就业促进法》，

确立了"坚持劳动者自主择业、市场调节就业、政府促进就业"的基本方针，为劳动者多样化就业方式提供了法律依据，使就业工作进入一个法制化、制度化的新阶段。

二是着力开展扶贫帮困的工作。由于长期以来存在的经济社会发展不平衡的问题，也由于体制转轨不断深化，城乡之间、行业之间、地区之间收入差距不断拉大，社会上不可避免地出现了生活困难的群体。而随着人民生活水平总体实现小康，对生活困难群体的救济和保障，成为改善民生的一个突出任务。十六大以来，党中央在努力促进社会就业的同时，部署加快了面向困难群体的社会保障的工作，并采取各种政策措施，为下岗失业人员、破产关闭企业职工、困难企业离退休人员和城乡贫困人口排忧解难。在农村，加大了对没有解决温饱问题的贫困人口的扶持力度，并坚持开发式扶贫的方针，增强贫困地区自我发展的能力。对农村低保人口实行应保尽保，使农村贫困人口从2.5亿减少到1400万，使我国成为减少贫困人口最多最快的国家。

三是着力解决部分群众"上学难、看病难、住房难"问题。"三难"问题，总的说是由社会事业总体发展水平不高、各种资源分配不平衡及体制机制不健全等诸多原因造成的。2006年10月，党的十六届六中全会通过的《中共中央关于构建社会主义和谐社会若干重大问题的决定》，强调加强经济社会协调发展，加强社会事业建设，对关系人民群众切身利益的教育、医疗、住房等问题提出了具体的政策措施。在教育方面，《决定》提出加大对教育投入的力度，普及和巩固九年制义务教育，在农村并逐步在城市免除义务教育学杂费，全面落实对家庭经济困难学生免费提供课本和补助寄宿生生活费的政策，保障农民工子女接受义务教育。在医疗方面，《决定》提出建设覆盖城乡居民的基本卫生保健制度，为群众提供安全、有效、方便、价廉的公共卫生和基本医疗服务。据此，2007 年 7 月，国务院发出《关于开展城镇居民基本医疗保险试点的指导意见》，决定从当年起开展城镇居民基本医疗保险试点。在住房方面，《决定》提出加快廉租住房建设，规范和加强经济适用房建设，逐步解决城镇低收入家庭住房困难。据此，2007 年 8 月，国务院颁发《关于解决城市低收入家庭住房困难的若干意见》，确定进一步建立健全城市廉租住房制度，力争到"十一五"期末使低收入家庭住房条件得到明显改善的目标。

2007 年召开的党的十七大，把改善民生提到党和政府工作的更重要的位置。十七大报告单独写了"加快推进以改善民生为重点的社会建设"一节，对改善民生作了更全面、具体的部署安排。报告继续关注就业和社会保障问题，提出要"坚持实施积极的就业政策，形成城乡劳动者平等就业的制度"，要"加快建立覆盖城乡居民的社会保障体系，保障人民基本生活"。报告还对解决教育、医疗和住房问题提出有效的政策目标。关于教育，报告强调要实现"教育公平"，"坚持教育公益性质，加大财政对教育投入，规范教育收费，扶持贫困地区、民族地区教育，健全学生资助制度，保障经济困难家庭、进城务工人员子女平等接受义务教育"。关于医疗，报告强调要"建立基本医疗卫生制度，要坚持公共医疗卫生的公益性质，建设覆盖城乡居民的公共卫生服务体系、医疗服务体系、医疗保障体系、药品供应保障体系"。关于住房，报告强调要"加快解决城市低收入家庭住房困难"。报告提出的改善民生的总体目标是："学有所教、劳有所得、病有所医、老有所养、住有所居。"

### 三、推进社会主义政治建设

党的十六大把建设社会主义政治文明作为全面建设小康社会的目标提出来之后，党中央主要着力抓了两个方面的工作：

一是坚持和完善人民代表大会制度、中国共产党领导的多党合作和政治协商制度以及民族区域自治制度等社会主义基本政治制度。这些政治制度是中国共产党和中国人民在长期实践中，经过反复探索和不断总结而逐步建立起来的，是适合我国国情的；它们"集中体现了我国社会主义民主政治的特点。发展社会主义民主政治、建设社会主义政治文明，最重要的就是要坚持好、发展好这些制度"。

党的十六大以后，党中央提出了一系列重要的意见和措施，推动人民代表大会制度、政治协商制度和民族区域自治制度不断发展和完善。2005 年 5 月 26 日，中共中央转发中共全国人大常委会党组《关于进一步发挥全国人大代表作用，加强全国人大常委会制度建设的若干意见》，提出着重要抓好两方面工作：一是进一步发挥全国人大代表的作用，保障代表的知情权，扩大代表对常委会活动的参与，为代表深入审议各项议案和报告创造条件，支持、规范和保证其依法履行职责和行使权力；二是加强全国人大常委会的制度建设，使全国人大及其常委会更好地发挥最高国家权力机关、工作机关和代表机关的作用，促进全国人大常委会工作的制度化、法制化、规范化。2005 年 2 月，中共中央发出《关于进一步加强中国共产党领导的多党合作和政治协商制度建设的意见》，要求进一步完善政治协商的内容、形式和程序，充分发挥民主党派和无党派人士的参政议政作用和民主监督作用，加强中国共产党同党外人士的合作共事，支持民主党派加强自身建设。2006 年 2 月 8 日和 7 月 24 日，中共中央又发出《关于加强人民政协工作的意见》和《关于巩固和壮大新世纪新阶段统一战线的意见》，进一步提出要促进参加人民政协的各党派和无党派人士的团结合作，充分体现和发挥我国社会主义政党制度的特点和优势，要正确认识和把握新世纪新阶段统一战线的新发展新变化，进一步扩大统一战线工作范围。2005 年 5 月 31 日，中共中央、国务院发出《关于进一步加强民族工作，加快少数民族和民族地区经济社会发展的决定》，强调要毫不动摇地坚持民族自治制度，把加快少数民族和民族地区经济社会发展摆在更加突出的战略位置，把加快少数民族和民族地区经济社会发展、促进各民族共同繁荣发展作为新世纪新阶段民族工作的主要任务，把扶持民族地区发展教育事业、加强民族地区人才资源开发作为促进民族地区经济社会发展的重要手段和途径。

二是推进中国特色社会主义法律体系建设。党的十五大和十六大，都曾提出到 2010 年形成中国特色社会主义法律体系的总体目标和要求。2003 年 3 月召开的十届全国人大常委会一次会议明确提出，本届人大及其常委会要争取在立法工作上，实现基本形成中国特色社会主义法律体系的目标。经过五年努力，到 2008 年，以宪法为核心，法律为主干，包括行政法规、地方性法规、自治条例和单行条例等规范性文件在内的，由 7 个法律部门、3 个层次的法律规范组成的中国特色社会主义法律体系已经基本形成。国家在经济、政治、文化、社会生活的各个方面基本实现了有法可依，为依法治国、建设社会主义法治国家、实现国家长治久安提供了有力的法制保障。

**四、推进社会主义文化建设**

党的十六大报告指出，全面建设小康社会，必须大力发展社会主义文化，建设社会主义精神文明。

随着社会主义市场经济改革的深入和对外开放的扩大，社会组织形式、就业结构、社会结构的变革明显加快，人民群众思想活动的独立性、选择性、多变性、差异性明显增强，受各种思想观念影响的渠道明显增多、程度明显加深。这在客观上给文化建设提出了更高的要求，使文化建设成为民族凝聚力和创造力的一个重要源泉。2006 年 10月召开的党的十六届六中全会，提出要"建设社会主义核心价值体系，形成全民族奋发向上的精神力量和团结和睦的精神纽带"，并把它的基本内容归结为四个方面：（1）马克思主义指导思想；（2）中国特色社会主义共同理想；（3）以爱国主义为核心的民族精神和以改革创新为核心的时代精神；（4）社会主义荣辱观。还指出要"坚持把社会主义核心价值体系融入国民教育和精神文明建设全过程、贯穿现代化建设各方面"。建设社会主义核心价值体系任务的提出，具有重要的理论意义和实践意义，是我国社会主义思想文化建设的一个创举。社会主义核心价值体系四个方面的基本内容，具有深厚的社会心理基础，符合广大人民群众的愿望要求，是社会主义先进文化的集中体现。

社会主义核心价值体系建设任务的提出和实施，为社会主义文化建设和整个社会主义精神文明建设注入了新的动力和活力。党的十七大报告号召要"推动社会主义文化大发展大繁荣"，提出："要坚持社会主义先进文化前进方向，兴起社会主义文化建设新高潮，激发全民族文化创造活力，提高国家文化软实力，使人民基本文化权益得到更好保障，使社会文化生活更加丰富多彩，使人民精神风貌更加昂扬向上。"还提出了推动社会主义文化大发展大繁荣的四个方面的目标：一是建设社会主义核心价值体系，增强社会主义意识形态的吸引力和凝聚力；二是建设和谐文化，培育文明风尚；三是弘扬中华文化，建设中华民族共有精神家园；四是推进文化创新，增强文化发展活力。十七大报告还强调，要充分发挥人民在文化建设中的主体作用，调动广大文化工作者的积极性，更加自觉、更加主动地推动文化大发展大繁荣，在中国特色社会主义的伟大实践中进行文化创造，让人民共享文化发展成果。

### 五、推进社会主义生态文明建设

建设生态文明，是全面建设小康社会的题中应有之义。生态环境不仅关系到经济社会可持续发展，而且直接关系到人民群众生活质量和身体健康。2002 年，党的十六大在确立全面建设小康社会的目标时，就已经提出了生态环境方面的发展目标，这就是："可持续发展能力不断增强，生态环境得到改善，资源利用效率显著提高，促进人与自然的和谐，推动整个社会走上生产发展、生活富裕、生态良好的文明发展道路。"十六大后，党中央按照科学发展观和构建社会主义和谐社会的要求，更加重视资源节约和环境保护问题，提出了许多新思想、新思路，采取了许多新举措。

2005 年 6 月 27 日，国务院发出《国务院关于做好建设节约型社会近期重点工作的通知》，提出近两年内要大力推进能源节约，抓好重点耗能行业和企业节能；推动节水型社会建设；积极推进原材料节约；强化节约和集约利用土地；加强资源综合利用。同时，还要求加快节约资源的体制机制和法制建设。7 月 2 日，国务院又发出《关于加快发展循环经济的若干意见》，提出："为抓住重要战略机遇期，实现全面建设小康社会的战略目标，必须大力发展循环经济，采取各种有效措施，以尽可能少的资源消耗和尽可能小的环境代价，取得最大的经济产出和最少的废物排放，实现经济、环境和社会效益相统一，建设资源节约型和环境友好型社会。"《意见》还提出了到 2010 年这方面工作要达到的具体要求，即在生产、建设、流通和消费各领域节约资源，减少消耗；最大程度实现废物资源化和再生资源回收利用；发展环保产业，为资源高效利用、循环利用和减少废物排放提供技术保障。

党中央把节约资源、保护环境和实现可持续发展的目标和任务，纳入了国家的中长期发展规划。2005 年 10 月，党的十六届五中全会通过的《中共中央关于制定国民经济和社会发展第十一个五年规划的建议》，提出"十一五"时期经济社会发展所要求的资源环境方面的目标，要求优化结构、提高效益、降低消耗，在"十一五"期末单位国内生产总值能源消耗比"十五"期末降低百分之 20％左右，主要污染物排放总量减少 10％左右。《建议》还指出，发展循环经济是"建设资源节约型、环境友好型社会和实现可持续发展的有效途径"；要加大环境保护力度，强化从源头防治污染和保护生态，"坚决改变先污染后治理、边治理边污染的状况"。

根据这次全会的精神，2005 年 12 月 13 日，国务院作出《关于落实科学发展观加强环境保护的决定》，提出到 2010 年，要实现这样的环境保护目标："重点地区和城市的环境质量得到改善，生态环境恶化趋势基本遏制。主要污染物的排放总量得到有效控制，重点行业污染物排放强度明显下降，重点城市空气质量、城市集中饮用水水源和农村饮水水质、全国地表水水质和近岸海域海水水质有所好转，草原退化趋势有所控制，水土流失治理和生态修复面积有所增加，矿山环境明显改善，地下水超采及污染趋势减缓，重点生态功能保护区、自然保护区等的生态功能基本稳定，村镇环境质量有所改善，确保核与辐射环境安全。"

　　2007年10月，党的十七大报告中阐述全面建设小康社会奋斗目标的新要求时，首次提出了"建设生态文明"的任务，指出，建设生态文明，要达到"基本形成节约能源资源和保护生态环境的产业结构、增长方式、消费模式。循环经济形成较大规模，可再生能源比重显著上升。主要污染物排放得到有效控制，生态环境质量明显改善。生态文明观念在全社会牢固树立"。"建设生态文明"的提出，具有十分深远的意义。作为人类文明之一，生态文明以尊重和维护自然为前提，以自然规律为准则，以人与自然、人与人、人与社会和谐共生为宗旨，以资源环境承载力为基础，以可持续发展为目标，为最终解决人与自然之间的突出矛盾提供了正确方向。

# 第四章　全面建成小康社会与"中国梦"

十八大召开之后，中国已经进入全面建成小康社会的决定性阶段，实现这个目标是实现中华民族伟大复兴"中国梦"的关键一步。20世纪80年代初，在邓小平的倡导下，小康社会就已成为中国人民跨世纪的理想和行动目标。随着中国特色社会主义建设事业的深入，小康社会的内涵和意义不断地得到丰富和发展。在20世纪末基本实现"小康"的情况下，党的十六大报告中明确提出了"全面建设小康社会"；十七大报告在此基础上又提出了新的更高要求。历史的车轮滚滚向前，全国人民十年的努力和共同奋斗，使得全面建设小康社会取得了重大成就，为到2020年实现全面建成小康社会的目标奠定了坚实基础。党的十八大报告确定的大会主题中提出："为全面建成小康社会而奋斗。"这与十七大主题中"为夺取全面建设小康社会新胜利而奋斗"的表述不同。从"建设"到"建成"虽然只有一字之变，反映的却是我国现代化发展阶段的重大变化。这是一百多年来中国人民强国梦想最实在、最具体的表达，也是执政的中国共产党向各族人民的庄严承诺。小康社会从"全面建设"到"全面建成"，意味着我们更加接近中华民族伟大复兴的"中国梦"。梦想是通向美好生活的路标，不断指引着人们的奋斗历程，从"小康梦"到"中国梦"，是中华民族伟大复兴历程中的精彩篇章。

## 第一节　全面建成小康社会的提出

党的十八大报告根据我国经济社会发展实际和新的阶段性特征，在党的十六大、十七大确立的全面建设小康社会目标的基础上，提出了更具明确政策导向、更加针对发展难题、更好顺应人民意愿的新要求，以确保到 2020 年全面建成的小康社会，是发展改革成果真正惠及十几亿人口的小康社会，是经济、政治、文化、社会、生态文明全面发展的小康社会，是为实现社会主义现代化建设宏伟目标和中华民族伟大复兴奠定了坚实基础的小康社会。

### 一、十八大首次提出"全面建成小康社会"

"全面建成小康社会"是党和国家审时度势，在党的十八大首次提出的。党的十八大报告指出："综观国际国内大势，我国发展仍处于可以大有作为的重要战略机遇期。我们要准确判断重要战略机遇期内涵和条件的变化，全面把握机遇，沉着应对挑战，赢得主动，赢得优势，赢得未来，确保到 2020 年实现全面建成小康社会宏伟目标。"这标志着我国进入了全面建成小康社会的决定性阶段。

党的十八大报告一开篇就明确指出："这次代表大会是在我国进入全面建成小康社会决定性阶段召开的一次十分重要的大会。"这个判断，深刻揭示了党的十八大的重大意义。十八大报告提出，根据我国经济社会发展实际，要在十六大、十七大确立的全面建设小康社会目标的基础上努力实现新的要求：经济持续健康发展，转变经济发展方式取得重大进展，在发展平衡性、协调性、可持续性明显增强的基础上，实现国内生产总值和城乡居民人均收入比 2010 年翻一番；人民民主不断扩大；文化软实力显著增强；人民生活水平全面提高；资源节约型、环境友好型社会建设取得重大进展。全面建成小康社会，必须以更大的政治勇气和智慧，不失时机深化重要领域改革，坚决破除一切妨碍科学发展的思想观念和体制机制弊端，构建系统完备、科学规范、运行有效的制度体系，使各方面制度更加成熟更加定型。报告还提出了实现全面建成小康奋斗目标的新要求、新部署，既与十六大、十七大提出的目标相衔接，又更加符合我国新的发展实际。针对 2020 年全面建成小康社会的宏伟目标，十八大报告中首次提出"实现国内生产总值和城乡居民人均收入比 2010 年翻一番"的新指标。这两个指标同步提出，重若千钧，内涵丰富，不仅引起与会代表热烈讨论，也受到社会各界的广泛关注。

## 二、为什么要提出"全面建成小康社会"

在不同历史时期，根据人民意愿和事业发展需要，提出富有感召力的奋斗目标，并团结带领人民为之奋斗，是我们党领导人民从胜利走向胜利的成功经验。进入新世纪，党的十六大提出本世纪头 20 年全面建设小康社会的宏伟目标，党的十七大根据国内外形势的新变化，顺应各族人民过上更好生活的新期待，在党的十六大确立的全面建设小康社会奋斗目标基础上提出了新要求。党的十八大认真总结了党的十六大以来全面建设小康社会取得的巨大成就，充分考虑了广大人民群众的新期待，深刻分析了国内外形势的新变化、全面建成小康社会面临的新情况新问题，认为有必要从新的实际出发，在党的十六大、十七大确立的目标基础上对到 2020 年全面建成小康社会提出与时俱进的新要求。从"解决温饱"到"小康水平"，从"总体小康"到"全面小康"，再到发出"全面建成小康社会"的动员令，党的十八大为中国未来发展描绘了新的发展蓝图。这种循序渐进的设计，为实现民富国强的"中国梦"提供了清晰的路线图和明确的历史方位。

（一）全面建设小康社会取得重大进展

党的十六大以来，党中央团结带领全国各族人民，以邓小平理论和"三个代表"重要思想为指导，深入贯彻落实科学发展观，抓住机遇、应对挑战、顽强拼搏、开拓进取，朝着党确定的目标迈出了坚实步伐，取得一系列新的历史性成就，为全面建成小康社会打下了坚实基础。从 2002 年到 2011 年，我国经济总量从世界第六位跃升到第二位，人均国内生产总值从 1000 多美元增加到 5400 多美元，货物贸易进出口总额从世界第五位跃居第二位，国际地位和影响力显著提高。结构调整取得重要进展，粮食连续 9 年增产，战略性新兴产业发展壮大，传统产业不断改造升级，现代服务业快速发展，基础设施得到很大完善。区域发展协调性明显增强，城镇化进程加快，城镇人口超过农村人口。自主创新能力大幅提高，载人航天、探月工程、载人深潜、超级计算机实现重大突破，创新性国家建设成效显著。公民政治参与有序扩大，人民合法权益得到保障。文化建设迈上新台阶，文化体制改革全面推进，公共文化服务体系建设取得重大进展，文化产业快速发展，文化走出去步伐加快。保障和改善民生成效显著，农业税全面取消，城乡居民收入大幅度提高，城镇居民人均可支配收入从 7703 元增加到 21810 元，农村居民人均纯收入从 2476 元增加到 6977 元；城乡就业持续扩大；教育事业迅速发展，城乡免费义务教育全面实现；城乡基本养老保险制度全面建立，新型社会救助体系基本形成；全民医保基本建立，城乡基本医疗卫生制度初步建立；基本公共服务水平和均等化程度明显提高，居民家庭财产普遍增加，消费结构快速升级，衣食住行用条件显著改善，城乡低收入群体基本生活得到保障，文化生活丰富多彩。加强和创新社会管理，社会保持和谐稳定。生态文明建设取得积极进展。

总的来看，我国这 10 年经济建设、政治建设、文化建设、社会建设、生态文明建设全面推进，社会生产力、经济实力、科技实力迈上一个大台阶，人民生活水平、居民收入水平、社会保障水平迈上一个大台阶，综合国力、国际竞争力、国际影响力迈上一个大台阶，国家面貌发生新的历史性变化。这 10 年，是我国经济持续发展、民主不断健全、文化日益繁荣、社会保持稳定的时期，是着力保障和改善民生、人民得到实惠更多的时期。

（二）发展阶段性特征的具体体现

进入 21 世纪，我国进入全面建设小康社会的新阶段。随着经济社会的发展，新的阶段性特征逐步显现。从根本上说，这些阶段性特征都是社会主义初级阶段基本国情的具体体现。目前，我国经济社会发展水平已经达到一个新的历史起点，人均国内生产总值超过了 5000 美元，一些地区超过了 10000 美元，这使我国发展的阶段性特征更加明显。我们清醒地看到，尽管我们取得了重大成就，人民生活也有很大改善，但同人民过上更好生活的新期待相比还有不少差距，前进的道路上还有不少困难和问题，主要是：发展中不平衡、不协调、不可持续问题依然突出，科技创新能力不强，产业结构不合理，农业基础依然薄弱，资源环境约束加剧，制约科学发展的体制机制障碍较多，深化改革开放和转变经济发展方式任务艰巨；城乡区域发展差距和居民收入分配差距依然较大；社会矛盾明显增多，教育、就业、社会保障、医疗、住房、生态环境、食品药品安全、安全生产、社会治安、执法司法等关系群众切身利益的问题较多，部分群众生活比较困难；一些领域道德失范、诚信缺失；一些干部领导科学发展能力不强；一些领域消极腐败现象易发多发，反腐败斗争形势依然严峻。以上这些问题表明，当前和今后一个时期，我国经济社会发展面临的情况是复杂的，短期矛盾和长期矛盾叠加，结构性因素和周期性因素并存，各种潜在的挑战和风险凸显。这些困难和问题，是我国发展新的阶段性特征的集中体现，是经济社会发展到这个阶段躲不开绕不过去的挑战。对此，我们必须要充分认识，高度重视，有效应对。如果应对得当，把经济社会发展的良好势头保持住，我们就能跨上更高的发展平台。如果应对不当，我们就可能面临更大困难，甚至造成经济徘徊不前和社会动荡不安。这就要求我们在全面建设小康社会过程中，必须更加注重推动科学发展，更加注重促进社会和谐，更加注重用改革的办法解决前进中的问题。

（三）外部环境变化的深刻影响

当今世界正在发生深刻复杂变化，和平与发展仍然是时代主题，世界多极化、经济全球化深入发展，文化多样化、社会信息化继续推进，各国相互依存达到前所未有的程度，新兴市场国家和发展中国家整体实力增强，国际力量对比朝着有利于维护世界和平方向发展。同时，世界格局进入深度调整期，国际政治经济秩序发生深刻变革，国际力量对比发生新的分化组合，新旧矛盾相互叠加，新旧力量相互博弈，传统安全威胁和非传统安全威胁相互交织，世界政治、经济、社会等领域不稳定不确定因素明显增多。特别是导致国际金融危机的深层次矛盾尚未消除，主要经济体增长乏力，欧债危机持续发作，全球总需求低迷，国际贸易增速明显回落，各种形式的保护主义抬头，大宗商品价格在高位波动，新的风险在形成和集聚。我国综合国力和国际地位显著提高，抵御外部风险能力明显增强。这些情况表明，国际金融危机正在和必将带来国际政治经济格局的大调整大变革，我国发展的重要战略机遇期的内涵和条件正在发生变化，要求我们必须增强统筹国内国际两个大局能力，维护我国发展的重要战略机遇期，善于从国内国际因素的相互转化中把握和创造发展条件，积极应对和管控风险与挑战，确保在激烈的国际竞争中赢得主动。

### 三、提出全面建成小康社会的重大意义

在"四个全面"战略布局中，全面建成小康社会是处于引领地位的战略目标，如期全面建成小康社会事关"中国梦"实现的大格局，事关中华民族的伟大复兴。

（一）彰显中国特色社会主义制度的优越性

在我国，几千年的奴隶制度和封建制度没有也不可能将中国带入小康社会。特别是 1840 年鸦片战争后，中国逐步沦为一个半殖民地半封建社会，更不可能实现小康。新中国成立后，我国建立起独立的比较完整的工业体系和国民经济体系，为当代中国发展进步奠定了根本政治前提和物质基础。党的十一届三中全会后，我国进入改革开放新时代，早在 20 世纪 80 年代，邓小平同志就提出"到本世纪末在中国

建立一个小康社会"的奋斗目标，党的十二大报告提出到 20 世纪末人民的物质文化生活可以达到小康水平，党的十三大提出"三步走"的发展战略，党的十六大提出要在 21 世纪头二十年全面建设惠及十几亿人口的更高水平的小康社会，党的十八大郑重地向全世界宣告："只要我们胸怀理想、坚定信念，不动摇、不懈怠、不折腾，顽强奋斗、艰苦奋斗、不懈奋斗，就一定能在中国共产党成立一百年时全面建成小康社会，就一定能在新中国成立一百年时建成富强民主文明和谐的社会主义现代化国家。"短短几十年时间，要在一个贫穷落后、人口众多的国家全面建成小康社会，这是人类发展史上的奇迹。全面建成小康社会的战略目标，体现的正是中国特色社会主义的根本属性和必然要求，足以展示社会主义制度的优越性和中国共产党领导的正确性，更加坚定中国特色社会主义的道路自信、理论自信和制度自信。

（二）增强党的凝聚力、向心力

党的凝聚力和向心力来自于在党的领导下能否实现经济、政治、文化、社会稳步发展和生态环境改善；来自于能否为亿万人民群众带来看得见、摸得着、越来越多的物质福利和精神享受，让全国人民过上幸福生活；来自于能否如期实现对人民的承诺。当今世界，资产阶级政党在选举过程中轮流向选民作出一些口头承诺，但绝大多数都成为空头支票，一些曾经长期执政的大党失去执政地位，一个重要原因就是漠视群众利益，失去了人民信任。而我们党则能够始终坚持以人为本、执政为民的理念，沿着既定的目标不懈追求。如期实现全面建成小康社会的宏伟目标，正在推动我国各项事业再上一个新台阶，必将极大地增强党的凝聚力和向心力，赢得亿万人民群众的信任和支持。

（三）实现中华民族伟大复兴的坚实基础

千百年来，过上小康生活是中国人民的共同梦想，是全社会的"最大公约数"，但是在生产力极其落后的条件下、在剥削制度下不可能实现。中华人民共和国成立后，特别是改革开放以来，我国经济社会发生了巨大变化，数以亿计的人口脱离贫困，走上了致富之路。党的十八大以来，以习近平同志为核心的党中央，以更大的政治勇气和智慧，不失时机地提出全面建成小康社会、全面深化改革、全面依法治国、全面从严治党，着力于解决经济社会发展中的突出问题和矛盾，积极回应人民关切的现实问题，加快推进经济、政治、文化、社会、生态文明建设，综合国力进一步提高、生产力进一步发展、人民生活进一步改善，各项事业取得新的更大进步。如期全面建成小康社会，必将极大调动人民群众投身改革开放和社会主义现代化建设事业的主动性、创造性，为实现中华民族伟大复兴的"中国梦"奠定坚实基础。

（四）是实干兴邦的具体体现

改革开放以来，我们在建设小康社会进程中取得了举世瞩目的伟大成就。从 1978 年到 2011 年，中国的国内生产总值由 3645 亿元跃升到 472115 亿元，总量上增长了一百余倍，由一个贫弱的大国变成全球第二大经济体。尤其是近十年来，我国的社会生产力、经济实力、科技实力、人民生活水平、居民收入水平、社会保障水平都取得了很大的进步。党的十八大报告指出，我们能取得这样的历史性成就，靠的是党的基本理论、基本路线、基本纲领、基本经验的正确指引，靠的是新中国成立以来特别是改革开放以来奠定的深厚基础，靠的是全党全国各族人民的团结奋斗。空谈误国，实干兴邦。全面建成小康社会目标明确，思路清晰，措施务实，可以说是实干兴邦的具体体现。

## 四、全面建成小康社会的基本内涵

全面建成小康社会，核心就在"全面"，我们追求的是多领域协同发展、不分地域、不让一个人掉队、不断发展的全面小康。

### （一）从内容上看，是建设"五位一体"的全面小康

全面建成小康社会是经济、政治、文化、社会、生态文明建设"五位一体"的全面小康，是不可分割的整体。经济建设方面的要求是经济持续健康发展，包括转变经济发展方式取得重大进展，工业化基本实现，信息化水平大幅度提升，城镇化质量明显提高，农业现代化和社会主义新农村建设成效显著，区域协调发展机制基本形成等。政治建设方面的要求是人民民主不断扩大，包括民主制度更加完善，民主形式更加丰富，依法治国方略全面落实，法治政府基本建成，司法公信力不断提高等。文化建设方面的要求是文化软实力显著增强，包括社会主义核心价值体系深入人心，公民文明素质和社会文明程度明显提高，文化产业成为国民经济支柱产业，文化产业走出去迈出更大步伐等。社会建设方面的要求是人民生活水平全面提高，包括基本公共服务均等化、教育现代化基本实现，就业更加充分，收入差距明显缩小，贫困人口稳定脱贫等。生态文明建设方面的要求是资源节约、环境友好型社会建设取得重大进展，包括主体功能区布局基本形成，资源循环利用体系初步建立，单位国内生产总值能耗和主要污染物排放总量显著减少等。

### （二）从区域来看，是全国各个地区的全面小康

从区域来看，到2020年全面建成小康社会意味着全国各个地区都要迈入小康社会，而不是一部分地区进入小康社会，其他地区还处在贫困状态。但这并不等于说所有地区在同一天迈入小康社会。全面建

成小康社会最艰巨最繁重的任务在农村，特别是在贫困地区，而发达地区则要向更高水平的小康迈进；也不意味着所有小康社会的指标同一天达到，有的指标可能提前实现，有的可能需要一些时日才能实现。尽管有先有后，有快有慢，但是，在整个社会经济持续健康发展的情况下，通过产业接替、结构转型升级，区域间的发展差距会越来越小，所有地区按时全面建成小康社会的目标可以实现。

（三）从发展来看，是从温饱向富裕过渡的阶段

小康社会是从温饱向富裕过渡的阶段，其标准是动态的而不是静态的，是不断发展的而不是固定不变的，但也不是无限提高的。随着生产力发展和社会不断进步，小康社会的标准也在不断调整。1979 年邓小平同志提出中国建设小康社会的目标，即到 20 世纪末要达到第三世界中比较富裕一点的国家的水平，比如国民生产总值人均 1000 美元，也还得付出很大努力。这是从当时中国的发展水平出发的，但随着时间推移和实践发展，中国特色社会主义的总体布局由经济、政治、文化"三位一体"到经济、政治、文化、社会"四位一体"，再到党的十八大提出经济、政治、文化、社会、生态文明"五位一体"的全面建成小康社会的战略目标，不仅覆盖的领域在扩大，每一领域的标准也在不断提高。值得指出的是，全面建成小康社会只是我国经济社会发展的一个阶段性目标，而不是终极目标。在这一目标实现之后，我国将继续实现下一个奋斗目标，即到新中国成立一百年时建成富强民主文明和谐的社会主义现代化国家。

（四）从实践来看，是以科学发展观为指导的小康

科学发展观是马克思主义同当代中国实际和时代特征相结合的产物，是马克思主义关于发展的世界观和方法论的集中体现，对新形势下

实现什么样的发展、怎样发展等重大问题作出了新的科学回答，是指导党和国家全部工作的强大思想武器。在发展的道路上，全面建成小康社会还将面临很多挑战，比如发展中还存在着不平衡、不协调、不可持续的问题；城乡区域发展差距和居民收入分配差距依然较大；教育、就业、医疗、住房、生态环境、食品药品安全、社会治安、执法司法等领域的社会矛盾依然存在。面对这些挑战，要按照十八大要求，把推动经济社会发展作为深入贯彻落实科学发展观的第一要义，着力把握发展规律、创新发展理念、破解发展难题，在科学发展中建成小康社会。

# 第二节　全面建成小康社会目标要求

由"建设"到"建成"，是党中央向全国人民做出的庄严承诺。党的十六大以来的 10 年，我国经济建设、政治建设、文化建设、社会建设、生态文明建设全面推进。我们成功地迈上了三个大的台阶：社会生产力、经济实力、科技实力迈上一个大台阶；人民生活水平、居民收入水平、社会保障水平迈上一个大台阶；综合国力、国际竞争力、国际影响力迈上一个大台阶。只要我们不断进取，奋勇攀登，全面建成小康社会的目标一定能如期实现。

## 一、全面建成小康社会标准

20 世纪 90 年代初，国家统计局等部门联合制定了《全国小康生活水平基本标准》，用以评价和监测实现小康的进程。总体小康评价指标体系涵盖五大方面，包括经济发展水平、物质生活条件、人口素质、精神生活和生活环境，共计 16 个指标。党的十六大提出全面建设小康社会的目标后，对原来的总体小康评价指标体系作修改和调整，以建立能够科学反映和监测我国全面建设小康社会进程的统计指标体系。2013年，国家统计局按照党的十八大提出的全面建成小康社会新要求，对全面建设小康社会指标体系进行了修改和完善，形成了《全面建成小康社会统计监测指标体系》，由五大方面39个一级指标构成（见表1）。

在此基础上，各地区根据发展情况又对其中的一些指标进行了增加、替换和提升。

增加指标：

1. 现代农业发展水平85%。

2. 城乡居民收入达标人口比例 >50%。

3. 城镇住房保障体系健全率90%。

4. 每千名老人拥有养老床位数32张。

5. 文化产业增加值占GDP比重5%。

6. 党风廉政建设满意度80%。

7. 单位GDP能耗。

替换指标：

1. 信息化发展水平80%（替换原居民信息化普及程度）。

2. 城镇居民住房成套比例90%（替换原城镇人均住房建筑面积30平方米）。

农村居民住房成套比例80%（替换原农村人均钢筋、砖木结构住房面积40平方米）。

3. 现代教育发展水平85%（替换原高中阶段教育毛入学率90%）。

4. 城市万人公交车拥有量15标台（替换原城镇人均拥有道路面积12平方米）。

行政村客运班线通达率 100%（替换原农村行政村通灰黑公路或航道比重 100%）。

5. 人均拥有公共文化体育设施面积 2.3 平方米（替换原居民文教娱乐服务支出占家庭消费支出比重 18%）。

6. 每千人拥有医生数 2 人（替换原卫生服务体系健全率 90%）。

7. 法治建设满意度 80%。

公众安全感 90%（2 个指标替换原人民群众对社会治安的满意率 90%）。

8. 空气质量达到二级标准的天数比例 60%。

地表水好于类水质的比例 60%。

城镇污水达标处理率 90%。

村庄环境整治达标率 95%（4 个子指标合成环境质量替换原环境质量综合指数）。

9. 林木覆盖率 22%。

城镇绿化覆盖率 38%（替换原森林覆盖率、城市绿化覆盖率）。

提升指标：

1. 人均地区生产总值：提高到 90000 元。

2. 城镇居民人均可支配收入：提高到 46000 元。

农村居民人均纯收入：提高到 20000 元。

3. 城镇化率：提高到 65%。

4. 研发经费支出占 GDP 比重：提高到 2.5%。

5. 人民群众对全面建成小康社会成果满意度：提升为 70%。①

---

① 全面建成小康社会指标体系调整，搜狐资讯。

## 表1  全面建成小康社会统计监测指标体系

| 权重 | 具体指标 | 计量单位 | 目标值（方案一） | 目标值（方案二） | | |
|---|---|---|---|---|---|---|
| | | | | 东部地区 | 中部地区 | 西部地区 |
| 经济发展 22.0 | 1 | 人均GDP（2010年不变价） | 元 | ≥57000 | 比2010年翻一番 | | |
| | 2 | 第三产业增加值占GDP比重 | % | ≥47 | ≥50 | ≥47 | ≥45 |
| | 3 | 居民消费支出占GDP比重 | % | ≥36 | ≥36 | | |
| | 4 | R&D经费支出占GDP比重 | % | ≥2.5 | ≥2.7 | ≥2.3 | ≥2.2 |
| | 5 | 每万人口发明专利拥有量 | 件 | ≥3.5 | ≥4 | ≥3.2 | ≥3.0 |
| | 6 | 工业生产率 | 万元/人 | ≥12 | ≥12 | | |
| | 7 | 互联网普及率 | % | ≥50 | ≥55 | ≥50 | ≥45 |
| | 8 | 城镇人口比重 | % | ≥60 | ≥65 | ≥60 | ≥55 |
| | 9 | 农业劳动生产率 | 万元/人 | ≥2 | ≥2 | | |
| 民主法制 10.5 | 10 | 基层民主参选率 | % | ≥95 | ≥95 | | |
| | 11 | 每万名公务人员检察机关立案人数 | 人/万人 | ≤8 | ≤8 | | |
| | 12 | 社会安全指数 | — | =100 | =100 | | |
| | 13 | 每万人口拥有律师数 | 人 | ≥2.3 | ≥2.3 | | |
| 文化建设 14.0 | 14 | 文化及相关产业增加值占GDP比重 | % | ≥5 | ≥5 | | |
| | 15 | 人均公共文化财政支出 | 元 | ≥150 | ≥150 | | |
| | 16 | 有线广播电视入户率 | % | ≥60 | ≥60 | | |
| | 17 | 每万人口拥有"三馆一站"公用房屋建筑面积 | 平方米 | ≥400 | ≥400 | | |
| | 18 | 城乡居民文化娱乐服务支出占家庭消费支出比重 | % | ≥5 | ≥5 | | |
| 人民生活 26.5 | 19 | 城乡居民人均收入（2010年不变价） | 元 | ≥25000 | 比2010年翻一番 | | |
| | 20 | 地区人均基本公共服务支出差异系数 | % | ≤60 | ≤60 | | |
| | 21 | 失业率 | % | ≤6 | ≤6 | | |
| | 22 | 恩格尔系数 | % | ≤40 | ≤40 | | |

续表

| 权重 | 具体指标 | | 计量单位 | 目标值(方案一) | 目标值(方案二) | | |
| --- | --- | --- | --- | --- | --- | --- | --- |
| | | | | | 东部地区 | 中部地区 | 西部地区 |
| 人民生活 | 26.5 | 23 | 基尼系数 | – | 0.3~0.4 | 0.3~0.4 | |
| | | 24 | 城乡居民收入比 | 以农为1 | ≤2.8 | ≤2.6 | ≤2.8 | ≤3.0 |
| | | 25 | 城乡居民家庭人均住房面积达标率 | % | ≥60 | ≥60 | |
| | | 26 | 公共交通服务指数 | – | =100 | =100 | |
| | | 27 | 平均预期寿命 | 岁 | ≥76 | ≥76 | |
| | | 28 | 平均受教育年限 | 年 | ≥10.5 | ≥10.5 | |
| | | 29 | 每千人口拥有执业医师数 | 人 | ≥1.95 | ≥1.95 | |
| | | 30 | 基本社会保险覆盖率 | % | ≥95 | ≥97 | ≥95 | ≥93 |
| | | 31 | 农村自来水普及率 | % | ≥80 | ≥85 | ≥80 | ≥75 |
| | | 32 | 农村卫生厕所普及率 | % | ≥75 | ≥80 | ≥75 | ≥70 |
| 资源环境 | 20.0 | 33 | 单位GDP能耗(2010年不变价) | 吨标准煤/万元 | ≤0.6 | ≤0.55 | ≤0.62 | ≤0.65 |
| | | 34 | 单位GDP水耗(2010年不变价) | 立方米/万元 | ≤110 | ≤105 | ≤110 | ≤115 |
| | | 35 | 单位GDP建设用地占用面积(2010年不变价) | 公顷/万元 | ≤60 | ≤55 | ≤62 | ≤65 |
| | | 36 | 单位GDP二氧化碳排放量(2010年不变价) | 吨/万元 | ≤2.5 | | |
| | | 37 | 环境质量指数 | – | =100 | =100 | |
| | | 38 | 主要污染物排放强度指数 | – | =100 | =100 | |
| | | 39 | 城市生活垃圾无害化处理率 | % | ≥85 | ≥90 | ≥85 | ≥80 |

## 二、全面建成小康社会目标

党的十八大报告根据我国经济社会发展实际，在党的十六大、十七大确立的全面建设小康社会目标的基础上，提出了一些更具明确政策导向、更加针对发展难题、更好顺应人民意愿的新要求，以确保到

2020 年全面建成的小康社会，是发展改革成果真正惠及十几亿人口的小康社会，是经济、政治、文化、社会、生态文明全面发展的小康社会，是为实现社会主义现代化建设宏伟目标和中华民族伟大复兴奠定坚实基础的小康社会。根据"五位一体"总体布局，报告从以下 5 方面充实和完善了全面建成小康社会的目标。

一是经济持续健康发展。在全面建成小康社会的进程中，发展仍是解决我国所有问题的关键。在当代中国，坚持发展是硬道理的实质就是坚持科学发展，只有推动经济持续健康发展，才能筑牢国家繁荣富强、人民幸福安康、社会和谐稳定的物质基础。党的十八大报告提出的经济持续健康发展要求体现在 6 个方面：第一，转变经济发展方式取得重大进展；第二，在发展平衡性、协调性、可持续性明显增强的基础上，实现两个"倍增"，即国内生产总值和城乡居民人均收入比 2010 年翻一番；第三，通过增强创新驱动发展新动力，使科技进步对经济增长的贡献率大幅上升，进入创新型国家行列；第四，通过构建现代产业发展新体系，促进工业化、信息化、城镇化、农业现代化同步发展，使工业化基本实现，信息化水平大幅提升，城镇化质量明显提高，农业现代化和社会主义新农村建设成效显著；第五，通过继续实施区域总体发展战略，充分发挥各地区比较优势，区域协调发展机制基本形成；第六，通过培育开放型经济发展新优势，使对外开放水平进一步提高，我国经济的国际竞争力明显增强。

二是人民民主不断扩大。人民民主是我们党始终高扬的旗帜。改革开放以来，我们总结发展社会主义民主正反两方面经验，强调人民民主是社会主义的生命，始终坚持党的领导、人民当家做主、依法治国有机统一，始终把政治体制改革摆在改革发展全局的重要位置，坚定不移加以推进，取得了重大进展，成功开辟和坚持了中国特色社会主义政治发展道路，为实现最广泛的人民民主确立了正确方向，为经济社会发展提供了有力的政治保障。同时，我国政治体制也还有一些需要完善和发展的环节，在扩大人民民主方面还存在一些不足。当前和今后一个时期，推进政治体制改革、加强政治建设，就是要在党的领导下，发展更加广泛、更加充分、更加健全的人民民主，使民主制度更加完善、民主形式更加丰富，人民积极性、主动性、创造性进一步发挥；更加注重发挥法治在国家治理和社会管理中的重要作用，维护国家法制统一、尊严、权威，实现依法治国基本方略全面落实，法治政府基本建成，司法公信力不断提高，人权得到切实尊重和保障。

三是文化软实力显著增强。文化实力和竞争力是国家富强、民族振兴的重要标志。我们要全面建成的小康社会，是物质文明和精神文明全面发展的小康社会。无论是推动经济社会发展，还是改善民生、促进社会和谐，都必须推动社会主义文化大发展大繁荣，提高国家文化软实力，发挥文化引领风尚、教育人民、服务社会、推动发展的作用。党的十八大报告从以下方面提出了增强文化软实力的目标要求：第一，社会主义核心价值体系是兴国之魂，决定着中国特色社会主义发展方向，必须使之深入人心；第二，全面提高公民道德素质是社会主义道德建设的基本任务，必须坚持依法治国和以德治国相结合，使公民文明素质和社会文明程度明显提高；第三，让人民享有健康丰富的精神文化生活，是全面建设小康社会的重要内容，必须实现文化产品更加丰富，公共文化服务体系基本建成，文化产业成为国民经济支柱性产业；第四，文化越来越成为国际竞争力的重要元素，要不断增强中华文化国际影响力，使中华文化走出去迈出更大步伐。总之，要使建设社会主义文化强国的基础更加坚实。

四是人民生活水平全面提高。在经济发展基础上使人民物质文化生活水平全面提高，是改革开放和社会主义现代化的根本目的，是扩大消费、促进经济发展的根本动力，也是保持社会稳定、促进社会和谐的重要保证，体现了人民群众对美好生活的新期待。第一，基本公共服务均等化总体实现，这是人民生活水平全面、普遍提高的重要标志。第二，全民受教育程度和创新人才培育水平明显提高，进入人才强国和人力资源强国行列，教育现代化基本实现，这是实现人的全面发展的基础；第三，就业更加充分，这是民生之本得到保障的具体体现；第四，收入分配差距缩小，中等收入群体持续扩大，扶贫对象大幅减少，这是发展改革成果惠及全体人民的重要体现；第五，社会保障全民覆盖，人人享有基本医疗卫生服务，住房保障体系基本形成，这是实现老有所养、住有所居、病有所医的必然要求；第六，社会和谐稳定，这是人民安居乐业的必要前提。

五是资源节约型、环境友好型社会建设取得重大进展。推动形成人与自然和谐发展现代化建设新格局，是保持经济持续健康发展、提高人民生活质量、促进社会和谐稳定的必然要求。针对发展面临的越来越突出的资源环境制约，适应人民群众对良好生态环境越来越迫切的要求，在推动经济社会发展的同时，生态文明建设必须在以下 4 方面取得明显成效：一要优化国土空间开发格局，使主体功能区布局基本形成；二要全面促进资源节约，初步建立资源循环利用体系；三要加大自然生态系统和环境保护力度，单位国内生产总值能源消耗和二氧化碳排放大幅下降，主要污染物排放总量显著减少；四要实施重大生态修复工程，实现森林覆盖率提高，生态系统稳定性增强，人居环境明显改善。

党的十八大报告在对全面建成小康社会目标提出新要求的同时，还明确了深化经济体制、政治体制、文化体制、社会体制、生态文明制度改革的目标。

以上这些目标要求，符合中国特色社会主义全面发展的内在要求，符合深化改革开放、加快转变经济发展方式攻坚时期的实践需要，既与党的十六大、十七大提出的目标相衔接，又更加切合我国新的发展实际。

### 三、全面建成小康社会目标的特点

党的十八大报告提出的全面建成小康社会目标的新要求，具有以下 5 个鲜明特点：

一是以党的十六大、十七大提出的目标为基础，保持目标的连续性。发展目标是长期性与阶段性的统一。全面建成小康社会是一个长期性的总体目标，党的十六大、十七大提出的全面建设小康社会的奋斗目标，描绘了到 2020 年中国特色社会主义事业发展的宏伟蓝图。党的十六大以来经济建设、政治建设、文化建设、社会建设、生态文明建设取得的重大成就充分证明，这些目标符合我国的基本国情，符合科学发展观和建设社会主义和谐社会的要求，是完全正确的，我们必须继续为实现这些目标努力奋斗。党的十八大根据新的情况新的条件变化对一些具体指标进行调整和深化，提出发展改革的新要求，是在坚持已经确立的全面建设小康社会的总体目标基础上提出的，而不是另起炉灶提出一套新的目标。

二是集中精力着重解决全面建成小康社会进程中的突出矛盾和问题，使目标更具有针对性。当前和今后一个时期，我国经济社会发展中存在的突出矛盾和问题，是不平衡、不协调、不可持续问题，因此在目标要求的导向上，要把解决"三不"问题作为全面建成小康社会的主要着力点。党的十八大报告根据这些问题和矛盾有针对性地修订或增加一些定性和定量指标，以强化提高发展的质量、效益、全面性和实现可持续发展的目标导向，而不是面面俱到地进行修订。

三是增加深化改革开放的要求，突出改革开放在全面建成小康社会中的重要战略地位。21世纪第二个10年是我国现代化进程中具有关键意义的历史阶段，这期间我们不仅要着力解决好经济社会发展中的一些突出矛盾和问题，更要在重要领域和关键环节改革上迈出实质性步伐，以改革的办法解决发展中的问题，同时使社会主义市场经济体制更加完善，各方面制度更加成熟更加定型，为全面建成小康社会提供强有力的动力和制度保障。党的十八大报告强调，全面建成小康社会，必须以更大的政治勇气和智慧，不失时机深化重要领域改革，坚决破除一切妨碍科学发展的思想观念和体制机制弊端，构建系统完备、科学规范、运行有效的制度体系，并明确了经济、政治、文化、社会、生态文明各领域深化改革开放的重点和突破口。

四是把生态文明建设和加快建立生态文明制度的目标一起提出，体现了中国特色社会主义事业"五位一体"总体布局的要求。党的十七大明确提出了生态文明建设的目标，经过多年的实践，各方面普遍认为，必须把生态文明建设放在更加突出的地位，纳入中国特色社会主义事业总体布局，进一步强调生态文明建设的地位和作用。党的十八大报告根据这个要求，不仅在全面建成小康社会目标新要求中明确提出生态文明建设的目标，而且第一次明确提出加快建立生态文明制度的改革目标要求，使生态文明建设与经济建设、政治建设、文化建设、社会建设一道，在奋斗目标上完整体现了中国特色社会主义事业"五位一体"总体布局的要求。

五是提出了两个"翻一番"的新要求，既鼓舞人心又切实可行。党的十八大报告在经济持续健康发展的目标要求中，提出"在发展平衡性、协调性、可持续性明显增强的基础上，实现国内生产总值和城乡居民人均收入比 2010 年翻一番"。国内生产总值或人均国内生产总值，是从总体上反映经济发展程度的核心指标。党的十六大提出"在优化结构和提高效益的基础上，国内生产总值到 2020 年力争比 2000 年翻两番"。党的十七大根据当时经济发展实际情况，将这一指标修改为"在优化结构、提高效益、降低消耗、保护环境的基础上，实现人均国内生产总值到 2020 年比 2000 年翻两番"。从发展情况看，2011 年，国内生产总值比上年增长 9.3%，以后 9 年只要人均国内生产总值年均增长 4.5% 即可实现党的十七大提出的目标，这个速度显然偏低。报告提出到 2020 年实现国内生产总值比 2010 年再翻一番，以后 9 年年均增长 7% 就可实现，比较符合实际，增速也与"十二五"规划纲要一致。报告提出的另一个"翻一番"，是实现城乡居民人均收入到 2020 年比 2010 年翻一番的新要求，这个目标体现了民生优先、惠民富民的政策取向，也顺应了广大人民群众过上更好生活的新期盼。10 年翻一番年均需增长 7.2%，考虑到 2011 年，城镇居民人均可支配收入比上年实际增长 8.4%，农村居民人均纯收入实际增长 11.4%，以后 9 年城镇居民人均可支配收入比上年实际增长 7%，农村居民人均纯收入实际增长 6.7%，就可以实现这个目标。从近几年发展实际看，实现这个目标是有把握的。如期全面建成小康社会，是我们党向人民作出的庄严承诺，承载着全国人民对过上更好生活的新期待。

# 第三节 "中国梦"与"新三步走战略"

有所思即有所梦，梦的内容反映的是追求、体现的是抱负。在中华民族伟大复兴的背后，是千年的回响、百年的渴望。"中国梦"以个人成功与人们共同幸福为目标，凝结着中华民族的共同利益追求。从2012年到2020年，是全面建成小康社会的最后阶段，也是实现中华民族伟大复兴的"中国梦"的重要阶段，党中央立足于"全面从严治党"总根基，确立了"全面建成小康社会"战略目标和更为长远的奋斗目标，即实现社会主义现代化和中华民族伟大复兴的"中国梦"，二者有机统一，构成了"新三步走战略"。

## 一、"中国梦"书写中华民族新篇章

对近现代中华儿女来说，实现中华民族伟大复兴绝不仅是一句豪言壮语，而是有着十分深刻的内涵，这就是让国家更强盛、人民更幸福，中华民族对世界作出更大贡献。习近平总书记在参观《复兴之路》展览时指出："实现中华民族伟大复兴，就是中华民族近代以来最伟大的梦想。"这一时代解读，既饱含着对近代以来中国历史的深刻洞悉，又彰显了全国各族人民的共同愿望和宏伟愿景，为党带领人民开创未来指明了前进方向。

### （一）"中国梦"的基本内涵

习近平总书记在莫斯科国际关系学院演讲时指出，实现中华民族伟大复兴，是近代以来中国人民最伟大的梦想，我们称之为"中国梦"，基本内涵是实现国家富强、民族振兴、人民幸福。

国家不富强，就会被人欺侮；民族不复兴，就无颜担当龙的传人。实现中华民族伟大复兴，不是简单地重寻昔日的荣光，而是要让曾经饱受列强欺侮、目前尚是发展中国家的中国经济发展、政治昌明、文化繁荣、社会和谐，到本世纪中叶成为富强民主文明和谐的社会主义现代化国家。

强国才能富民，强国也是为了富民。没有人民富裕，发展就不算成功；没有人民幸福，复兴就不算完成。实现中华民族伟大复兴，就是要让中国人民有更好的教育、更稳定的工作、更满意的收入、更可靠的社会保障、更高水平的医疗卫生服务、更舒适的居住条件、更优美的环境，让我们的孩子们成长得更好、工作得更好、生活得更好。进一步说，就是要让中国人民过上更加富裕、更有尊严的生活，实现每个人自由而全面的发展。

处于伟大复兴进程中的中国，在追求本国利益时兼顾他国合理关切，在谋求本国发展中促进各国共同发展；处于伟大复兴进程中的中国，坚持把本国人民利益同各国人民共同利益结合起来，以更加积极的姿态参与国际事务，共同应对全球性挑战，共同破解人类发展难题。一句话，"中国梦"不仅是属于中国的，也是属于世界的。

（二）"中国梦"的发展历程

"中国梦"，深刻道出了中国近代以来历史发展的主题主线，深情描绘了近代以来中华民族生生不息、不断求索、不懈奋斗的历史。

1. 从饱受屈辱到赢得独立

实现中华民族伟大复兴的"中国梦"，是随着另一场梦的破碎产生的。长期以来，中华文明以其独有的特色和辉煌走在了世界文明发展的前列，为世界文明进步作出过巨大的贡献。然而，随着资本主义生产方式的兴起，随着近代工业革命脚步的加快，中国很快落伍了。故步自封的封建统治者仍然沉浸在往日的辉煌所造就的梦想之中，等待着"万国来仪"。不料，等来的却是西方列强的船坚炮利，等来的却是亡国灭顶之灾。

1840 年爆发的中英第一次鸦片战争，不但打开了中国的国门，也打碎了"天朝之梦"。从此，中国逐步沦为半殖民地半封建社会。一系列的侵略战争接踵而至，一系列的不平等条约被迫签订，中华民族遭受的屈辱与苦难世所罕见。这证明了一个铁律：落后就会挨打，生存必须自强。

中华民族是一个伟大的民族，绝不会将自己的命运任人摆布，更不会面临亡国灭种的危险而无动于衷。在西方列强和帝国主义入侵下随之而兴的，是中华民族民族意识与民族精神的唤醒，是中华民族伟大复兴这一"中国梦"的提出。

中华民族犹如一头沉睡的雄狮。在唤醒中华民族萌发出"中国梦"的过程中，无数仁人志士屡踣屡起，不懈探索奋斗。他们曾经学习西方列强的船坚炮利，以实现富国强兵的梦想，换来的却是一次次惨痛的失败；他们曾经寄希望于封建君主的"维新新政"，以实现像日本明治维新那样的梦想，换来的却是封建统治者的无情镇压；他们曾经渴望通过资产阶级民主革命推翻封建帝制，以创建像西方那样的民主共和国，换来的依旧是四分五裂、战乱频仍、人民依然生活在水深火热之中的旧中国。

真正把中国人民和中华民族带上实现"中国梦"的人间正道的，是中国共产党人。中国共产党自 1921 年诞生之日起，就在华夏大地掀起了一场前所未有的彻底反帝反封建的民主革命。在这场前无古人的伟大革命中，中国共产党从蹒跚学步的幼年迅速成长起来，经历过一次又一次血与火的考验。从大革命失败的血雨腥风到井冈山的星火燎原，从第五次反"围剿"失败到经过万里长征后在抗日烽火中再起，从奋起反击国民党军的全面内战到五星红旗在天安门广场冉冉升起，正可谓"雄关漫道真如铁，而今迈步从头越"！

随着毛泽东主席在天安门城楼上庄严宣布："中华人民共和国中央人民政府今天成立了！""中国梦"演完了实现民族独立和人民解放悲壮的第一乐章，掀开了在中国共产党领导下为实现国家繁荣富强、人民共同富裕而奋斗的新篇章。中国人饱受屈辱、任人摆布的历史一去不复返，开始了自立于世界民族之林的新时代。

2. 中国特色社会主义道路的艰辛探索

中华人民共和国成立伊始，毛泽东同志等老一辈革命家就带领中国共产党和全国各族人民，为建设一个繁荣昌盛、人民当家做主的社会主义现代化国家而奋斗。

我国建立起具有中国自己特点、适合中国国情的社会主义根本制度。首先建立起来的，是以工人阶级为领导、工农联盟为基础、最广泛的人民民主统一战线为纽带的人民民主专政的国体。这一国体的建立，使新中国有可能在对极少数敌对势力实行专政的同时，在人民内部实行最广泛的民主。在此基础上，逐步建立了人民代表大会这一根本政治制度和中国共产党领导的多党合作和政治协商制度、民族区域自治制度，以及以公有制为主体的社会主义经济制度。

白手起家，艰苦奋斗，在一穷二白的基础上，经过20多年的不懈努力，建设起一个独立的比较完整的工业体系和国民经济体系，以"两弹一星"为标志在国防和高科技领域中取得了重要突破，农业现代化、工业现代化、国防现代化、科学技术现代化全面推进。

总之，中华人民共和国成立后的 20 多年间，在中国共产党的领导下，走过了许多国家需要上百年时间走完的路程，在中国近代以来的历史上出现了少有的和平建设局面，中国人民信心百倍地朝着"中国梦"的目标前进。

然而，探索的道路并不平坦。在一个经济文化落后的东方大国建设社会主义现代化国家是一件前无古人的伟业。实现伟大的梦想，想要一帆风顺，没有牺牲，不付出代价，是难以想象的。

党的十一届三中全会以来，党中央一面坚持和发展毛泽东思想，一面应对新问题、解决新问题，开创了改革开放和中国特色社会主义事业。改革开放极大地改变了中国的面貌，在华夏大地再一次掀起了一场前所未有的深刻革命，极大地解放和发展了社会生产力，创造出令世人惊叹的中国奇迹。

党的十二大报告指出："照抄照搬别国经验、别国模式，从来不能得到成功。这方面我们有过不少教训。把马克思主义的普遍真理同我国的具体实际结合起来，走自己的道路，建设有中国特色的社会主义，这就是我们总结长期历史经验得出的基本结论。"没有党在社会主义建设中取得的独创性理论成果和巨大成就，以及为新的历史时期开创中国特色社会主义提供的宝贵经验、理论准备、物质基础，不可能形成这样的结论。没有过去的沉痛教训，也不可能得出如此深刻的结论。从此，"中国特色社会主义"清晰地写在中国共产党的旗帜上，成为一次又一次党的全国代表大会的主题，成为一代又一代中国共产党人为实现"中国梦"而进行一以贯之的接力探索、接力奋斗的伟大事业。

我国建立和完善了社会主义市场经济，极大地解放和发展了社会生产力，形成公有制为主体、多种所有制经济共同发展的基本经济制度新格局。经济总量跃居世界第二位，人民生活水平实现从温饱到总体小康的历史性跨越。

中国特色社会主义建设，随着道路的拓展、理论的创新不断向前发展，总体布局从经济建设、政治建设、文化建设"三位一体"发展为"四位一体"，又发展为经济、政治、文化、社会、生态文明建设"五位一体"。中国特色社会主义道路越走越宽广。

改革开放伟大实践，不但推动了中国特色社会主义道路、理论体系的拓展和发展，而且有力地推动了中国特色社会主义制度的确立和不断完善。在经济、政治、文化、社会体制改革的推动下，人民代表大会根本政治制度的优越性及其在国家政治生活中的作用日益彰显，中国共产党领导的多党合作和政治协商制度、民族区域自治制度不断完善，并且逐步探索形成了基层群众自治制度和社会主义协商民主制度，中国特色社会主义法律体系得以形成并继续完善。

改革开放新时期全部成就归结到一点，就是开辟中国特色社会主义道路，形成中国特色社会主义理论体系，确立中国特色社会主义制度。它们"三位一体"，分别以实现途径、行动指南、根本保障共同支撑着中国特色社会主义伟大实践，形成了最鲜明的中国特色、中国经验。有了道路、理论、制度支撑的"中国梦"距离我们不再遥远，它是必定实现的美好未来。

3. 站在新的历史起点

从新中国成立之日起，我们正在为实现"中国梦"经历着第二个一百年。在这第二个一百年，我们经历过近 30 年的建设、探索与曲折，以党的十一届三中全会为起点，走上了中国特色社会主义康庄大道。在我们的前面，还有 36 年的新征程，将要达到两个一百年的奋斗目标，即在中国共产党成立一百年时全面建成小康社会，在新中国成立一百年时建成富强民主文明和谐的社会主义现代化国家。

站在改革开放 30 多年为我们创造的新的历史起点上，回顾过去，展望未来，正如习近平同志所说："我们比历史上任何时期都更接近中华民族伟大复兴的目标，比历史上任何时期都更有信心、有能力实现这个目标。"

这是一个什么样的历史新起点呢？一方面，经过 30 多年的积累，改革发展成就巨大。经济社会发展基本面长期趋好，国内市场潜力巨大，社会生产力基础雄厚，科技创新能力增强，人力资源丰富，生产要素综合优势明显，社会主义市场经济体制机制不断完善。另一方面，改革发展的任务艰巨。不平衡、不协调、不可持续问题依然突出，经济增长下行压力和产能相对过剩的矛盾有所加剧，企业生产经营成本上升和创新能力不足的问题并存，金融领域存在潜在风险，经济发展和资源环境的矛盾仍然突出，收入分配差距拉大的问题引人关注。

种种迹象表明，实现"中国梦"，现在到了一个关键节点上。义无反顾，迎难而上，奋力拼搏，展现在未来的是一片新前景、新天地；畏首畏尾，迟疑不决，坐失良机，带来的将是千古遗憾。以全心全意为人民服务为唯一宗旨的中国共产党人，以中华民族伟大复兴为己任的中国共产党人，唯一的选择就是胸怀理想、坚定信念，不动摇、不懈怠、不折腾，顽强奋斗、艰苦奋斗、不懈奋斗。

党的十八大最重要的历史性贡献，就是提出了凝聚党心、体现民意的行动纲领，推举出带领全国各族人民继续前进的新一届中央领导集体。这个行动纲领概括起来，就是要以马克思列宁主义、毛泽东思想、邓小平理论、"三个代表"重要思想、科学发展观为指导思想，坚定不移地坚持中国特色社会主义道路、理论体系、制度，为全面建成小康社会而奋斗。为此，必须做到夺取中国特色社会主义新胜利的八项基本要求。

必须坚持人民主体地位，必须坚持解放和发展社会生产力，必须坚持推进改革开放。这是根据中国共产党全心全意为人民服务的宗旨，根据中国共产党必须始终做到"三个代表"，根据改革开放是发展中国、发展中国特色社会主义的必由之路提出来的。必须坚持维护社会公平正义，必须坚持走共同富裕道路，必须坚持促进社会和谐。这是根据邓小平同志所深刻阐述的社会主义本质提出来的，也是当前经济社会发展的最大人民关切，关系到中国共产党的长期执政，关系到社会主义国家的长治久安，关系到最广大人民群众的根本利益和安康幸福。如同习近平同志所说："人民对美好生活的向往，就是我们的奋斗目标。"必须坚持和平发展，必须坚持党的领导。这是实现"中国梦"不可或缺的外部条件和根本保障。没有一个和平安宁的国际环境，难以实现 国泰民安。没有一个强有力的马克思主义执政党的坚强领导，一盘散沙，也会一事无成。可以说，八项基本要求，体现了社会主义本质特征，体现了中国共产党的性质宗旨，体现了社会主义建设规律、执政党建设规律和人类社会发展规律，更体现了中国人民的共同心声。坚定不移坚持八项基本要求，"中国梦"一定可以变为现实。

历史一次又一次地证明了一个朴素的真理：实干兴邦，空谈误国。就任伊始，以习近平为核心的党中央，不负历史和人民重托，以一系列的果敢举措，以一系列表率行动，给中国政坛带来一阵阵清风。

"打铁还需自身硬"；"人民对美好生活的向往，就是我们的奋斗目标"；"一个实际行动胜过一打纲领"；"改革开放只有进行时没有完成时"。这一系列铿锵有力的话语，向全中国、全世界展现了忠诚祖国、造福人民、锐意改革、攻坚克难、求真务实、清正廉洁的新形象。

4. "中国梦"的要素特征

在国际形势复杂多变，经济体制深刻变革的今天，习总书记提出的实现中华民族伟大复兴的"中国梦"是一个时代的标识，具有重大的历史意义。实现"中国梦"，需要以下几大要素作为支撑：

坚持走中国道路是前提。实现"中国梦"必须走中国道路，中国道路不是别的道路，就是中国特色社会主义道路。中国特色社会主义道路具有三大优势：社会主义道路的优势，融入经济全球化的优势，民族特色的优势。社会主义道路的一个独特优势是能够在公平的基础上实现广大人民群众的共同富裕，以社会主义来守护社会公正。

社会和谐稳定是基础。构建和谐社会，营造安全、祥和、稳定的社会环境，是人们的共同理想和愿望，是"中国梦"的重要组成部分，也是实现"中国梦"的前提。如果把"中国梦"比作一幢高楼大厦，社会环境就是大厦的基础，只有积极营造和谐稳定的社会环境，基础才能坚固牢靠，大厦才能高高耸立。只有在和谐稳定的社会环境里，才能最大限度地调动社会各方面的积极因素，激发人们为努力实现伟大"中国梦"而奋斗的热情。

实施依法治国是保障。法治对于"中国梦"的重要意义，就在于能从法律上、制度上解决国家发展中根本性、全局性和长期性的问题。在市场经济条件下，人们的思想观念多元多样多变，各种利益分歧、矛盾冲突相互交织，这就需要运用法治思维和法治方式有效整合各种张力，化解各种冲突，为社会和谐稳定奠定基础。比如反腐败，唯有"把权力关进制度的笼子里"，才能从根本上解决问题。再比如社会治理，唯有走法制化道路，才能实现社会的长治久安。实现"中国梦"任重而道远，光靠道德、觉悟、修养，没有法治保障是不行的。法治建设推进得越持久、越深入，社会才会更加和谐、更加稳定，国家才会长治久安。法治兴则中国兴，法治废则中国危。习近平总书记指出：推进国家治理体系和治理能力现代化，要高度重视法治问题，采取有力措施全面推进依法治国，建设社会主义法治国家，建设法治中国。法治中国的价值目标有很多，比如实现决策的科学性和民主性，实现经济建设、政治建设、文化建设、社会建设、生态建设五位一体建设，建立一个公正合理的社会秩序。这些目标也是实现"中国梦"的基础和前提。党的十八届四中全会以法治中国为议题，把法治推到治国理政的首要地位。这是中国共产党开历史先河之举，必将为"中国梦"的实现夯实更为坚实的基础。

核心价值观是支撑。习近平总书记指出，实现中华民族伟大复兴的"中国梦"，就是要实现国家富强、民族振兴、人民幸福。无论是实现国家层面的"中国梦"、民族层面的"中国梦"，还是个体层面的"中国梦"，都离不开社会主义核心价值观的引领。这是因为，以"三个倡导"为主要内容的社会主义核心价值观，既是"中国梦"所要追求的理想和目标，也是共建共享"中国梦"的精神保障。社会主义核心价值观与"中国梦"二者密不可分并有机统一。历史唯物主义告诉我们，物质力量与精神力量是相互作用、相互转化的。社会主义核心价值观属于意识形态上层建筑范畴，它对经济基础、对实践有能动的反作用。把"中国梦"变为现实，必须进一步挖掘中华优秀传统文化讲仁爱、重民本、守诚信、崇正义、尚和合、求大同的精神内涵，进一步挖掘传统美德中刚健有为、自强不息的丰厚精神资源，引导人们向往和追求讲道德、重德行的生活，使崇德向善的道德意愿成为主流，激发出每一个人努力向上、奋勇前行的力量。

人民安居乐业是根本。人民是实现"中国梦"的动力来源，也是最大的受益者。国家的每一项方针政策都是从人民群众的根本利益出发，让群众受惠于改革发展的成果。安居是民生之基，就业是民生之本，"中国梦"也是以人民安居乐业作为根本出发点和落脚点。因此，切实保障和改善民生，加大对民生领域改革的力度，解决好人民群众最关心最直接的实际困难，提高群众的生活水平和幸福指数，让人民生活得有尊严。只有人民安居乐业，才是实现"中国梦"的最终价值和根本目标。

5. "中国梦"的实现动力

十八届三中全会指出："面对新形势新任务，全面建成小康社会，进而建成富强民主文明和谐的社会主义现代化国家、实现中华民族伟大复兴的'中国梦'，必须在新的历史起点上全面深化改革。"也就是说，全面深化改革是实现"中国梦"的根本动力。

回顾和总结我们圆梦的历史，可以清晰地看到，第一个100年圆"民族复兴和人民解放"之梦，靠的是党领导人民的革命；第二个100年圆"国家繁荣富强和人民共同富裕"之梦，靠的是党领导的改革开放。进入社会主义现代化建设新时期以来，四项基本原则是立国之本、改革开放是强国之路，这是来自实践的权威结论。今天，我们要完成"两个一百年"的历史任务，最终圆满实现"中国梦"，还是要靠改革开放。这是任何时候都不能动摇的。

在改革开放与"中国梦"的关系问题上，首先，要认识到实现"中国梦"与推进改革开放是一个问题的两面，改革开放的成功就是"中国梦"的实现。习近平总书记强调，实现"中国梦"，一必须走中国道路，二必须弘扬中国精神，三必须凝聚中国力量。而中国道路、中国精神、中国力量都聚焦于改革开放。中国道路，就是中国特色社会主义道路，其最为鲜明的特征是改革开放。中国精神，就是以爱国主义为核心的民族精神和以改革创新为核心的时代精神。中国力量，就是中国各族人民大团结的力量，也即改革开放的力量。因此，改革开放的成败得失，直接关系到"中国梦"的实现。

其次，要认识到改革开放是实现"中国梦"的动力。在中国这样一个人口多、底子薄并且经历过历史曲折的东方大国建设、巩固和发展社会主义，只有在坚持社会主义基本制度的同时，从根本上变革不适应生产力发展的经济体制和其他各个方面的体制，才能实现民族复兴的"中国梦"。实践已经告诉我们，中国能够用短短30多年时间，发展成为世界第二大经济体，靠的就是改革开放。我们知道，这30多年我们开创的中国特色社会主义制度特色鲜明、富有效率，但还不是尽善尽美、成熟定性的，还要继续深化改革开放。我们也看到，今天的中国面临许多矛盾、风险和挑战，特别是在民生等问题上还有许多难题需要进一步解决，这些问题也只有通过改革开放才能破解。

习近平指出，改革开放是当代中国最鲜明的特色，是我们党在新的历史时期最鲜明的旗帜。改革开放是决定当代中国命运的关键抉择，是党和人民事业大踏步赶上时代的重要法宝。总之，不改革、空谈改革、乱改革，都不可能实现"中国梦"。

6."中国梦"的路径保障

空谈误国，实干兴邦。只有行动第一、实干第一，才能为"中国梦"的实现打下坚实基础，提供根本保障。

坚持求真务实。"行百里者半九十。"中国特色社会主义的发展，让我们今天比历史上任何时期都更接近中华民族伟大复兴的目标，比历史上任何时期都更有信心、有能力实现这个目标。同时，我国仍处于并将长期处于社会主义初级阶段的基本国情没有变，我国是世界最大发展中国家的国际地位没有变。这就要求我们牢牢把握社会主义初级阶段这个最大国情和最大实际，既不妄自尊大，也不妄自菲薄，而是一切从实际出发，出实策、鼓实劲、办实事，夙夜在公、勤勉工作，杜绝追求表面文章，不讲实际效果、实际效率、实际速度、实际质量、实际成本的形式主义，一步一个脚印地描绘蓝图、实现梦想。

勇于攻坚克难。"中国梦"的实现不会一蹴而就，也不可能一帆风顺。在圆梦的征程中，还必须准备进行具有许多新的历史特点的伟大斗争，可能会遇到巨大的阻力，遭受巨大的压力，需要蹚过深水区、踏过地雷阵。这会让我们已经习惯了的行为模式不再管用、不再能用，需要我们以更大的政治勇气和智慧、更大的政治觉悟和热情，突破制约"中国梦"实现的利益固化的藩篱，消除阻碍"中国梦"实现的不正当行为，为"中国梦"的实现扫清障碍、铺平道路。

善于开拓创新。从很大程度上说，"中国梦"是以开拓创新为支撑的梦想。在社会主义初级阶段的背景下实现中华民族伟大复兴，在发展中国家的基础上建设现代化，在13亿多人口的国度中实现共同富裕，在以西方主导的世界格局中实现大国的和平发展，等等，所有这些都是过去从来没有过的全新事物、全新探索、全新实践。在这个意义上，"中国梦"也是人类社会前所未有的一个崭新的梦。这就要求我们不能满足于寻常的做法，更不能因循守旧，而要以开拓创新的精神寻找新方法、探索新路径、积累新经验、采取新举措，用创新走出新路，用创新实现新梦。

### 二、新的历史起点开启"新三步走战略"

十八大以后，"新三步走战略"的框架基本形成。自从提出"新三步走战略"，意味着新一届中央领导集体既考虑其任内的根本问题，要承担起全面建成小康社会的直接责任；也思考更为长远的战略问题，要肩负起实现社会主义现代化和中华民族伟大复兴"中国梦"的重大历史使命；还要把治国理政的一系列根本问题置于"新三步走战略"的框架内来把握，并开启新的伟大历史征程。

（一）"新三步走战略"的由来

20世纪80年代，党的十三大提出中国社会发展的"三步走"战略。即：第一步，解决温饱问题；第二步，进入小康阶段；第三步，用50年左右时间进入中等发达国家行列。

20世纪90年代，党的十五大根据变化了的实际情况，提出21世纪中国社会发展的"三步走"设想。即：第一个10年，全面建设小康；第二个10年，达到富裕小康水平；第三步，到2050年，基本实现现代化。

在习近平治国理政思想与实践中，蕴涵着"战略辩证法"的哲学思维。战略在本质上是一种思维方式。这种思维方式强调从根本、全局、长远上把握各种本质关系，并制定战略策略。这种思维方式与辩证法有着本质的天然联系。习近平总书记既注重从战略上思考和把握治国理政，又注重运用辩证思维来处理和化解治国理政中的各种复杂的矛盾关系。这种战略辩证法在治国理政中的根本体现，就是确定好治国理政的战略目标。这种战略目标，既包括新一届中央任内所要实现的战略目标，即全面建成小康社会，也包括更为长远的奋斗目标，即实现社会主义现代化和中华民族伟大复兴的"中国梦"，二者有机统一，构成了"新三步走战略"。至此，十八大以后，"新三步走战略"的框架基本形成。在习近平总书记系列重要讲话中，蕴涵着"新三步走战略"。习近平总书记特别强调"两个一百年"奋斗目标和实现"中国梦"，指出要在实现"两个一百年"奋斗目标中实现"中国梦"。这里，实现"两个一百年"奋斗目标是实现"中国梦"的基础，它为实现"中国梦"铺平了道路。

（二）"新三步走战略"的目标

"新三步走战略"的框架是十八大以后基本形成的。在习近平总书记系列重要讲话中，蕴涵着"新三步走战略"。"新三步走战略"的目标为：第一步，到建党一百年的时候，即到 2020 年要全面建成小康社会；第二步，到建国一百年的时候，即到 2049 年实现社会主义现代化；第三步，在前两个一百年奋斗目标的基础上，实现中华民族伟大复兴的"中国梦"，这是近代以来中华民族最伟大的梦想。

"第一步"战略目标即全面建成小康社会。如何才能真正实现这一战略目标？这就既要破解发展进程中的种种矛盾、问题和难题，通过"破"以消除障碍，还要建立健全治国理政的基本方略，通过"立"来为实现全面建成小康社会战略目标开辟道路。前者需要全面深化改革，后者需要全面依法治国。无论是全面建成小康社会，还是全面深化改革和全面依法治国，都是打得坚硬的"铁"。作为打"铁"主体的中国共产党人，其自身必须要"硬"，即必须全面从严治党，从而为打好

"铁"提供强有力的领导主体。由此，全面建成小康社会是"第一步"所要实现的战略目标，全面深化改革、全面依法治国是实现这一战略目标的两条根本路径和抓手，全面从严治党是为顺利实现这一战略目标提供强有力的领导主体。这样，全面建成小康社会、全面深化改革、全面依法治国和全面从严治党，就构成了以习近平为核心的党中央治国理政的施政纲领。这一纲领具有根本性、全局性、整体性、系统性和逻辑性。

"第二步、第三步"战略目标即社会主义现代化和"中国梦"。在实现全面建成小康社会的基础上，党中央要带领全国各族人民继续实现我国社会主义现代化和中华民族伟大复兴的"中国梦"。这是中国共产党人需要进一步思考的更为长远的战略性目标。为此，就必须为实现我国社会主义现代化和民族复兴提供一种总体方略。严格来讲，这种总体方略必须具有"目标、动力、保障、主体"四个核心要素，而且这四个核心要素能构成一个严密、有机的整体。全面建成小康社会为实现我国社会主义现代化和民族复兴提供战略基础，是关键的一步，对实现我国社会主义现代化和民族复兴具有决定性意义；全面深化改革是实现我国社会主义现代化和民族复兴的动力，是关键一招；全面依法治国是实现我国社会主义现代化和民族复兴的法治保障；全面从严治党是为实现我国社会主义现代化和民族复兴提供强有力的领导主体。显然，这一总体方略也具有根本性、全局性、整体性、系统性和逻辑性。

（三）"新三步走战略"的实现途径

"四个全面"是习近平总书记运用战略思维和辩证思维对治国理政实践加以分析概括而提升出来的。在哲学基础和方法论上，可运用战略思维，把"四个全面"置于"新三步走战略"框架中来把握其定性、定位与实质。"四个全面"也可谓"新三步走战略"的实现途径。

在"全面建成小康社会"中，其根本问题和工作重点，一是"全面性"，二是"完成性"。全面性，决定着小康社会是否覆盖全中国，是否涵盖各群体，是否解决好各种关系尤其是人与物的关系；完成性，意味着小康社会的指标是否完成，是否达到要求。全面建成小康社会，是中国小康社会战略的最后一步，能否完成，关系着下一步我国现代化和民族复兴进程能否顺利开启。

在"全面深化改革"中，其根本问题和工作重点，是破除体制机制弊端和利益固化藩篱。1978 年以来，我国改革是沿着"农村改革—城市改革—市场经济体制改革—全面深化改革"的基本路径展开的。"农村与城市改革"是一种空间性切入，"市场经济体制改革"是一种结构性切入。中国改革在进行空间性、结构性开展之后，必将面临"整体性和核心性"推进。"全面深化改革"，就是这种推进的必然选项。如果说，农村和城市改革是一种压力性应对，旨在解决生存性危机；市场经济体制改革是一种社会结构转型，旨在实现中国社会从传统向现代的转换和发展；那么，在应对生存性危机，完成结构转型之后，中国就要解决真正阻碍社会发展的深层体制机制弊端和利益固化的藩篱。党中央提出全面深化改革，就是以全面性和深化性触及当今我国改革的新进程及其根本问题、工作重点。

在"全面依法治国"中，其根本问题和工作重点，是由人治走向法治，建构当代中国社会发展新秩序。全面依法治国是由社会结构转型决定的，体现了中央对中国社会结构转型的自觉应对。市场经济体制的深层改革，是社会结构的总体性变革。本质上，前市场经济社会是基于种地的传统社会，依赖于人治；市场经济社会是基于交换的现代社会，依赖于法治。市场经济的确立，标志着现代社会的到来。这集中体现在两个方面：一是劳动力的流动性增强，人们工作空间越来越陌生化；二是住房的商品化，人们生活空间越来越陌生化。一个人，生活的场景共有 3 个 8 小时，工作和生活的 16 个小时逐渐陌生化，这意味着现代社会的特质基本形成，即"熟人社会"被"陌生人社会"扬弃。在一个陌生人社会中，人与人之间的互动是通过基于契约的游戏规则实现的，人与人之间的异议和冲突是通过该社会所认同的规则进行裁定的。前者，即强调社会对游戏规则的依赖性，后者，即强调游戏规则在社会中的权威性，二者共同构成现代社会的基本要义，其实质和目的，都在于由人治走向法治，建构当代中国社会发展新秩序。而这，就是法治的基本精神。在这种意义上，中央提出全面依法治国，既是中国社会结构转型的必然要求，也体现了新一届中央领导集体对建构当代中国社会发展新秩序的旨趣。

在"全面从严治党"中，其根本问题和工作重点，是解决好国家政权的控制模式与执政党自身硬的问题。这是由中国道路决定的，体现了党中央对中国社会主义道路的本质性把握。当下的我国，正处于马克思主义所指出的商品经济历史区间。按照马克思主义的基本观点，该历史阶段，社会的深层次矛盾是商品后面两大主体——资本和劳动之间的博弈。这一矛盾从根本上决定了当今我国社会发展道路的选择：或者以资本为主导，建立基于金权政治①的资本主义道路；或者以劳动为主导，建立基于政党政治的社会主义道路。两大道路的基本逻辑是：资本的优势是"有钱"，若资本主导国家政权，其核心制度设计为：军

---

① 韩庆祥：《"新三步走战略"与"四个全面"战略布局》，人民网，2016-05-12。

队国家化且基于权力分立制衡的资本控制政权模式；劳动的优势是"有组织化"，若劳动主导国家政权，其核心制度设计是：党指挥枪且党管干部、党管媒体、党领导统一战线，简称党的领导。由此可见，资本主义和社会主义的核心分别是对国家政权的控制模式：前者是金权控制[①]政权，后者是政党领导政权。这也是中国社会主义道路的本质所在。历史选择了中国共产党，中国选择了社会主义道路。该道路，实质是政党政治，即"党指挥枪、党管干部、党管媒体、党领导统一战线"，这构成党的领导的基本内涵。基于这一内涵，中国道路的核心要义在于党的领导。党的领导能否加强，关键在于党自身的建设。打铁还需自身硬，只要自身强大了，才会有党的坚强领导。当今，我们中国共产党人打得"铁"比较坚硬，而作为打"铁"主体的中国共产党人自身还不是很硬，还存在着精神懈怠、能力不足、脱离群众、消极腐败"四种危险"。因此，全面从严治党，不仅是坚持社会主义道路的应有之义，更是解决"铁"很硬而打"铁"主体还不是很硬之矛盾的必然要求。

## 第四节　"中国梦"与全面建成小康社会

实现中华民族伟大复兴是中华民族近代以来最伟大的梦想。在中国共产党成立 100 年时全面建成小康社会，这是"中国梦"的第一个宏伟目标。全面建成小康社会彰显"中国梦"的时代特征，是"中国梦"的关键一步，"中国梦"的首要目标是全面建成小康社会。

---

① 韩庆祥:《"新三步走战略"与"四个全面"战略布局》,人民网,2016-05-12。

### 一、全面建成小康社会彰显"中国梦"的时代特征

"中国梦"的本质内涵是实现国家富强、民族复兴、人民幸福。当代中国所处的发展阶段，决定了全面建成小康社会是"中国梦"的根本要求，全面建成小康社会彰显"中国梦"的时代特征。

一是综合国力进一步跃升的"实力特征"。"中国梦"的第一要义，就是实现综合国力进一步跃升。如今，我国经济总量已跃居世界第二位，但人口多、底子薄、发展很不平衡的状况并未根本改变。党的十八大描绘了到 2020 年的宏伟目标：经济持续健康发展，国内生产总值和城乡居民人均收入比 2010 年翻一番，科技进步对经济增长的贡献率大幅上升，进入创新型国家行列，人民民主不断扩大，文化软实力显著增强。这一指标体系，构成了现阶段"中国梦"的基本图景。

二是社会和谐进一步提升的"幸福特征"。党领导全国各族人民共圆"中国梦"的根本目的，就是要实现好、维护好、发展好最广大人民的根本利益，进而提升全社会的幸福指数。提升幸福指数是个复杂的系统工程，既要考虑物质因素，又要考虑非物质因素，从根本上讲，就是要进一步提升社会和谐的水平。党的十八大着眼于提升人民的幸福指数，将"坚持维护社会公平正义"、"坚持走共同富裕道路"、"坚持促进社会和谐"纳入夺取中国特色社会主义新胜利的基本要求，将"保障和改善民生"作为社会建设的重点，等等。这些和谐因素的充实，对"中国梦"的阶段性特征作了更为清晰的描绘，也为"中国梦"增添了更加美丽的幸福光环。

三是中华文明在复兴中进一步演进的"文明特征"。中华文明是世界上唯一几千年不断延续、传承至今的文明，但要体现现代文明色彩，就必须超越数千年来创造的农耕文明形态。党的十八大将中国特色社

会主义总布局从经济、政治、文化、社会建设"四位一体"升华为包括生态文明建设在内的"五位一体",标志着中华文明格局开启了向物质文明、政治文明、精神文明、社会文明和生态文明全面发展的更高阶段演进的新里程。坚定不移地推进"中国梦"的实现,中华文明必将放射出更加灿烂的光芒。

四是促进人全面发展的"价值特征"。《共产党宣言》指出,共产党人的最终目标是建立"每个人的自由发展是一切人的自由发展的条件"的"联合体"。"中国梦"具有多个维度,而其价值维度就是要实现人的全面发展。党的十八大明确把"促进人的全面发展"纳入中国特色社会主义道路的内涵之中,并且强调,"不断在实现发展成果由人民共享、促进人的全面发展上取得新成效"。这标志着中国特色社会主义把实现人的自由全面发展作为终极价值追求,必将极大提升"中国梦"的吸引力、凝聚力和感召力。

## 二、"中国梦"是全面建成小康社会的归宿

全面建成小康社会的核心就在"全面",这个"全面"既体现在覆盖的人群是全面的,是不分地域的全面小康,是不让一个人掉队的全面小康,意味着全国各个地区都要迈入小康社会,又体现在涉及的领域是全面的,覆盖了经济建设、政治建设、文化建设、社会建设、生态文明建设和党的建设。全面建成小康社会是实现"中国梦"的关键一步,"中国梦"是全面建成小康社会的最终结果和归宿。

中国自近代以来,为实现中华民族伟大复兴的"中国梦",走过了非同寻常的历程。先是经过百余年的奋斗,创建了人民当家做主的中华人民共和国,实现了由半殖民地半封建社会向社会主义社会的历史

性转变。随后，又经过社会主义建设特别是改革开放，人民生活先后实现从贫困到温饱，又从温饱到总体小康的历史跨越。进入 21 世纪，中国共产党适时提出全面建成小康社会的奋斗目标，清晰地表达了中国人民梦寐以求的共同夙愿，使之成为实现现代化建设第三步战略目标必经的承上启下的发展阶段，成为实现中华民族伟大复兴"中国梦"的重要里程碑。

党的十八大是在我国进入全面建成小康社会决定性阶段召开的一次十分重要的大会。以习近平同志为总书记的新一届中央领导集体，励精图治、奋发进取，团结带领全党全国各族人民，在全面贯彻落实党的十八大精神中提出了实现中华民族伟大复兴的"中国梦"。习近平总书记指出："现在，全面建成小康社会的号角已经吹响，关键是要树立起攻坚克难的坚定信心，凝聚起推进事业的强大力量，紧紧依靠全国各族人民，推动党和国家事业不断从胜利走向新的胜利。"面对十分复杂的国际形势和艰巨繁重的国内改革发展稳定任务，如何凝聚力量、攻坚克难、全面建成小康社会？在这里，关键是对目标的认同，寻求最大公约数，抓住不同阶层人们的普遍愿望，取得共识。正是在这样的背景下，"中国梦"应运而生。习近平总书记提出的"中国梦"，把实现中华民族伟大复兴定为施政方向、把成就中国梦想当做未来愿景，充分反映了全党全国各族人民的共同心愿，深刻道出了中国近代以来历史发展的主题主线，进一步揭示了中华民族的历史命运和当代中国的发展走向，为坚持和发展中国特色社会主义注入了新的内涵，从而在全国上下、国内国外引起强烈反响，具有强大的感召力、亲和力和凝聚力，成为凝聚全党全国各族人民团结奋斗的一面精神旗帜。

　　习近平总书记对什么是"中国梦"作了大量论述，内容博大精深。他指出："实现中华民族伟大复兴，是近代以来中国人民最伟大的梦想，我们称之为'中国梦'"[1]；"实现全面建成小康社会、建成富强民主文明和谐的社会主义现代化国家的奋斗目标，实现中华民族伟大复兴的'中国梦'，就是要实现国家富强、民族振兴、人民幸福，既深深体现了今天中国人的理想，也深深反映了我们先人们不懈追求进步的光荣传统"[2]；"中国已经进入全面建成小康社会的决定性阶段。实现这个目标是实现中华民族伟大复兴'中国梦'的关键一步"[3]。这些重要论断告诉我们，"中国梦"是中华民族近代以来实现中华民族伟大复兴的伟大梦想，是过去、现在和未来的统一；全面建成小康社会是实现"中国梦"的阶段性目标，在实现"中国梦"中具有重要的历史地位，成为中国共产党带领全国各族人民共同奋斗的时代主题。

---

① 中共中央文献研究室编:《习近平关于实现中华民族伟大复兴的中国梦论述摘编》,中央文献出版社,2013年。

②③ 中共中央文献研究室编:《习近平关于全面建成小康社会论述摘编》,中央文献出版社,2016年。

# 第五章 山西全面建设小康社会的实践历程

中华人民共和国自成立以来，在前进中不断发展，中华民族在世界民族之林悄然崛起，并且日益壮大强盛。同样，山西这块古老的黄土地也发生了翻天覆地的变化，取得了举世瞩目的发展成就。特别是1978年党的十一届三中全会以来，山西国民经济和各项社会事业均得到了空前发展，全省经济社会发展从中华人民共和国成立初期的贫困落后到基本温饱，到实现总体小康，再到现在走上加快推进全面建成小康社会新征程，山西全面建设小康社会的实践历程在共和国气势磅礴的历史画卷上留下了浓墨重彩的一页。

## 第一节　从贫困落后到基本温饱的实践（1949—1989）

中华人民共和国成立初期，由于连年战争的摧残和反动旧政权的破坏，山西工农业生产凋敝，通货膨胀严重，市场投机势力猖獗，人民生活极为困难,国民经济处在一个极为困难的境地。对此，山西全省上下采取了一系列行之有效的政策措施，通过这一时期的努力，山西实现了从中华人民共和国成立前和中华人民共和国成立初期的贫穷落后到实现基本温饱的转变。

## 一、1949—1957 年：社会主义改造阶段

面对中华人民共和国成立初期十分困难的经济社会形势，山西省委、省政府根据党中央确定的一系列方针、政策，及时提出了山西的工作方针和主要任务，计划从 1950 年开始，用 3 年时间全面完成国民经济恢复任务。1949—1952 年，山西通过执行国家统一的财经政策、推行全面的土地改革、合理调整资本主义工商业等一系列针对性的举措，使全省国民经济得到迅速恢复和发展。到 1952 年底，全省工农业生产均超过了中华人民共和国成立前的最高水平，财政状况明显好转，市场和物价基本稳定，城乡人民生活水平有了较大提高。1952 年，全省工农业总产值达到 29.3 亿元，比 1949 年增长 66%，其中工业总产值增长 1.9 倍；财政收入完成 1.8 亿元，增长 20.6 倍；3 年中修复铁路 1100 余公里，修建公路 1000 余公里。1953 年，第一个国民经济发展五年计划开始执行，山西经济第一次纳入有计划、按比例发展的轨道。到 1956 年底，山西几乎比全国提前一年完成了对农业的社会主义改造，资本主义工商业的社会主义改造也推向高潮，开始建立起以公有制为主体的社会主义经济。大规模的经济建设开始实施，第一个五年计划时期，中央在山西投资 52 个限额以上项目和 40 个限额以下项目，全省用于基本建设的投资额达到 21.4 亿元，相当于恢复时期的 8.5 倍，新建了一批化肥、农药、有色金属、机械等行业企业，煤炭、钢铁、发电、机械等基础工业得到加强，农业、交通、商业和社会事业有计划地得以发展。到 1957 年，山西提前完成了第一个五年计划，当年全省

地区生产总值达到 29.2 亿元，比 1952 年增长 74%；全省地方财政收入达到 3.5 亿元，5 年中增长近 1 倍。城乡市场开始活跃，5 年中，社会商品零售总额增长 1.2 倍。全省人民生活水平极大改善，职工年平均工资由 1952 年的 394 元增加到 1957 年的 625 元，增长 58.6%。农民收入增长近 30%。从第一个五年计划时期开始，山西逐步走上了一条从本省实际出发，发展以煤炭、冶金、电力、机械、化工为支柱产业的工业化道路。

### 二、1958—1965 年：社会主义建设在探索中曲折前进阶段

1958 年后，山西在"左"的错误思想影响下，片面追求高指标、高速度，导致了工作中的急于求成和急躁冒进。国民经济受到严重扭曲，加之农业连年歉收，使"一五"时期末国民经济已出现的良性健康发展局面被一下子推到了极为困难的境地，主要经济比例关系严重失调，城乡人民生活遇到很大困难。到 1960 年，山西全省农业总产值比 1957 年下降了 16%，粮食产量下降 5.5%，市场商品可供量严重不足，财政收入连续 4 年出现赤字。

1961 年，党中央提出了"调整、巩固、充实、提高"的八字方针。山西遵循这一方针，积极调整农村生产关系，恢复农业生产，压缩基本建设投资，回笼货币、减少财政赤字。通过这些措施，有效地压缩了财政支出，稳定了市场供应，使全省国民经济得到了一定程度的恢复。到 1965 年，山西经济重新出现了稳定、协调、全面发展的良好态势。全省工农业生产水平超过或接近了历史最高水平，当年全省地区生产总值达到 43.9 亿元，比 1957 年增长了 50.6%，全省财政总收入增长 94.6%，粮食产量达到 46.3 亿公斤，增长 29.8%。这一时期山西的

社会主义建设虽然受到严重挫折，但由于及时调整发展方向，生产力水平仍得到一定发展，一个具有山西特色的、门类比较齐全的工业体系在这一时期基本形成。

### 三、1966—1976 年：社会主义建设受阻停滞阶段

这一时期，山西国民经济和社会发展的正常秩序再次受阻，国民经济和社会发展受到严重挫折和损失。1966—1976 年，山西地区生产总值有 4 个年份出现负增长，财政收入有 5 个年份出现赤字，国民经济主要比例关系严重失调。到 1976 年，全省地区生产总值为 64.6 亿元，比上年下降 7.6%；全省地方财政收入 9.7 亿元，比上年下降 21.4%，财政赤字达到了 6.2 亿元，国民经济发展受阻。

### 四、1977—1989 年：改革开放成功起步阶段

1978 年 12 月，党的十一届三中全会胜利召开，确立了解放思想、实事求是的思想路线，明确做出了党和国家工作重点"转移到社会主义现代化建设上来"的战略决策，提出了"对内搞活，对外开放"的总方针，从此山西进入了改革发展的新时期。

能源基地建设是改革开放初期山西经济建设的重点之一。1980 年 7 月，山西省委、省政府在深入研究和广泛论证的基础上制定了《山西能源基地建设计划纲要（草案）》并报请中央批准，从此拉开了规模宏大、持续多年、对山西经济发生深刻影响的能源基地建设的序幕。从 1981 年到 1990 年，国家对山西的煤炭产业发展给予了较多的资金投入，山西地方财力包括全民、集体和个人，也都投资创办了一大批中小型煤矿，使山西的能源建设得到了迅猛发展。1990 年，山西原煤产量达

到 2.9 亿吨，发电量达到 314 亿千瓦时，分别比 1985 年增长 33.6% 和 70.2%。全省外调煤炭 2.0 亿吨，占全国煤炭调出总量的 78%，名列榜首；外输电量 64.5 亿千瓦时，占全国净输出量的 25.6%，位居第一。

在农村地区，以推行家庭联产承包责任制为突破口的农村改革在山西全省迅速推行开来。到 1983 年底，以家庭经营为主体的联产承包责任制逐渐成为全省农村生产的基本形式，有力地促进了农业生产的发展。1984 年，全省粮食产量达到 87.2 亿公斤，农村人均消费水平 1978 年的 90.6 元上升到 224.3 元。1985 年起农产品价格"双轨制"的施行，把农村经济逐步纳入了有计划的商品经济轨道，极大地调动了广大农民劳动的积极性和从事商品生产的热情，促使传统农业进一步向专业化、商品化、现代化方向发展。乡镇企业迅速崛起，为繁荣农村经济、增加农民收入做出了突出贡献。1988 年至 1992 年 5 年间，山西乡镇企业产值每年递增 18.1%，到 1992 年总产值已达 380 亿元，有 9 个县(市、区)的乡镇企业产值达到 10 亿元以上，同期农民人均纯收入增长了 42.9%。

全省城市经济体制改革也逐步推进。1984 年 10 月，党的十二届三中全会公布了《关于经济体制改革的决定》，指出增强企业活力是整个经济体制改革的中心环节，经济体制改革的重点由农村转向城市。山西省委、省政府在深入调查研究的基础上制定了《山西省以增强企业活力为中心的经济体制改革实施方案》(即"三十五条")，不断减政放权，减少国家指令性计划，实行所有权与经营权分离，从而扩大了企业的经营自主权。企业经营方式也开始向着多种形式的横向经济联合推进，企业间、地区间跨行业跨地区的联合，由过去单纯的物资协作串换发展到不同形式的联合经营、集团经营甚至企业间兼并。到

1987 年，全省横向经济联合组织已经发展到 600 多个，联合企业
4200 多家。所有制结构也由过去单一的公有制，逐步向以公有制为主
体的多种所有制形式转变，为发展经济、方便人民生活和安置就业起
了积极作用。

这一阶段，山西经济社会迅速发展，人民生活水平大幅提高，在
20 世纪 80 年代末期，全省实现了基本温饱。恩格尔系数是衡量一个国
家和地区人民生活水平的重要指标之一。一个家庭收入越少，家庭消
费支出中用来购买食物的支出所占的比重（即恩格尔系数）就越大，
随着家庭收入的增加，消费支出中用来购买食物的支出比例则会下降。
根据联合国粮农组织提出的标准，恩格尔系数在 60% 以上为绝对贫困，
50%—60% 为温饱，40%—50% 为小康，30%—40% 为生活富裕，低于
30% 为更富裕。有关统计资料显示，1978 年，山西城镇居民恩格尔系
数为 55.5%，农村居民恩格尔系数为 67.3%，1983 年，山西城镇居民
恩格尔系数为 54.9%，农村居民恩格尔系数为 57.87%，农村居民恩格
尔系数首次降到 60% 以下，山西城乡居民恩格尔系数均降至 50%—
60% 的温饱区间之内。到 1989 年，山西城镇居民恩格尔系数为
51.4%，农村居民恩格尔系数为 52.87%，均已接近国粮农组织提出的
小康标准线。

## 第二节  从基本温饱到总体小康的跨越（1990—2000）

20 世纪 90 年代末，我国社会的现代化发展，成功地实现了第一、
第二步战略目标，在总体上进入了小康社会。与全国小康社会发展的
进程相适应，经过 20 多年改革开放的发展，山西省在大体相同的时期

内，总体上达到了小康水平，启动了全面建设小康社会的发展进程。

　　1992 年初邓小平的南方谈话和党的十四大的召开把改革开放和现代化建设推向了新的阶段。按照党的十四大提出的中共中央关于建立社会主义市场经济体制的决定，山西制定了实施意见，提出"全面规划，整体推进，分步实施，重点突破"总体改革战略，积极推进财税、金融、外汇、外贸、投资、价格等宏观体制改革。与此同时，农村家庭联产承包责任制和统分经营的双层经营体制得到完善和提高，科技教育体制改革、社会保障、医疗保险和住房改革等社会领域的改革也稳步推进。对外开放水平也进一步提高，全方位对外开放格局逐步形成。在此期间，山西省委、省政府按照狠抓 3 个基础（农业基础、基础工业、基础设施）、突出 4 个重点（挖煤、输电、引水、修路）的经济发展战略，新上马、改建和扩建了一大批关乎山西经济发展的重点工程，太旧高速公路、引黄工程和阳城电厂等重点建设工程相继开工，基础设施建设取得了重大进展。

　　这一时期山西省小康社会建设的重点是广大农村地区。党的十三届八中全会后，山西率先制定了农村小康建设的具体目标与规划，提出了全省农村达小康的六条标准，并作了分步骤实现小康的安排部署。1992 年，在晋城召开的全省第一次农村小康建设现场会，明确提出全省 20 世纪 90 年代农村发展要以小康建设为总目标、总任务，以小康建设作为牵动农村各项工作的"牛鼻子"。从此，山西的农村小康建设进入了有组织、有领导、有步骤的实质性推进阶段。到 1995 年，山西共召开四次大规模的小康建设工作会议，集中研究解决小康建设问题。20 世纪 90 年代后期，是山西农村小康建设大面积推进、实现整体突破、基本达小康的重要时期。1996 年，山西根据全省小康社会建设实际，适时做出了小康建设向广大农区和山区转移的战略部署。1997年，山西省委、省政府出台了《关于进一步加快农村达小康步伐的意见》，提出要以决战的姿态、必胜的信心，带领全省人民实现小康目标。全省各地以小康建设为目标，以市场为导向，以产业化为载体，以乡镇企业为支柱，促进农村社会经济全面发展。

经过这一阶段特别是"九五"时期的一系列改革，山西小康社会建设取得了显著成就。

一是国民经济持续健康发展。"九五"期间全省国内生产总值年均增长8.2%，其中一、二、三产业增加值分别年均增长0.7%、10%和7.8%。人均国内生产总值提前一年实现了现代化建设翻两番的第二步战略目标。财政总收入年均增长8.5%，保持了与国民经济同步增长。全部工业增加值年均增长9.2%。社会消费品零售总额年均增长10.8%。

二是经济结构调整取得新成效。以市场为导向的优质农产品、经济作物比重由43%提高到65%，优质农产品基地、商品粮基地和小杂粮基地正在形成。以"一增三优"为主攻方向，以潜力产品为切入点的产业结构调整，培育了一批名牌产品和精品，组建了太钢、太化、西山煤电等大型企业集团，加大了技术改造力度，形成了一批新的生产能力。煤炭行业关井压产、纺织行业限产压锭，淘汰了一批落后的产品和生产能力。国有企业进而有为、退而有序的格局正在形成。加快了所有制结构的调整，民营经济在国民经济的比重逐步提高。

三是基础设施建设成效显著。全省农林水利、生态环保、交通通信、电力能源、城建住宅等基础建设不断加快，建成投产33项重点工程。太旧、原太、晋阳、运风、夏汾、京大路山西段等高速公路相继建成。提前两年实现了"镇镇通油路、乡乡通公路、行政村通机动车"的目标。万家寨引黄枢纽工程基本完工，六台机组并网发电，总干线隧洞全部贯通。邮电建设发展迅猛，建成了现代化电信网，邮政、电信、移动通信、联通完成重组，省电视台、广播电台实现卫星播出，实现行政村通广播电视。

四是改革开放稳步推进。国有企业改革取得重要进展，改革脱困的三年目标基本实现。全省 34 户优势企业全部进行了公司制改革；81 户地方国有大中型亏损企业有 59 户扭亏脱困，80% 的中小企业实行了多种形式的改制。煤炭工业扭亏脱困迈出新的步伐。八大重点煤炭企业 5 个实现盈利。农村家庭联产承包责任制和统分结合的双层经营体制得到完善和提高，粮食、棉花流通体制改革取得明显成效。科技教育体制改革进展顺利。高等教育、中小学内部管理、教育投资体制三项改革成效明显。社会保障、医疗保险和住房改革稳步推进。

五是社会事业全面进步。到"九五"末，全省建立省级重点学科 45 个，建设省部级重点实验室 8 个、中试基地 21 个。省重点支持的 36 户企业，全部建立了省级以上技术中心。全省共取得国家级科技成果 118 项、省级科技成果 1343 项、应用类成果 924 项。工业科技成果转化率达 35%，农业科技成果转化率达 43%，科技对经济的促进作用进一步增强。全面落实教育优先发展的战略，教育投入逐年增加，办学条件进一步改善。基本普及九年制义务教育和基本扫除青壮年文盲的目标初步实现，山西成为中西部第一个达到基本扫除青壮年文盲标准的省份；职业教育、成人教育和特殊教育健康发展；高等教育实力增强，一级学科博士点、二级学科博士点和硕士点数量不断增加。高等院校在校生由"八五"末的 6.7 万人增加到 12.1 万人。10 个县被评为国家文化先进县，33 个县（市、区）达到了全国体育先进县标准。

社会科学、文学艺术、新闻出版、广播影视、民族宗教、气象、文物、档案、史志、人防等各项事业健康发展。

六是民主法制建设进一步加强。全省各级政府按照依法治省的要求，及时向人大及其常委会报告工作，自觉接受同级人大的监督；同政协、民主党派、无党派民主人士和人民团体的联系更加紧密。大力推动"三五"普法工作，政府依法行政的水平提高，全民法律意识增强。企业职代会、城镇居委会、村民委员会等基层组织作用进一步发挥。深入开展了"三讲"教育，加强了廉政建设和反腐败斗争。持续开展"扫黄打非"和打击制售假冒伪劣商品的专项斗争，严厉打击刑事犯罪和经济犯罪，依法取缔"法轮功"邪教组织，维护了社会稳定。

七是人民生活继续改善。全省城镇居民人均可支配收入由 1995 年的 3306 元增加到 2000 年的 4724 元，年均增长 7.4%，人均居住面积由 1995 年的 8.2 平方米增加到 2000 年的 10 平方米；农民人均纯收入由 1995 年的 1208 元增加到 2000 年的 1906 元，年均增长 9.5%，人均居住面积由 1995 年的 17 平方米增加到 2000 年的 22 平方米，农村绝对贫困面缩小到 5% 以下。普遍实施农民健康工程，合作医疗覆盖面 70% 以上，地方病防治取得有效进展、城乡医疗、预防、保健服务网络初步形成，实现了 2000 年人人享有初级卫生保健的规划目标。各级政府加大了"两个确保"①工作力度，为绝大多数下岗职工发放了基本生活费，绝大多数企业的离退休人员按时足额领到了养老金。重点监控的工业污染企业基本实现了排污达标，环境质量有所改善。

---

① "两个确保"：确保国有企业下岗职工的基本生活；确保企业离退休人员基本养老金按时足额发放，绝不能发生新的拖欠。

到 20 世纪 90 年代末，"人民生活总体达小康水平"作为全省这一时期的三项奋斗目标之一已经完成。根据邓小平同志的提法，小康社会的标准基本以人均国民生产总值达到 800 美元为准，同时，参照有关国际标准，充分考虑中国实际，国家统计局等 12 个部门于 1991年对我国小康水平标准做了量的界定，将小康水平的社会经济综合指标确定为 16 项，其中包括：人均国内生产总值、人均收入水平、人均居住水平、人均蛋白质摄入量、成人识字率、人均预期寿命等。此外，还分别对农村和城镇小康水平设置了 16 项和 12 项基本标准。按照这一基本标准，经过对 16 项指标的加权测算，2000 年全国综合平均的小康水平实现程度 6%。因此，到 2000 年，我国已基本上实现了在总体上达小康的目标（一般认为，小康水平达到 90%，即可视为实现了基本达小康目标）。从山西情况看，根据省统计局有关统计数据，1999年全省小康水平实现程度为 92.86%（其中农村为 90.3%，城镇为90%）；2000 年全省小康水平实现程度为 95.71%（其中农村为95.92%，城镇为 92%）；2001 年全省小康水平实现程度为 98.66%（其中农村 97.87%，城镇 96%）。因此，山西同全国小康进程基本同步，全省在 20 世纪 90 年代末期在总体上也已经基本达到小康水平，农村和城镇也均基本达到了小康水平。

## 第三节　从总体小康向全面建设小康的迈进（2001—2012）

经过全党和全国各族人民的共同努力，我国胜利实现了现代化建设三步走战略的第一步、第二步目标，人民生活总体上达到小康水平。但达到的小康还是低水平的、不全面的、发展很不平衡的小康，人民日益增长的物质文化需要同落后的社会生产之间的矛盾仍然是我国社会的主要矛盾。在此基础上，2002 年，党的十六大提出了全面建设小康社会，即要在 21 世纪头 20 年，集中力量，全面建设惠及十几亿人口的更高水平的小康社会，使经济更加发展、民主更加健全、科教更加进步、文化更加繁荣、社会更加和谐、人民生活更加殷实。

### 一、党的十六大召开之后山西小康社会建设历程

按照党的十六大对建设小康社会的一系列新要求和新部署，21 世纪初，山西小康社会建设处于全面建设小康社会的关键时期和攻坚时期。因此山西从实际出发，于 2003 年提出按照全面建设小康社会的奋斗目标，在"十五"期间（2001—2005 年）力争实现国内生产总值比 2000 年翻一番、财政收入比 2002 年翻一番、城镇居民收入在全国的位次前移 3 至 5 位、农民收入相应提高、城镇化率达到 40% 左右、产业结构明显优化、对外开放进一步扩大、社会主义市场经济体制比较完善的奋斗目标。按照上述目标和要求，山西在"十五"时期围绕建设绿色山西、节水山西、数字山西、信用山西，重点部署了八项工作，同时办好十件实事。

八项工作：一是继续加大结构调整力度，确保实现明显变化的阶段目标；二是积极推进农业产业化，初步形成农业区域化合理布局、专业化分工协调发展的新格局；三是改造提升传统产业，努力建设洁净能源基地、煤化工基地、冶金工业基地和装备工业基地；四是培育新的经济增长点，推动旅游业、文化产业、现代服务业长足发展，初步形成高新技术产业；五是加快工业化和城镇化进程，初步形成了科技含量高、经济效益好、环境污染少、人才资源优势充分发挥的新型工

业化发展的格局，城镇化水平明显提高；六是搞好基础设施建设，提高农业的抗灾能力；七是推进改革开放，进一步解放和发展社会生产力，提高山西经济的外向依存度；八是加强劳动就业和社会保障工作，努力提高人民的生活水平。

十件实事：一是全面推行农村税费改革，切实减轻农民负担；二是健全农产品质量安全体系、农产品市场体系和农业社会化服务体系，提高农业农村经济的市场化程度；三是搞好山庄窝铺贫困人口的移民搬迁，使他们早日摆脱贫困；四是严格食品、蔬菜等商品的质量监督和监测，让城乡居民吃上放心食品；五是建立农村最低生活保障制度，使特困人口的生活得到保障；六是完善保学金制度，绝不让一个孩子因困失学；七是建立以农村大病统筹为主的新型合作医疗制度和医疗救助制度，切实减轻农村大病患者贫困人口的医疗负担；八是完善城镇就业服务体系，力争使下岗职工和新成长劳动力基本实现就业；九是加强文化基础设施和住宅建设，进一步提高城乡人民生活质量；十是加大环境治理、生态建设和社会治安综合治理的力度，确保社会稳定，人民安居乐业。

这一时期，山西全省紧紧抓住发展第一要务，聚精会神搞建设，一心一意谋发展，经过这一时期的努力，全省经济建设与社会发展取得新成就，全省小康社会建设取得了较大进展。从经济发展、社会和谐、生活质量、民主法制、文化教育和资源环境 6 个方面共监测的 23 项指标来看，到 2007 年，山西全面建设小康社会总体进程呈稳步推进态势。6 个方面中 3 个稳步提高，3 个波动向上，23 项指标实现程度不一，差异较大。

2007 年，山西省全面小康社会实现程度为 66.5%，比 2000 年提高了 9.9 个百分点，年均提高 1.41 个百分点，全面建设小康社会呈稳步推进态势。全省在经济发展、社会和谐、生活质量、民主法制、文化教育和资源环境 6 个方面的实现程度都有提高，经济发展、生活质量、文化教育 3 个方面稳步提高，社会和谐、民主法制、资源环境 3 个方面波动向上。

一是经济发展方面持续提高。2007 年，山西省经济发展方面的实现程度为 58.1%，比上年的 55.3% 提高了 2.8 个百分点；2000—2007 年，经济发展方面持续提高，2007 年比 2000 年提高了 14.0 个百分点，年均提高 2.0 个百分点。但 2007 年山西省人均 GDP 为 13005 元(2000 年不变价)，实现程度为 41.4%，较 31400 元的目标值还有很大的差距。全省科技投入不断提高，但占 GDP 比重仍然很低。2007 年，R&D 经费支出为 49.26 亿元，占 GDP 的比重只有 0.86%，实现程度为 34.6%，是经济发展方面实现程度最低的一个指标。产业结构还有待优化升级。2007 年山西省第三产业增加值占 GDP 比重为 35.3%，比 2000 年低 8.5 个百分点，实现程度为 70.6%。城市化水平进程显著。2007 年山西省城镇人口比重为 44%，实现程度为 73.4%。城镇调查失业率虽有所上升，但仍控制在合理范围内，该项指标的实现程度达到了 100%。

二是社会和谐方面波动向上。2007 年，山西省社会和谐方面的实现程度为 74.6%，比上年的 64.9% 提高了 9.7 个百分点；比 2000 年提高了 7.8 个百分点。社会保障步伐加快。2007 年基本社会保障覆盖率实现程度为 50.8%，比 2000 年提高了 33.8 个百分点。2007 年农村新型合作医疗人口达 1802.7 万人，参保人口大幅增加。但在实现程度上，该指标仍是全面小康社会和谐方面实现程度最低的一个指标。高中阶段毕业生性别差异系数显著下降，趋于均衡。2007 年该性别差异系数为 97%，实现程度为 79.5%。地区经济发展较为平衡。2000—2007 年，地区经济发展差异系数实现程度均为 100%，较好地实现了全面小康的目标要求。基尼系数、城乡居民收入比两项指标的实现情况却处于下降趋势中：2007 年，基尼系数是 0.418，实现程度为 96.7%，比 2000 年下降 3.3 个百分点；城乡居民收入比的实现程度为 91.3%，下降了 8.7 个百分点。

　　三是生活质量方面加速提高。2007 年，山西省生活质量方面的实现程度为 74.3%，比上年提高了 2.1 个百分点；2007 年比 2000 年提高了 16.4 个百分点，年均提高 2.34 个百分点。城乡居民收入稳步提高。2007 年山西省居民人均可支配收入达到了 6304 元(2000 年不变价)，实现程度为 42.0%，比 2000 年提高 24.2 个百分点，但仍是生活质量方面实现难度最大的一个指标。消费结构有所改善。山西省恩格尔系数为 35.7%，实现程度为 100%，比 2000 年提高了 11.5 个百分点。居住条件进一步改善。人均住房使用面积达到 21.9 平方米，实现程度为 80.9%。医疗卫生水平显著提升。2007 年，5 岁以下儿童死亡率已控制到 14.76‰，实现程度为 81.3%；平均预期寿命 73.26 岁，实现程度为 97.7%。

　　四是民主法制方面波动回升。山西省民主法制方面呈波浪式上升态势，2007 年的实现程度为 83.7%，比上年增长了 1.0 个百分点，比 2000 年降低了 1.1 个百分点。2000 年以来的变化趋势是：2000—2002 年持续下降，2003 年略有升高后，2004 年再次下降，2005 年重现升势。从反映民主法制的这两项指标看，随着政务公开和民主建设的推进，人们对民主法制建设的满意度在稳步提高。2007 年，公民自

身民主权利满意度达到了 78.3%，比 2000 年提高 18.3 个百分点；社会
安全指数实现程度为 81.0%。

五是文化教育方面稳步提高。2007 年，山西省文化教育方面的实
现程度为 72.5%，比上年提高了 0.9 个百分点；比 2000 年提高了 9.5
个百分点，年均提高 1.36 个百分点。2007 年，山西省各级政府继续加
大对文化和教育的投入，文化教育事业稳步推进。文化产业增加值占
GDP 比重和居民文教娱乐服务支出占家庭消费支出比重两项指标的实
现程度分别为 56.0% 和 84.2%，都较 2000 年有大幅度的提高，分别提
高了 8.4 和 9.0 个百分点。人口受教育程度逐年提高，2007 年平均受
教育年限为 8.95 年，比 2000 年提高了 1.15 年，平均受教育年限实现
程度为 85.2%。

六是资源环境方面艰难向上。2007 年，山西省资源环境方面的实
现程度为 41.4%，比上年提高了 2.7 个百分点；与 2000 年相比，仅仅
提高了 2.6 个百分点。虽然环境质量指数从 2002 年以来持续提高，但
资源环境方面单位 GDP 能耗的实现程度比 2000 年并没有明显的提高。
耕地面积指数持续下降，使资源环境成为"六个方面"中实现程度最
低的一个方面。从反映资源环境的三项指标来看，2007 年环境质量指
数实现程度为 52.4%，较 2000 年提高了 23.4 个百分点；单位 GDP 能
耗 2007 年实现程度为 24.9%，比上年提高了 1.1 个百分点，仅比 2000
年提高了 1.9 个百分点，较全面小康目标有相当大的差距。耕地面积自
2000 年以来不断减少，2007 年耕地面积指数实现程度仅为 41.4%，比
2000 年降低 58.6 个百分点。

**二、党的十七大召开之后山西小康社会建设历程**

2007 年，党的十七大在党的十六大确立的全面建设小康社会目标的基础上对我国发展提出新的更高要求。一是增强发展协调性，努力实现经济又好又快发展；二是扩大社会主义民主，更好保障人民权益和社会公平正义；三是加强文化建设，明显提高全民族文明素质；四是加快发展社会事业，全面改善人民生活；五是建设生态文明，基本形成节约能源资源和保护生态环境的产业结构、增长方式、消费模式。

根据党的十七大对全面建设小康社会做出的新的重要部署，2008 年，山西提出"今后五年是山西全面建设小康社会的重要时期"。全省要坚持走出"四条路子"、实现"三个跨越"，加快转变经济发展方式，深入推进经济结构调整，加快推进新型工业化、特色城镇化和农业现代化，切实改善民生，全面推动经济建设、政治建设、文化建设和社会建设，努力建设国家新型能源和工业基地，构建充满活力、富裕文明、和谐稳定、山川秀美的新山西。同时提出全省今后五年的主要目标任务是，重点推进发展服务业、循环经济、节能减排、新农村建设"四大攻坚"，着力强化改革、开放、人才、科技"四大支撑"，大力实施教育协调发展、创业就业、医疗健康、社会保障、住房安居"五大惠民工程"。根据这一部署，2008—2010 年，山西在国际金融危机的严重冲击下，面对经济结构深层次矛盾的重重困扰，面对保增长、保民生、保稳定的繁重任务和安全生产的巨大压力，认真贯彻落实党的十七大和十七届三中、四中、五中全会精神，深入贯彻落实科学发展观，采取一系列重大举措，有力推进了山西全面小康社会的建设进程。

一是认真贯彻落实中央决策部署，全力应对国际金融危机冲击。

不断加大投资力度。2006—2010 年山西全省全社会固定资产投资完成 2 万亿元。基础设施、民生工程和企业技改等重点工程项目建设力度不断加大，取得明显成效。石太客运专线、太中银铁路建成通车，大西客运专线、中南部出海大通道等一批铁路项目加快建设；高速公路建设掀起新高潮；太原、长治机场改扩建全面完成，运城、大同机场改扩建顺利推进，五台山、吕梁、临汾机场开工建设。35 项应急水源工程全面推进，27 项建成投入使用，"引黄北干"工程建设进展顺利。新增发电装机 2669 万千瓦。省城十大建筑建设取得重要进展。大规模的投资，不仅有效地拉动了经济的快速增长，而且大大地增强了山西的发展后劲。

继续扩大消费。在全面落实国家"家电下乡""农机下乡"等政策的基础上，山西制定实施了推动扩大消费的一系列政策措施，扩大农机补贴范围、提高补贴标准，实施旅游春季和金秋行动计划，扩大住房、汽车、文化消费，加强流通基础设施建设，加快农家店建设，支持60 个大型农产品批发市场和流通企业升级改造，促进了消费快速增长。

着力稳定和拓展外需。进出口总额不断增长。实行社会保险"五缓四减三补"政策，实施促进民营企业发展 9 项优惠政策，对焦化等企业实行有关费用减免缓缴措施，大幅度减轻企业负担，协调解决企业融资难问题，帮助企业渡过了难关。

二是加快转变经济发展方式，全力推进煤炭资源整合煤矿兼并重组，产业结构调整迈出新的步伐。

按照巩固加强第一产业、优化提升第二产业、大力发展第三产业的思路，山西全面推进三次产业结构调整，先后制定实施了十大产业调整振兴规划及 28 个子行业实施方案，传统产业新型化、新兴产业规模化、支柱产业多元化的步伐加快。煤炭、焦炭、冶金、电力等传统行业在稳步增长的同时，质量效益明显改善，内部结构不断优化；先进装备制造业、现代煤化工、新型材料工业、特色食品工业等新兴产业快速发展，在经济中的比重逐步提高；服务业发展取得新的进展。

紧紧抓住国际金融危机蕴涵的机遇，山西以壮士断腕的决心和勇气启动实施煤炭资源整合煤矿兼并重组，取得重大成果。矿井总数减少到1053座，办矿主体减少到130个，70%的矿井生产规模达到90万吨以上，30万吨以下煤矿全部淘汰，保留矿井全部实现机械化开采。通过这一轮整合，山西煤炭工业进入了一个全新的发展阶段，产业水平显著提高，安全生产状况明显改善，采矿秩序明显好转，能源基地的地位进一步巩固，为经济社会又好又快发展，加快小康社会建设奠定了坚实的基础。

狠抓节能减排和环境保护。5年共关停小火电机组316万千瓦，淘汰落后钢铁产能5397万吨、焦炭产能4761万吨、水泥产能2586万吨、电石产能142万吨；全面启动生态省建设，深入实施"蓝天碧水工程"、造林绿化工程、生态环境治理修复工程；严格实行节能减排目标责任制，综合运用结构、工程、技术和管理节能减排措施，取得了明显成效。与2005年相比，万元地区生产总值综合能耗下降22%，化学需氧量、二氧化硫排放量分别削减16.3%、13.5%，全部超额完成了国家下达的"十一五"节能减排目标任务；11个省辖市城区空气质量二级以上天数平均达到347天，优良率提高33个百分点；完成营造林2335万亩，森林覆盖率由14%提高到18%，全省生态环境明显改善。

三是毫不放松抓好"三农"工作，不断加大强农惠农力度。

山西全面落实国家各项强农惠农政策，先后出台实施了玉米最低收购保护价等"五项补贴政策"、设施蔬菜大县奖补等"八项惠农政策"、盐碱地改造等"七大强农工程"。加强农业基础设施建设，完成高标准旱作农田、节水灌溉农田、中低产田改造 2000 万亩，农业综合生产能力稳步提高，五年来粮食产量年均超过百亿公斤。继续推进雁门关生态畜牧经济区建设，启动运城、晋中、大同三大现代农业示范区建设，大力实施农产品加工龙头企业"513"工程，农业结构调整取得积极进展。扎实推进新农村建设，完成 9098 个新农村试点村和重点推进村建设任务。深入开展扶贫工作，105 万贫困人口实现脱贫。

四是全面发展社会事业，切实保障和改善民生，广大人民群众得到了实实在在的好处。

制定实施全省科技、教育、人才中长期发展规划纲要，加快发展科技、教育、文化、卫生、体育等社会事业。在教育方面，全面实施中小学校舍安全改造，全面实行义务教育阶段教师绩效工资，免除城乡义务教育学杂费，免除中等职业学校农村家庭经济困难学生和涉农专业学生学费，制定出台家庭经济困难学生资助政策，招聘 6427 名特岗教师到贫困地区和农村任教，启动占地 9300 亩的高校新区建设，为高校增加 3000 名教师编制，投资 3 亿多元对高校危房进行改造，帮助高校解决贷款负担问题。在医疗卫生方面，全面推进医药卫生体制改革，投资 30 多亿元完善基层医疗卫生基础设施，在公共卫生与基层医疗卫生事业单位实行绩效工资，在 67% 的政府举办的基层医疗卫生机构实行国家基本药物制度，积极推进基本公共卫生服务均等化，全面实行城乡基本医疗保险制度，在 23 所市县级公立医院开展改革试点工作。在科技人才方面，投入 9000 多万元，引导实施 19 个重大科技专项，一批共性关键技术取得重大突破；大力培养开发本地人才，积极吸引外来人才，实施引进海外高层次人才"百人计划"，先后引进 58 人。

在文化体育方面，全面加强城乡文化设施建设，有序推进文化体制改革，文艺院团试点单位改革任务全面完成，省出版系统全部转企改制，省级广播电视局台分离，市县文化、广电、新闻出版三局合一，《立秋》《解放》等一批精品剧目和平遥国际摄影展等重大文化活动在国内外产生了广泛影响，五台山成功申遗；与此同时，积极做好"双拥"工作，发展老龄事业、残疾人事业、慈善救助事业和红十字会事业，取得了新的成绩。

突出抓好保障和改善民生工作。多种渠道扩大就业。5 年新增城镇就业 225.7 万人，转移农村劳动力 185 万人，城镇登记失业率控制在4%以内。多种形式建设保障性住房。5 年共开工建设各类保障性住房90 万套、5830 万平方米，国有重点煤矿采煤沉陷区治理任务全部完成、棚户区改造任务基本完成，农村危房改造进展顺利。多方筹资建立健全社会保障体系。城镇职工养老、医疗、失业等社会保险综合覆盖率达到 87%，5 年提高了 13.5 个百分点；城镇企业职工养老保险实现省级统筹，企业退休人员养老金水平由 2005 年的每月人均 627 元提高到 1500 元；在全国率先启动新型农村社会养老保险试点，已扩大到50%以上的农业县；新型农村合作医疗参保率达到 94.3%；219.5 万城乡低保对象和 14.2 万农村"五保"对象实现应保尽保。多措并举稳定物价，认真贯彻国家稳定物价政策措施，及时制定实施了 12 条具体措施，并投入 5 亿多元，对大中专院校学生、优抚对象、城乡低保对象、农村"五保"供养对象发放临时价格补贴，有效地稳定了物价，保障了困难群众的基本生活。

全力推进农村"五个全覆盖"工程。2009 年和 2010 年两年共投资 300 多亿元，新建通村水泥（油）路 2.5 万公里，改造中小学校舍

9483 所，建成 6971 个村级卫生室，建成各类饮水工程 1.2 万处，完成 9638 个村的村通广播电视任务。这是近年来山西影响范围最大、受益人数最多的民生工程。农村"五个全覆盖"任务的完成，使昔日的羊肠小道、泥泞土路变成了宽阔通畅的水泥（油）路，狭小昏暗、陈旧破败的危房变成了安全坚固、宽敞明亮的新校舍，苦咸水变成了干净卫生的甘泉水，广大农民实现了"小病不出村"的心愿，封闭落后的偏远山村看上了电视、享受到了现代文明，广大农民从这五大工程中得到了实实在在的好处。

五是坚持不懈抓好安全生产工作，全力扭转被动局面，安全生产形势明显好转。

山西高度重视安全生产工作，切实加大工作力度，在全省范围内深入开展以煤矿为重点、覆盖各行业各领域的安全生产专项整治行动，建立完善十项安全生产制度，出台 12 个行业 118 条安全生产规定，进一步强化"两个主体"责任，配备市县长安全助理，组建煤炭工业厅，安监局与煤监局分设，严肃对待事故，严格责任追究，不断强化安全生产的组织、制度、技术、人才、管理、纪律和体制保证，安全生产形势明显好转。安全生产形势的明显好转，不仅保护了人民群众的生命财产安全，保护了大批的干部，也大大地改变了山西的对外形象。

六是不断深化改革，努力扩大开放，发展的动力和活力明显增强。

全面完成省市县三级政府机构改革，取消、下放、调整行政审批事项 489 项。稳步推进事业单位改革试点，省直事业单位清理规范工作基本完成。深化国有企业改革，省属国有企业改革重组步伐加快。全面推进集体林权制度改革，完成确权面积 5907 万亩。加快推进财税体制改革，60 个县实行财政省直管县体制。扎实推进金融改革，农村信用社改革取得重要进展，晋商银行及一批小额贷款公司、村镇银行等金融机构相继组建，大同煤业等16家企业在境内外成功上市，省金融办开始筹建。实行燃油税改革，政府性收费还贷二级公路收费站全部撤销。扎实推进煤炭工业可持续发展试点、循环经济省试点、生态省试点。积极开展资源型经济转型综合配套改革试验区调研申请工作，获国家正式批复，我省成为唯一的国家级、全省域、全方位、系统性的综改区。进一步扩大对外开放，成功举办能博会、农博会、装备制造业博览会、港洽会、珠洽会和央企、民企山西行等大型招商活动，积极参加世博会、中博会等重大活动。

七是扎实推进民主法制建设，加强精神文明建设，社会保持和谐稳定。

各级政府自觉接受人大的监督和政协的民主监督，积极支持各民主党派、工商联、无党派人士参政议政。全面推进"法治山西"建设，"五五"普法成效明显。不断完善基层民主制度，充分发挥群团组织作用，全面落实政府系统廉政建设责任制，切实加强审计和监察工作，深入开展煤焦领域反腐败专项斗争，依法推进治超工作，加强社会治安综合治理，社会保持和谐稳定。

2010年，山西省提出转型跨越发展、再造一个新山西的总体战略，以解放思想为先导，以建设国家资源型经济转型综合配套改革试验区为龙头，以煤为基、多元发展，加快推进工业新型化、农业现代化、市域城镇化、城乡生态化，全面加强经济建设、政治建设、文化建设、社会建设和生态文明建设，率先走出资源型地区转型跨越发展新路，为加快实现全面建设小康社会目标努力奋斗。扎实推进工业新型化、农业现代化、市域城镇化、城乡生态化"四化山西"成为山西全省加快转型跨越，推进全面建成小康社会的主要任务。

推进工业新型化，加快转变发展方式。一是提升资源就地转化率。在资源原材料深度加工中催生新产业，追求高效益。二是提升传统产业循环率。把循环经济作为工业新型化的基本路径，使循环经济成为全省产业的基本模式，推动企业、园区、产业、社会循环发展。三是提升新兴产业占比率。加快煤机制造、轨道交通装备、现代煤化工、特色食品、生物医药产业、节能环保产业和以金融、会展、中介等为重点的现代服务业。四是提升节能减排率。完善促进节能减排的产业、财税、价格、金融等政策，抑制高耗能、高排放行业过快增长。五是提升科技贡献率。大力实施科技创新跨越工程，弘扬创新文化，提高创新指数，加快建立山西特色创新体系。

推进农业现代化，开创"三农"工作新局面。一是把确保农民收入翻番作为核心任务。完善强农惠农政策，加大财政支持力度，深化农村改革，增强农业综合生产能力，有序转移富余劳动力，帮助农民扩大资本、积累财富，使农民共享公共财政阳光，确保农民收入持续大幅增加。二是把"一村一品""一县一业"作为主攻方向。深入推进大同、晋中、运城现代农业示范区和雁门关生态畜牧经济区建设。大力发展设施农业，在标准化生产、品牌化经营基础上建设特色农产品强省。健全农村市场和农业服务体系。三是把发展县域经济作为战略举措。针对不同县域特点，制定发展规划和政策措施，一体推进工业化、城镇化和农业现代化。四是把新农村重点村建设作为基础工程。完善以工促农、以城带乡和以煤补农、以矿帮村机制，培育新型农民。五是把扶持革命老区和贫困地区加快发展作为突破重点。实施以产业开发为核心的扶贫板块推进战略。

推进市域城镇化，让"人"字形城镇框架更加富有活力。围绕"一核一圈三群"城镇化格局，坚持扩容与提质并重，形成梯次明显、优势互补、协调发展的城镇化态势，构筑适宜居住、有利发展的社会体系。一是支持太原率先发展。充分凸显太原都市圈在全国城市群版图中的地位和全省发展龙头作用，成为中部崛起的重要一极。建立领导协调指导机制，实质性推进太原—晋中同城化。二是加快区域性城市群的建设和融合。全面建设以大同、朔州为核心的晋北城镇群，以临汾、运城为核心的晋南城镇群，以长治、晋城为核心的晋东南城镇群。加快上党等城镇群建设步伐。通过组团式发展，加快城乡统筹，优化全省经济社会发展布局。三是实施"大县城"战略和百镇建设工程。加快县城扩容提质步伐，提高产业和人口吸纳承载力，扩大对农村的辐射力。四是增强城市综合承载能力。强化规划的前瞻性和建设的创新性，塑造城市精神，推广信息化管理，重视发展公共交通。加快新区开发和旧城区、城中村、棚户区改造。促进"城""矿"互动融合，支持资源型老工业城市转型。

推进城乡生态化，提高环境质量和生活质量。坚持建设与绿化同步、经济与生态并重，致力于绿化山西建设，深入推进造林绿化工程。建设晋北晋西北防风固沙、吕梁山黄土高原水土保持、太行山土石山区水源涵养和平川盆地防护经济林等生态屏障。致力于建设气化山西，推广清洁能源，加大煤层气抽采开发力度，完善输气管网，推进市、县、重点镇及工业园区气化全覆盖。大力发展农村沼气。致力于建设净化山西，实施"绿色生态工程"和污染减排"4+2工程"，以汾河为龙头的重点区域流域生态治理修复工程。致力于建设健康山西，加强城乡环境综合治理，着力解决饮水不安全和空气、土壤污染等损害群众健康的问题。加强食品药品安全监管。广泛开展爱国卫生运动和全民健身运动，完善城乡公共体育设施，倡导健康生活方式。

经过"十一五"时期的努力，全省小康社会建设取得了瞩目的成就。2011年，山西全面小康社会实现程度为78.4%，比2010年提高3.1个百分点，比2000年提高22.2个百分点，2000年—2011年间年均提高2.0个百分点。与全国平均水平相比，山西2011年全面小康社会实现程度落后4.8个百分点，但也成为自2005年以来，与全国差距最小的一个年份。

从经济发展、社会和谐、生活质量、民主法制、文化教育、资源环境六大领域看，民主法制方面实现程度最高，为96.1%；其次是社会和谐、生活质量和文化教育3方面，实现程度分别为90.2%、85.1%、78.5%；经济发展与资源环境方面的实现程度，分别为67.8%和62.7%。从具体的23项监测指标看，2011年山西全面小康社会实现程度已经达到100%的指标有5项，占全部指标的21.7%；全面小康社会实现程度在90%—100%之间的指标有7项，占全部指标的30.4%；全面小康社会实现程度在80%—90%之间的指标有3项，占全部指标的13.1%；全面小康社会实现程度在60%—80%之间的指标有5项，占全部指标的21.7%；全面小康社会实现程度在60%以下的指标有3项，占全部指标的13.1%。从23项指标同全国的比较来看，人均GDP、R&D经费支出占GDP比重、第三产业增加值占GDP比重、居民人均可支配收入、文化产业增加值占GDP比重、居民文教娱乐服务支出占家庭消费支出比重、单位GDP能耗和环境质量指数等8项指标同全国差距较大。

# 第四节　全面建成小康社会的新时期（2012 年至今）

2012 年，党的十八大在十六大、十七大提出的"全面建设小康社会"目标要求基础上，从经济持续健康发展，实现国内生产总值和城乡居民人均收入比 2010 年翻一番；人民民主不断扩大，依法治国基本方略全面落实；文化软实力显著增强；人民生活水平全面提高；资源节约型、环境友好型社会建设取得重大进展等 5 个方面对全面建设小康社会目标进行了充实和完善，提出了"全面建成小康社会"的新部署，要求在 2020 年实现全面建成小康社会宏伟目标。2013 年，中共十八届三中全会提出，面对新形势新任务，全面建成小康社会，进而建成富强民主文明和谐的社会主义现代化国家、实现中华民族伟大复兴的"中国梦"，必须在新的历史起点上全面深化改革。2014 年，中共十八届四中全会提出依法治国，是坚持和发展中国特色社会主义的本质要求和重要保障，是实现国家治理体系和治理能力现代化的必然要求，事关我们党执政兴国，事关人民幸福安康，事关党和国家长治久安。全面建成小康社会、实现中华民族伟大复兴的"中国梦"，全面深化改革、完善和发展中国特色社会主义制度，提高党的执政能力和执政水平，必须全面推进依法治国。党的十八届五中全会提出，如期实现全面建成小康社会奋斗目标，推动经济社会持续健康发展，必须遵循以下原则：坚持人民主体地位，坚持科学发展，坚持深化改革，坚持依法治国，坚持统筹国内国际两个大局，坚持党的领导。全会还提出了全面建成小康社会新的目标要求：经济保持中高速增长，在提高发展平衡性、包容性、可持续性的基础上，到 2020 年国内生产总值和城乡居民人均收入比 2010 年翻一番，产业迈向中高端水平，消费对经济增长贡献明显加大，户籍人口城镇化率加快提高。农业现代化取得明显进展，人民生活水平和质量普遍提高，我国现行标准下农村贫困人口实现脱贫，贫困县全部摘帽，解决区域性整体贫困。国民素质和社会文明程度显著提高。生态环境质量总体改善。各方面制度更加成熟、更加定型，国家治理体系和治理能力现代化取得重大进展。

2012 年以来，山西省深入学习贯彻党的十八大，十八届三中、四中、五中、六中全会精神和习近平总书记系列重要讲话精神，坚决落实中央各项决策部署特别是对山西工作的重要指示要求，为实现中华民族伟大复兴"中国梦"的山西新篇章而努力奋斗。特别是 2016 年，山西省提出要把山西的工作放在国际国内的大背景下来审视与谋划，统筹推进"五位一体"总体布局，协调推进"四个全面"战略布局，确保山西与全国同步全面建成小康社会，向着实现"两个一百年"宏伟目标不断迈进的战略举措，这是山西面对新形势、新机遇和新挑战，从全局上推进山西改革发展稳定的务实之策，是重要历史关头重塑山西形象的现实途径，也是实现全面建成小康社会目标的必然选择。

## 一、千方百计稳定经济增长

一是加快出台落实稳增长的各项政策措施。2013 年，山西积极应对经济下行压力，结合全省实际，及时制定实施了"煤炭 20 条""低热值煤发电 20 条""煤层气 20 条""保障工业运行 12 条"等一系列政策措施，对稳增长发挥了重要作用。2014 年，山西在继续实施以上措施的基础上，新出台"煤炭 17 条"和缓解企业资金困难的财政、金融等措施。加强经济运行监测分析，定向督查指导，有力促进了各项政策措施的落实。

二是围绕转方式、调结构、惠民生，加强重点领域投资。2013 年，山西通过"六位一体"推进重点工程建设，全社会固定资产投资首次突破万亿元，大西客运专线、山西中南部铁路通道、太原地铁 2 号线等建设加快推进。2014 年山西首次推出 40 个鼓励社会资本参与建设营运的基础设施项目，修订完善了省政府核准的投资项目目录，落实企业投资自主权。深入开展"项目见效年"活动，坚持"六位一体"统筹推进重点工程建设，及时实施"百日百项"工程开工计划，全社会固定资产投资连续两年超万亿元。

三是把消费作为稳增长的基础。2013 年，山西不断加快农产品流通体系和社区便民商圈建设，促进电子商务发展，推动全省重点公共场所无线局域网免费覆盖，积极开展"美丽山西休闲游""山西品牌中华行"等消费促进活动。2014 年，山西进一步加快发展电子商务，推动传统流通企业与电商开展合作；积极拓展信息消费，重点公共场所实现无线局域网免费覆盖；加快农产品流通体系、社区便民商圈建设，实施"快递下乡"惠民工程，深入推进"山西品牌中华行"等促消费活动；出台加快发展养老、健康服务业的政策措施，鼓励发展服务消费。继续推动外贸结构进一步优化和机电产品、高新技术产品的出口。

四是大力扶持实体经济。山西引导煤炭企业增量、稳价、降本、提效，暂停提取有关费用，减轻企业负担，支持工业企业挖潜改造，加强产销衔接服务，加大电力外送和省内消纳，促进企业健康发展。实施财政、金融扶持政策，2013 年山西设立 20 亿元创业投资基金支持创业，投入 10 亿元支持中小微企业改造升级和科技创新，免征 13.5 万户小微企业增值税和营业税，"营改增"试点惠及企业 2.79 万户。2014

年，全省推动实施"一企一策"精准帮扶，各级领导干部带头联系帮扶重点企业，协调解决重大问题；扩大大用户直供电试点，降低企业用电成本；引导金融机构加大对重点企业、重点工程、中小微企业和"三农"支持力度，着力解决企业融资难、融资贵问题，稳妥处置金融风险。

## 二、深入推进转型综改

一是大力改造提升传统产业。2013 年全省煤炭行业建成现代化矿井 54 座；焦化行业兼并重组基本完成，企业减少到 80 户，户均产能由 70 万吨提高到 200 万吨；淘汰落后钢铁产能 204 万吨、焦炭产能 756 万吨、电力产能 21 万千瓦、水泥产能 350 万吨，淘汰落后产能任务全部完成；2014 年，全省淘汰落后钢铁产能 425 万吨、焦炭产能 1058 万吨、电力产能 57.4 万千瓦、水泥产能 110.5 万吨。改造提升传统产业，现代化矿井改造步伐加快，煤电一体化运营积极推进，运城、吕梁两个百万吨铝循环产业基地加快建设。

二是加快培育壮大新兴产业。2013 年，全省继续实施新兴产业"512"工程，出台加快发展节能环保产业实施方案和行动计划，先进装备制造业、现代煤化工、新型材料工业、特色食品工业等发展势头强劲。太重高铁零部件等项目建成投用，潞安煤制油、太钢不锈钢和硅钢冷连轧、吕梁数据中心等项目加快推进。实施服务业发展"1511"工程，现代物流、信息服务、文化旅游等服务业发展加快，服务业占地区生产总值的比重超过 40%。2014 年，制定新兴产业和服务业发展扶持政策，设立战略新兴产业、文化产业及旅游文化体育产业三支投资基金，推动煤层气装备、新能源汽车等 7 个新兴产业优化布局，加快发展节能环保产业和现代服务业。

三是加快推进转型综改。2013 年，山西制定实施转型综改区建设"十二五"后三年实施方案和 2013 年行动计划，转型综改区建设进入实质性推进阶段。构建和谐煤电关系成效明显，同煤集团成功重组漳泽电力，晋能公司成立运营，全省 34 户省调主力火电企业有 26 户实现煤电联营，省内七大煤炭企业分别与有关发电企业签署中长期电煤购销协议，21 户企业开展大用户直供电试点。现代煤炭交易体系初步形成，继 2012 年启动铁路运煤上线交易后，2013 年又启动公路运煤上线交易，全省煤炭销售全部实现网上交易，中国（太原）煤炭交易中心注册交易商达到 7556 户。成功发布太原煤炭交易价格指数，这是我国首个煤炭主产地价格指数。动力煤期货交易试点前期工作进展顺利。行政审批制度改革取得重大突破，获准国家授权低热值煤发电项目核准权，已为装机 812 万千瓦的 10 个项目发放"路条"，积极推进煤炭和煤层气矿业权审批制度改革。承接国务院下放行政审批项目 33 项，取消、下放和调整减少省级行政审批项目 435 项。在 32 个县（市、区）推进工商登记制度改革试点。土地管理体制改革深入推进，积极开展城乡建设用地增减挂钩、矿业存量土地整合利用、工矿废弃地复垦利用等试点工作，有效保障了全省建设用地需求。金融创新步伐加快，山西股权交易中心正式挂牌运营，20 个县级农信社改制为农村商业银行，金融服务体系不断完善，全省新增各类融资 4180 亿元。同时，财税体制改革、"飞地经济"发展等积极推进。对外开放进一步扩大，深化省际、省部、省校、省企合作，成功举办文博会、农博会，积极参加中博会等重大展会，招商引资取得新成效。

2014 年，全省积极开展"转型综改攻坚年"活动，"3675"年度重点任务全面完成。全面清理省级审批事项，承接国务院取消行政审批项目 29 项、下放行政审批项目 59 项，省级取消、下放、调整行政审批项目 60 项。省、市政府机构改革全部完成，县级政府机构改革基本完成。率先推行省属国有企业财务等重大信息公开，着力打造阳光国企。工商登记制度、财税体制、户籍制度、食品药品监管体制等重大改革取得新突破。积极推进煤炭管理体制改革，在全国率先清理规范涉煤收费项目，专门面向煤炭的省定行政事业性收费全部取消，违规收费项目全部取缔，保留收费项目全部规范；推进煤炭资源税从价计征改革，从低确定税率；暂缓"两金"提取。大力实施煤焦公路销售体制改革，全部取消对相关企业的 21 项行政授权，全部取消煤焦公路运销 9 种票据，全部撤销遍布全省的 1487 个各类煤焦公路检查站点，煤炭管理体制改革迈出了坚实的步伐。

四是狠抓节能减排。2013 年，全省通过狠抓重点行业和企业节能，扎实推进千项节能改造项目，全省万元地区生产总值综合能耗下降 3.8% 左右。落实国家大气污染防治措施，制定出台我省实施方案和年度行动计划，大力推进以细颗粒物为重点的大气污染防治，加强水污染防治和城镇污水处理，主要污染物减排任务全部完成。加大生态环境治理修复力度，治理水土流失面积 364 万亩，完成高速公路沿线绿化 1030 公里，全年营造林 454 万亩。强力推进省城环境综合治理，关停污染企业 232 家，改造拆除小锅炉 1.16 万台，新增集中供热面积 2159 万平方米，公交车、出租车基本实现气化，环境质量明显改善。2014 年，全省共实施 650 项节能改造项目，探索开展节能量交易试点，全省万元地区生产总值能耗超额完成下降 3.5% 的年度任务。大气污染防治成效明显，细颗粒物（PM2.5）平均浓度同比下降 16.9%，淘汰黄标车和老旧车 21.6 万辆。省城环境综合治理成效明显，太原市空气质量达标天数 197 天，同比增加 35 天。吕梁山生态脆弱区治理步伐加快，晋祠泉复流工程全面启动。完成水土流失治理面积 346.8 万亩，营造林 462 万亩。

### 三、统筹城乡促发展

加大"三农"工作力度，农业农村面貌发生新变化。2013 年，山西新实施 10 项强农惠农富农政策，资金总规模达到 60 亿元。加强农田水利基本建设，98 座病险水库除险加固全部完成，新启动百座小型水库更新建设，推进大型灌区节水改造，农田实灌面积超过 2000 万亩。粮食总产量达到 131.3 亿公斤，再创历史新高。深化农业结构调整，实施七大产业振兴和翻番工程，加快设施蔬菜、水果、中药材等特色产业发展，扶持发展"一村一品"专业村 6000 个、"一县一业"基地县 60 个，农产品加工龙头企业销售收入突破千亿元。启动百企千村产业扶贫开发工程，在 58 个贫困县实施项目 209 个、总投资 690 亿元。扎实推进连片特困地区扶贫攻坚，深入开展干部下乡住村包村增收活动，有 47 万贫困人口实现脱贫。为农民兄弟新办"五件实事"，改造农村困难家庭危房 10 万户，易地搬迁特困群众 11 万人，改扩建村级幼儿园 546 所，为农村配备保洁人员 7.2 万名、垃圾清运车 3.6 万台，为 1.8 万个村安装太阳能路灯 36.8 万盏，行政村街道亮化任务率先完成。2014 年，全省在继续执行中央及我省各项惠农政策的基础上，又出台 10 项补贴政策，资金总规模达到 67 亿元。加快发展现代农业，扎实推进"一村一品""一县一业"和七大产业振兴翻番工程，启动实施新一轮雁门关生态畜牧经济区建设规划。农村土地承包经营权确权登记颁证试点、农村集体产权制度改革试点工作扎实开展。深入实施百企千村产业扶贫开发工程，建设产业扶贫项目 233 个、完成投资 200 亿元；实施精准扶贫，覆盖所有贫困村，在 21 个扶贫攻坚县启动实施金融富民扶贫工程，47 万贫困人口实现脱贫。制订实施改善农村人居环境规划纲要和 2014 年行动计划，重点推进完善提质、农民安居、环境整治、宜居示范四大工程，完成投资超过 145 亿元，全力办好农村"五件实事"，改造农村困难家庭危房 15.5 万户，新建改建农村幼儿园 312 所，易地搬迁农村贫困人口 10 万人。统筹推进城镇化建设，太原晋中同城化步伐加快，上党城镇群、百里汾河经济带等城镇组群发展提速，晋中 108 廊带区域一体化发展示范区启动建设。加强城市道路交通、管网、生态园林及污水垃圾处理等基础设施建设。新开工城镇保障性住房 23 万套，建成 21 万套。积极推进农业转移人口享有城镇基本公共服务，进城务工人员子女实现在就读地参加中考和高考。

## 四、真情实意惠民生

一是大力发展教育。2013 年，山西实施了义务教育标准化建设工程和农村薄弱学校改造计划，新建改扩建标准化公办幼儿园 216 所。进城务工人员随迁子女实现在就读地参加中考。对在读的家庭经济困难儿童、孤儿和残疾儿童每人每年给予 1000 元的生活补助。创建山西传媒学院、太原学院两所本科院校，建成朔州、晋城两个本科校区，11 个设区市实现本科教育全覆盖。9 所高校近 7 万名师生入住高校新校区。2014 年，全省新改扩建 206 所公办标准化幼儿园；实施薄弱学校改造计划，招聘 1407 名农村义务教育特岗教师。城乡特殊教育生均公用经费补助标准由 310 元、750 元统一提高到 4000 元；中职教育免收学费全覆盖惠及 45 万名学生；高校新校区全面建成，11 万师生入住，新增山西工程技术学院、山西应用科技学院两所本科院校。

二是完善医疗卫生服务。2013 年，山西继续深化医药卫生体制改革，县级公立医院改革试点扩大到 83 个县，同步推进医药卫生一体化综合改革，试点医院实行药品"零差率"销售。开展贫困地区儿童营养改善试点，2.4 万名儿童受益。新建城市社区卫生服务机构 92 所，省儿童医院新院区启动建设。全省人均基本公共卫生服务经费由 25 元提高到 30 元，43 项基本公共卫生服务惠及城乡居民。2014 年，山西继续在 83 个县推进县级公立医院综合改革，在 269 个非政府办基层医疗卫生机构开展基本药物制度试点；人均基本公共卫生服务经费财政补助标准提高到 35 元；城镇职工医保、城镇居民医保和新农合三项基本医保实现应保尽保，城乡居民大病保险在全省推广，在 18 个县开展参合农民住院按病种分级诊疗试点；新增社区卫生服务机构 71 所，新增社会办医机构 397 所、增加床位 4976 张。

三是文化事业建设不断加快。2013 年，山西实施了"百县强基""万村千乡"等文化惠民工程，省图书馆、科技馆正式投用，省晋剧艺术中心开工建设。文化精品创作成果丰硕，《粉墨春秋》获代表当代中国舞台艺术最高水准的"文华奖"最高奖项"文华大奖"。哲学社会科学、新闻出版、广播影视繁荣发展。全民健身活动丰富多彩，竞技体育水平进一步提高。2014 年山西省级重点文化设施进一步完善，国家公共文化服务体系示范区和示范项目创建工作正式启动，"文化惠民在三晋"系列活动扎实开展，政府购买公共演出服务全面推行，哲学社会科学、新闻出版、广播影视繁荣发展。

四是多措并举促进就业。2013 年山西制定实施了促进高校毕业生就业的 16 条措施，包括对城乡低保家庭应届毕业生每人给予 1000 元求职补贴，组织 1 万名高校毕业生就业见习并给予补贴，招录公务员、事业单位人员和选聘大学生村官、农村特岗教师 2.3 万人等，缓解了高校毕业生就业困难。深入开展创业型城市创建活动，加强创业培训和职业指导，为就业困难人员提供"一对一"就业帮扶。全年城镇新增就业 51.5 万人，转移农村劳动力 37 万人。2014 年，山西继续千方百计扩大就业，制定实施促进就业创业的 46 条措施，实行提供财政补助、实训补贴和小额担保贷款等"七补一贷"政策，扶持高校毕业生创业；购买 6992 个基层公共服务岗位，吸纳高校毕业生就业；实行财政贴息支持、一次性就业补助等"六补一缓"优惠政策，缓缴困难企业社保费 60 亿元，发放失业金稳岗补贴 6.25 亿元。

五是着力提升城乡居民收入。2013 年山西调整高温津贴及一线艰苦岗位津贴标准，企业工资基准线和最低工资标准增长 15% 以上，落实带薪年休假制度和基层机关事业单位津补贴，提高机关、企事业单位人员取暖补贴标准，为领取保险金的失业人员发放取暖补贴，为全省农户免费发放 880 多万吨取暖煤。通过发展富民项目、加大补贴力度、转移劳动力、支持返乡创业、干部下乡包村等措施，促进了农民收入持续增加。2014 年，山西继续提高最低工资标准和企业工资增长指导线；连续 10 年提高企业退休人员基本养老金，月人均达到 2389 元；为领取失业保险金人员发放冬季取暖补贴，为全省农户免费发放 898 万吨取暖用煤；提高省直机关、事业单位津补贴和绩效工资标准，并向低职务职级人员倾斜。

六是完善社会保障制度。2013 年，山西城镇职工基本养老、医疗、失业、工伤、生育 5 项保险实现制度全覆盖。城乡居民基础养老金每人每月增加 10 元、最低达到 65 元，企业退休人员基本养老金月人均达到 2170 元。启动城乡居民大病保险试点，城镇居民医保和新农合财政补助标准提高 40 元、达到每人每年 280 元。失业保险金和工伤保险待遇标准平均提高 15%。城乡低保标准每人每月分别由 308 元、148 元提高到 351 元、181 元，惠及 239 万人。为集中供养孤儿、散居孤儿每人每月补助 1000 元、600 元。对 2.5 万名贫困残疾人实施康复救助。加快保障性安居工程建设，全年新开工城镇保障性住房 24.2 万套、基本建成 22.1 万套，完成农村住房抗震改建 1 万户、受灾群众住房改建 1.86 万户。2014 年，全省建立了统一的城乡居民基本养老保险制度；城镇居民医保和新农合年人均财政补助标准由 280 元提高到 320 元，工伤保险待遇标准平均提高 10%；分别提高城乡低保标准和农村五保对象集中供养、分散供养省级补助标准，对 7.8 万名重度残疾人和贫困残疾人进行补贴，对 7.55 万名贫困残疾人进行康复救助，为 14 万名经济困难家庭学前幼儿提供生活补助；完善落实社会救助和保障标准与物价上涨挂钩联动新机制，困难群众基本生活得到保障。

### 五、深入推进安全山西建设

2013 年，山西全省深入开展平安山西建设，实施"六六创安"工程，加强基层治理体系建设，认真做好信访和人民调解工作，积极排查化解社会矛盾。加强食品安全专项检查，扎实开展药品质量集中整治，食品药品安全保障水平进一步提高。放宽城市城镇落户条件，全面实行居住登记和居住证制度。健全社会治安防控体系，推进民生警务、亲民公安建设，依法打击违法犯罪活动，妥善应对和有效处置各类突发事件，社会保持和谐稳定。

2013 年，山西坚持不懈狠抓安全生产，把安全生产作为最大的民生工程，坚决落实政府监管责任，坚决落实企业安全生产主体责任。加强对安全生产的领导，调整安委会组成人员，明确 16 个行业领域的安全监管责任；深入开展安全生产大检查和"回头看"活动，对重点领域的 6.2 万户企业进行拉网式排查，关闭非法违法企业 1238 家。全省生产经营性事故起数和死亡人数分别下降 7.3%、9.1%，煤炭百万吨死亡率 0.077，下降 15.4%。安全生产形势持续明显好转，为全省经济社会发展奠定了坚实基础。2014 年山西全面开展安全生产知责履责活动，深入开展各行业各领域安全生产专项整治和大检查，突出煤矿、非煤矿山、危险化学品、油气管道、交通运输和隧道交通、粉尘防爆等重点行业领域，全面排查治理各类安全隐患。各类安全生产事故起数和死亡人数实现"双下降"，煤矿百万吨死亡率 0.036、下降 53.25%。

### 六、法治山西建设成效显著

2013 年，山西扎实开展党的群众路线教育实践活动。按照中央部署和省委安排，严格执行中央八项规定和我省实施办法，坚决反对"四风"，着力解决人民群众反映强烈的突出问题，以为民务实清廉为主要内容，扎实推进教育实践活动各环节工作。坚持立说立行、边查边改，文风会风明显改进，停止新建楼堂馆所和清理办公用房工作全面完成，在 2013 年初压减省直部门会议经费 20% 的基础上，又压减部门一般性支出 10%，将节省出的经费全部用于改善民生。稳步推进政府机构改革，加强政府系统廉政建设，强化行政监察和审计监督，行政效能和服务水平进一步提升。加强民主法制建设，自觉执行人大及其常委会的决议、决定，支持人民政协履行职能，全年共办理人大代表建议827件、政协提案748件，向省人大常委会提请审议地方性法规草案9件，制定政府规章1件。"六五"普法深入开展，"法治山西"建设取得新成效。

2014年，山西扎实开展第二批党的群众路线教育实践活动，严格执行中央"八项规定"和国务院"约法三章"，坚决反对"四风"，着力解决人民群众反映强烈的突出问题。大力压减"三公"经费，年初压减部门一般性支出10%，年中又压缩会议、培训等行政经费10%，节省下的经费全部用于改善民生。深入开展廉政建设和反腐败斗争，严肃查处了一批领导干部违纪违法问题和重点领域腐败案件。加快转变政府职能，行政效能和服务水平有了新的提升。推进民主法制建设，认真执行人大及其常委会的决议、决定，积极支持人民政协履行职能，全年共办理人大代表建议913件、政协提案814件，向省人大常委会提请审议地方性法规草案6件、废止6件、修正9件，制定政府规章5件。支持各民主党派、工商联、无党派人士参政议政，支持工会、共青团、妇联等人民团体发挥作用。深入开展"六五"普法，公民法治意识进一步增强。

2014年10月，山西省委召开全省党的群众路线教育实践活动总结大会。会议指出，山西正处在重要的历史关头，党中央对山西工作的重要指示要求，是当前和今后一个时期做好山西工作的基本遵循，要把权力关在制度的"笼子"里，实施"六权治本"，即通过依法确定权力、科学配置权力、制度限制权力、阳光使用权力、合力监督权力、严惩滥用权力，在"不敢腐"的基础上，形成"不能腐"的长效机制。要坚持从省委书记做起，从省委常委做起，从每个党员领导干部做起，认真践行"三严三实",重塑山西新形象。

2014年12月,中共山西省委十届六次全会审议通过《中共山西省委关于贯彻落实党的十八届四中全会精神加快推进法治山西建设的实施意见》,会议指出,要加快推进法治山西建设,为我省改革发展稳定提供坚强法治保障。深刻认识推进法治山西建设的重要性和紧迫性,牢固树立法治意识和法治思维,更好地运用法治方式和法治方法,更有效地破解难题、推动工作。认真落实法治山西建设的重点任务,扎实推进地方立法,注重发挥人大及其常委会在地方立法中的主导作用;扎实推进严格执法,着力解决有法不依、执法不严、违法不究等问题;扎实推进公正司法,着力解决司法不公正、不规范、不严格、不透明、不文明等问题;扎实推进全民守法,着力解决不遵法、不学法、不信法、不守法、不用法、不护法等问题;扎实推进法治工作队伍建设。不断加强和改进党对法治山西建设的领导,各级党委要始终坚持党领导立法、保证执法、支持司法、带头守法,推进依法执政,健全党内法规制度体系,提高推进法治山西建设的能力。

会议强调,要实施"六权治本",深入推进反腐败斗争。深入推进反腐败斗争必须标本兼治。当前要突出治标,坚持重拳出击,有案必查、有腐必反、有贪必肃,"老虎、苍蝇"一起打,始终保持反腐败高压态势,坚决遏制腐败蔓延势头。同时,要在治本上下功夫,通过实施"六权治本",从源头上把制度的"笼子"织密、编牢、扎紧,努力形成不能腐的长效机制。

依法确定权力,就是按照"职权法定"原则和"权责一致"要求,以法律法规为依据,对权力加以规范和确认,依法审核权力,依法界定权限,依法规范流程,确保权力来源合法。科学配置权力,就是按照权力制衡原则，对决策权、执行权、监督权科学分解与平衡，分级授权，分事行权，分岗设权，形成既相互制约又相互协调的权力架构，解决权力过分集中问题。制度约束权力，就是按照"全面覆盖、全程到位、制度束权"要求，针对权力运行的关节点、薄弱点、风险点，建立健全各项规章制度，突出加强重点领域和关键环节制度建设，重点加强部门制度建设，全面加强岗位制度建设，解决制度缺失和"牛栏关猫"问题。阳光行使权力，就是最大限度地推进权力运行公开，以公开为常态、不公开为例外，明确公开范围，拓展公开方式，规范公开程序，加快建设省级公共资源交易平台，抓好政务服务平台，真正实现权力在阳光下运行。合力监督权力，就是健全和落实党内监督、人大监督、民主监督、行政监督、司法监督、审计监督、社会监督和舆论监督制度，使各项监督协调配合，形成合力，实现对权力运行的全方位、全过程监督。严惩滥用权力，就是"严"字当头，坚决查处腐败案件，加大巡视工作力度，健全完善责任追究制度，依法依纪严厉查处各种以权谋私、失职渎职等行为，确保惩处到位，决不能把权力变成牟取私利的工具，决不能让制度和党纪国法成为"稻草人""橡皮筋"。

这一时期，山西全面推进经济、政治、文化、社会和生态文明建设，各项工作稳中有为、稳中有进，经济结构不断优化，改革创新亮点纷呈，人民生活水平稳步提高，社会保持和谐稳定，在全面建成小康社会的道路上迈出了坚实的步伐。

# 第六章 山西全面建成小康社会进程评价

全面建成小康社会是党制定的第一个百年目标。从发展历程来看，小康社会自20世纪80年代提出以来，党和人民就在不断地为之努力奋斗。进入21世纪以来，党的十六大明确提出我国进入21世纪头20年的奋斗目标是全面建设小康社会，十七大提出"实现全面建设小康社会奋斗目标的新要求"，十八大又进一步明确提出，到2020年我国要全面建成小康社会，目标逐步明晰。由此可见，全面建成小康社会是党中央确定的21世纪头二十年全党全国的头等大事。在党中央的指导下，山西也在为全面建成小康社会不断努力，在成效显著的同时，差距也比较突出，需要加快发展，迎头赶上，力争和全国同步实现全面小康社会的目标。

## 第一节 山西全面建成小康社会评价指标体系构建

党的十八大明确提出，到2020年我国要全面建成小康社会，国内生产总值和城乡居民收入均要比2010年翻一番。从20世纪80年代初提出"小康社会"以来，国内外学者对小康社会指标体系进行了深入研究，多数集中在如何构建全面小康社会指标体系上，其中影响最大的是国家统计局科学研究所建立的《全面建设小康社会统计监测方案》，其指标体系包含经济发展、社会和谐、生活质量、民主法制、文化教育和资源环境6个方面23项具体指标。2013年，国家统计局按照党的十八大提出的全面建成小康社会新要求，对全面建设小康社会指标体系进行了修改和完善，形成了《全面建成小康社会统计监测指标体系》，由五大方面39个一级指标构成（见附表）。按照党的十八大的新要求，指标体系由经济发展、民主法制、文化建设、人民生活和资源环境5个方面组成。经济发展是基础，不仅要实现经济水平逐步提高，更要注重发展方式的转变，走集约型发展道路。民主法制是保障，基本建成法治政府，提高司法公信力，进一步发挥人民积极性、主动性和创造性。文化建设是软实力，提高公民素质和社会文明程度，大力发展文化产业，形成新的支柱产业。人民生活是根本，一切以民为本，实现教育、医疗卫生等公共服务的均等化，实现社会保障的全覆盖，充分就业、缩小差距，实现共同富裕。资源环境是可持续发展，建立生态文明制度，形成人与自然和谐发展现代化建设新局面。39个指标中有正指标29个，逆指标6个，区间指标4个。福建省人民政府发展研究中心课题组也在分析全面建设小康社会的基础上，提出了自己的小康社会评价指标体系，包含经济发展、人民生活、社会结构、科技文化、民主法制和生态环境6个方面28项指标。中国社会科学院"全面建设小康社会指标体系研究"课题组根据小康社会和现代化的内涵，选取了包括社会结构、经济与科教发展、人口素质、生活质量和环保、法治及治安5个方面25项指标构建了全面小康社会指标；国家发展改革委宏观经济研究院课题组也对小康社会的评价指标提出了一些建议。

综合来看，国家统计局《全面建设小康社会统计监测方案》所提出的 6 个方面 23 项指标（见表 2）的评价体系应用最为广泛，所以本书采用这一评价体系为基础对山西全面建成小康社会的进程做一个评估。本书根据党的十八大提出"到 2020 年全面建成小康社会目标"要求，以国家统计局统计科学研究所制定的全面小康指标为标准，构建山西省全面建成小康社会指标体系，对 2007—2013 年山西全面建成小康社会实现程度进行测算，在此基础上利用灰色预测模型对 2014—2020 年山西全面建成小康社会实现程度进行预测。

为进一步深入分析全面建成小康社会的进程，根据现有的模型和框架以及数据的获得性，本书构建了山西全面建成小康社会的评价体系。山西全面建成小康社会监测指标体系包括 5 个方面，分别是经济发展、社会和谐、生活质量、文化教育与资源环境，与国家统计局全面建设小康社会统计监测指标相比，少了民主法制这一二级指标。一方面由于民主法制方面无法从公开的资料中获得更多信息，难以搜集连续数据，另一方面"公民自身民主权利满意度"与"社会安全指数"有相当一部分内容仅是被调查当事人的感觉，难以量化，很难保证其科学性与准确性。本书对这两个指标不作计算。其权重按比例分配给上述 5 个二级指标。

在社会和谐这一指标内部去掉基尼系数与高中阶段毕业生性别差异系数。基尼系数有两个缺陷，一是不能显示内部不平等的特征，二是不能描述收入差距扩大的路径，这两个缺陷在描述类似山西这样的资源型地区收入公平程度上特别突出，本文不再使用这一指标，通过城乡居民收入比与地区经济发展差异系数来描述山西的收入差距情况。

出于数据的易获得性考虑，用总人口中男女性别比替代高中阶段毕业生性别差异系数。生活质量中去掉了 5 岁以下儿童死亡率指标。资源环境中去掉了耕地面积指数，环境质量指数用森林覆盖率替代。

### 表 2　全面建设小康社会统计监测指标体系

| 监测指标 | | 单位 | 权重(%) | 标准值 |
|---|---|---|---|---|
| 二级指标 | 三级指标 | | | (2020 年) |
| 经济发展 | | | 29 | |
| | 1.人均 GDP(山西 26385)29992 | 元 | 12 | ≥31400 |
| | 2.R&D 经费支出占 GDP 比重 | % | 4 | ≥2.5 |
| | 3.第三产业增加值占 GDP 比重 | % | 4 | ≥50 |
| | 4.城镇人口比重 | % | 5 | ≥60 |
| | 5.失业率(城镇) | % | 4 | ≤6 |
| 社会和谐 | | | 15 | |
| | 6.基尼系数 | — | 2 | ≤0.4 |
| | 7.城乡居民收入比 | 以农为 1 | 2 | ≤2.80 |
| | 8.地区经济发展差异系数 | % | 2 | ≤60 |
| | 9.基本社会保险覆盖率 | % | 6 | ≥90 |
| | 10.高中阶段毕业生性别差异系数 | % | 3 | =1 |
| 生活质量 | | | 19 | |
| | 11.居民人均可支配收入 | 元 | 6 | ≥15000 |
| | 12.恩格尔系数 | % | 3 | ≤40 |
| | 13.人均住房使用面积 | 平方米 | 5 | ≥27 |
| | 14.5 岁以下儿童死亡率 | ‰ | 2 | ≤12 |
| | 15.平均预期寿命 | 岁 | 3 | ≥75 |
| 民主法制 | | | 11 | |
| | 16.公民自身民主权利满意度 | % | 5 | ≥90 |
| | 17.社会安全指数 | % | 6 | ≥100 |
| 文化教育 | | | 14 | |
| | 18.文化产业增加值占 GDP 比重 | % | 6 | ≥5 |
| | 19. 居民文教娱乐服务支出占家庭消费支出比重 | % | 2 | ≥16 |
| | 20.平均受教育年限 | 年 | 6 | ≥10.5 |

续表

| 监测指标 | | 单位 | 权重(%) | 标准值（2020 年） |
|---|---|---|---|---|
| 二级指标 | 三级指标 | | | |
| 资源环境 | | | 12 | |
| | 21.单位 GDP 能耗 | 吨标准煤/万元 | 4 | ≤0.84 |
| | 22.耕地面积指数 | % | 2 | ≥94 |
| | 23.环境质量指数 | % | 6 | =100 |

5 个二级指标的权重，在国家统计局所做监测体系原来指标权重的基础上，稍作调整。原来民主法制所占权重按比例分配给上述 5 个二级指标，三级指标的权重分配也与此一致。

由于基尼系数与城乡居民收入比、地区经济发展差异系数同属一类指标，所以把基尼系数所占的权重 2%，平均分配给城乡居民收入比与地区经济发展差异系数。

而生活质量中的 5 岁以下儿童死亡率的权重分配给平均预期寿命，二者所属指标属于一类。

资源环境中耕地面积指数所占的权重按照组内剩余两个指标的权重按比例分配，单位 GDP 能耗为 5.2，森林覆盖率为 6.8。

整体 5 个二级指标的权重按照权重比例分配原则，按比例分配民主法制所占 11%权重，具体分配结果见表 3。

综合来看，全面建设小康社会的总体评价体系已经十分成熟，评价标准相对科学合理，但是对于如何实现全面建设小康社会的具体路径众说纷纭，没有定论，各地在实践中仍然是摸着石头过河，因此必须将研究重点从评价体系上转移到具体实现路径上来，这对于研究工作提出了巨大的挑战。

## 表3　山西全面建设小康社会统计指标体系

| 监测指标 | | 单位 | 权重(%) | 标准值 |
|---|---|---|---|---|
| 二级指标 | 三级指标 | | | （2020 年） |
| 经济发展 | | | 32 | |
| | 1.人均 GDP | 元 | 12 | ≥31400 |
| | 2.R&D 经费支出占 GDP 比重 | % | 4 | ≥2.5 |
| | 3.第三产业增加值占 GDP 比重 | % | 4 | ≥50 |
| | 4.城镇人口比重 | % | 5 | ≥60 |
| | 5.失业率(城镇) | % | 4 | ≤6 |
| 社会和谐 | | | 17 | |
| | 6.城乡居民收入比 | 以农为1 | 3 | ≤2.80 |
| | 7.地区经济发展差异系数 | % | 3 | ≤60 |
| | 8.基本社会保险覆盖率 | % | 6 | ≥90 |
| | 9.总人口中男女性别比(女性为1) | % | 3 | =100 |
| 生活质量 | | | 21 | |
| | 10.居民人均可支配收入 | 元 | 6 | ≥15000 |
| | 11.恩格尔系数 | % | 3 | ≤40 |
| | 12.人均住房使用面积 | 平方米 | 5 | ≥27 |
| | 13.平均预期寿命 | 岁 | 5 | ≥75 |
| 文化教育 | | | 16 | |
| | 14.文化产业增加值占 GDP 比重 | % | 6 | ≥5 |
| | 15. 居民文教娱乐服务支出占家庭消费支出比重 | % | 2 | ≥16. |
| | 16.平均受教育年限 | 年 | 6 | ≥10.5 |
| 资源环境 | | | 14 | |
| | 17.单位 GDP 能耗 | 吨标准煤／万元 | 5.2 | ≤0.84 |
| | 18.森林覆盖率 | % | 6.8 | ≥26 |

当前，山西正处于加快发展的关键期，煤炭阵痛的转型期，改革开放的攻坚期，更是全面建设小康社会的重要节点，只有明晰差距、摆正位置，提出加快山西全面小康建设进程富有针对性和操作性的政策措施，才能在赶超中实现科学发展，才能在全国竞相发展中争先进位，不再是发展滞后的省份。

## 第二节 山西全面建成小康社会进程评价

山西全面小康社会进程评价采用指标的权重及其标准值均采用国家统计局统计科学研究所制定的全面建成小康社会评价指标体系中设定的权重与标准值。

### 一、山西全面建成小康社会实现程度测算方法

从表 3 中可以看到，小康社会的 5 个方面按照权重高低排列依次为：经济发展（0.32）、生活质量（0.21）、社会和谐（0.17）、文化教育（0.16）、资源环境（0.14）。本书采用综合评价法来测算山西省全面建成小康社会实现程度。

（一）二级指标实现程度

二级指标一共有 18 个，经济发展（5 个）、生活质量（4 个）、社会和谐（4 个）、文化教育（3 个）、资源环境（2 个）。其中，$f(X_i)$ 为第 $i$ 个二级指标的实现程度，$X_i$ 为指标的实际值，$X_i^*$ 为指标的标准值。正指标越高越好，比如人均 GDP 这样的指标；逆指标则相反，越低越好，如单位 GDP 能耗这样的指标。

$$f(X_i) = \frac{X_i}{X_i^*} \times 100\%, \quad (i=1, 2, \cdots, 23) \quad （正指标）$$

如果 $\dfrac{X_i}{X_i^*} \geqslant 1$，则 $f(X_i) = 100\%$，正指标有 12 个。

$$f(X_i) = \frac{X_i^*}{X_i} \times 100\%, \quad (i=1, 2, \cdots, 23) \quad （逆指标）$$

如果 $\dfrac{X_i^*}{X_i} \geqslant 1$，则 $f(X_i) = 100\%$，逆指标有 4 个，分别是总人口中性别比、恩格尔系数、单位 GDP 能耗、城乡居民收入比。

$$f(Xi) = \begin{cases} 0, & \text{如果 } X_i \notin [m_1, m_2] \\[2mm] \left(-\dfrac{1}{(q_1-m_1)^2}X_i^2 + \dfrac{2q_1}{(q_1-m_1)^2}X_i + \dfrac{m_1^2-2q_1m_1}{(q_1-m_1)^2}\right), & \text{如果 } X_i \in [m_1, q_2] \\[2mm] 100, & \text{如果 } X_i \in [q_1, q_2] \\[2mm] \left(-\dfrac{1}{(q_2-m_2)^2}X_i^2 + \dfrac{2q_2}{(q_2-m_2)^2}X_i + \dfrac{m_2^2-2q_2m_2}{(q_2-m_2)^2}\right), & \text{如果 } X_i \in [q_1, m_2] \end{cases}$$

其中 $f(X_i)$ 为 $X_i$ 的评价值，$X_i$ 为实际值，$[q_1, q_2]$ 为指标 $X_i$ 的目标区间值，$m_1$、$m_2$ 为指标 $X_i$ 的一个允许下、上界值。区间指标有 2 个，每个区间指标的具体目标区间值，允许上、下界限值如下：

失业率（城镇）：目标区间为 $[3, 6]$，允许下界限值为 0，上界限值为 8。

地区经济发展差异系数：目标区间为 $[0, 0.6]$，允许下界限值为 0，上界限值为 0.8。

（二）一级指标实现程度

$$F(R_1) = \frac{\sum_{i=1}^{5} f(X_i)\,\theta_i}{\sum_{i=1}^{5} \theta_i} \times 100\%,$$

$$F(R_2) = \frac{\sum\limits_{i=6}^{10} f(X_i) \; \theta_i}{\sum\limits_{i=6}^{10} \theta_i} \times 100\%,$$

......

$$F(R_6) = \frac{\sum\limits_{i=21}^{23} f(X_i) \; \theta_i}{\sum\limits_{i=21}^{23} \theta_i} \times 100\%,,$$

其中，$F(R_j)$ 为第 $j$ 个一级指标的实现程度，$\theta_i$ 为第 $i$ 个二级指标占总指标体系比重。

（三）总体实现程度计算

$$G = \sum\limits_{j=1}^{6} F(R_j) \times \beta_j \times 100\%,$$

其中，$G$ 为总体实现程度，$\beta_j$ 为第 $j$ 个一级指标的权重，变异系数法确定的权重使得一级指标的权重等于其下属二级指标权重之和，

因此 $G = \sum\limits_{j=1}^{6} F(R_j) \times \beta_j \times 100\% = \sum\limits_{i=1}^{23} f(R_j) \times \theta_i \times 100\%$。$G$ 越接近 100%，表面小康社会实现程度越高。

## 二、2007—2014 年山西全面建成小康社会实现程度测算

基于上述测算方法，输入山西省 2007—2014 年相关指标数据，计算全面建成小康社会的各级指标，最后合成总体指标。

本书采用层次分析法，建立多层次、多维度的综合评价指标体系，依据评价的逻辑顺序，分为单指标评价、指标权重确定、多指标综合整体评价三个层次。

（一）山西全面建成小康社会指标计算方法

综合各种测算地区全面小康社会进度指标，结合山西的实际情况，确定山西全面小康社会的建成标准，一共包含 5 个一级指标、18 个二级指标，其中各指标的年度取值见表 3。

人均 GDP 是指一定时期内按常住人口平均计算的 GDP，计算公式为：人均 GDP=GDP/ 年均常住人口。

R&D 是"科学研究与试验发展"的缩写，包括基础研究、应用研究、试验发展三类活动。计算公式为：R&D 经费支出占 GDP 比重 =R&D 经费支出 / 当年 GDP×100%。

第三产业增加值占 GDP 比重 = 第三产业增加值 / 当年 GDP×100%。

城镇人口比重 = 城镇人口 / 人口总数×100%，本文的城镇人口是指按照国家标准进行的城乡划分而在山西统计年鉴中统计的城镇人口。

失业率，指的是城镇的失业率，是调查失业人数的失业率，不是登记失业人数的失业率，失业是指 16 岁以上的城镇常住人口中，有劳动能力、调查期间未参加社会劳动、当前有就业的可能并正在以某种方式寻找工作的人员。失业率 = 某时点（期）失业人口 / 同时点（期）经济活动人口×100%

城乡居民收入比，指城镇居民人均可支配收入与农村居民人均可支配收入之比（以农村为 1）。计算公式为：城乡居民收入比 = 城镇居民人均可支配收入 / 农村居民人均可支配收入。

地区经济发展差异系数，是指各地区经济发展水平(人均国内生产总值)的差异系数。计算公式为：

$$V_\sigma = \frac{\sqrt{\frac{1}{n}\sum_{i=1}^{n}(PCY_i - \overline{PCY})^2}}{\overline{PCY}}$$，其中 $n$ 为辖区内地区个数，$PCY_i$

为地区 $i$ 的人均 GDP，$\overline{PCY}$ 为 $n$ 个地区的平均人均 GDP。地区经济发展差异系 $V_\sigma$ 数反映经济区域发展的不平衡情况，$V_\sigma$ 越大区域经济发展差异程度越大。

基本社会保险覆盖率，指已参加了基本的养老保险和医疗保险的人口总数占按照规定应该参保的人口总数的比重。计算公式为：

$$基本社会保险覆盖率 = \frac{已参加基本养老保险的人数}{应参加基本眼老保险的人数} \times 50\% +$$

$\frac{已参加基本养老保险的人数}{应参加基本眼老保险的人数} \times 50\%$。

总人口中性别比 = 男性数量 / 女性数量 ×100%。

居民人均可支配收入 = 城镇居民人均可支配输入×城镇人口比重 + 农村居民人均可支配收入×（1－城镇人口比重），其中由于 2014 年以前的年鉴中只统计农村居民人均纯收入，所以本文中的居民人均可支配收入测算的时候，用农村居民人均纯收入替换农村居民可支配收入。

恩格尔系数，是指居民用于食品消费的支出占消费性支出的比重。其计算公式为：

恩格尔系数 = （城镇居民食品支出 / 消费性支出）×城镇人口比重 +（农村居民食品支出 / 消费性支出）×（1－城镇人口比重）。

人均住房使用面积，指城镇人均住房使用面积和农村人均钢筋砖木结构住房面积的加权平均。计算公式为：

人均住房使用面积 = 城镇人均住房使用面积×城镇人口比重 + 农

村钢筋砖木结构人均住房面积×（1－城镇人口比重）。

平均预期寿命，指一个人口群体从出生起平均能存活的年龄。

文化产业增加值占 GDP 比重 ＝ 文化产业增加值 /GDP×100%，文化产业是指为社会公众提供文化、娱乐产品和服务的活动，以及与这些活动相关联的活动的集合。

居民文教娱乐服务支出占家庭消费支出比重，指居民在文化、教育和娱乐等方面的服务性消费支出（包括非商品和商品支出的总和)占家庭支出(包括非商品和商品支出的总和）的比重。计算公式为：居民文教支出占家庭支出比 ＝ 城镇居民文教支出占消费支出比×城镇人口比重 ＋ 农村居民文教支出占消费支出比×（1－城镇人口比重）。

平均受教育年限，指一定时期全国 15 岁及以上人口人均接受学历教育(包括成人学历教育，不包括各种非学历培训)的年数。

单位 GDP 能耗，指在一定时期内（通常为一年），每生产万元国内生产总值(GDP) 所消耗多少吨标准煤的能源。计算公式为：

$$单位 GDP 能耗 = \frac{能源消耗总量（吨标准\ 煤）}{国内生产总值（GDP）万元}$$，GDP 按 2000 年不变价计算。

森林覆盖率，指一个国家或者地区森林面积占土地面积的百分比。计算公式为：森林覆盖率 ＝ 森林面积 / 土地面积×100%。

**（二）山西全面建成小康社会年度指标完成情况**

全面建成小康社会是一个长期的过程，从各指标的完成情况清楚显示现阶段山西省距离全面建成小康社会的距离。

1. 指标实际值

根据上文的计算方法，分别计算 18 个二级指标从 2007—2014 年的实际数据，见表 4。

### 表4 山西2007—2014年小康社会建设指标

| | 单位 | 2007 | 2008 | 2009 | 2010 | 2011 | 2012 | 2013 | 2014 |
|---|---|---|---|---|---|---|---|---|---|
| 人均GDP | 元 | 17805 | 21506 | 21522 | 26283 | 31357 | 33628 | 34810 | 35064 |
| R&D经费支出占GDP比重 | % | 0.86 | 0.9 | 1 | 0.98 | 1.01 | 1.09 | 1.23 | 1.19 |
| 第三产业增加值占GDP比重 | % | 37.5 | 37.7 | 39.2 | 37.1 | 35.2 | 38.7 | 40.9 | 44.1 |
| 城镇人口比重 | % | 55.97 | 54.89 | 54.01 | 51.95 | 50.32 | 48.74 | 47.44 | 53.79 |
| 失业率 | % | 3.2 | 3.3 | 3.86 | 3.58 | 3.48 | 3.38 | 3.3 | 3.4 |
| 城乡居民收入比 | 农村为1 | 3.17 | 3.12 | 3.03 | 3.03 | 3.09 | 3.11 | 3.19 | 2.73 |
| 地区经济发展差异系数 | % | 40.92 | 39.04 | 44.34 | 36.35 | 32.96 | 37.15 | 36.03 | 36.04 |
| 基本社会保险覆盖率 | % | 65 | 69 | 76 | 74 | 74 | 73 | 77 | 79 |
| 总人口中性别比 | 女性为1 | 1.047 | 1.054 | 1.053 | 1.055 | 1.054 | 1.052 | 1.057 | 1.055 |
| 居民人均可支配收入 | 元 | 7143.76 | 8166.98 | 8729.25 | 9979.22 | 11825.08 | 13561.24 | 15196.73 | 16538 |
| 恩格尔系数 | % | 35.68 | 36.65 | 35.12 | 34.47 | 34.52 | 32.48 | 30.32 | 27.57 |
| 人均住房使用面积 | 平方米 | 26.44 | 26.97 | 27.75 | 28.37 | 31 | 31.6 | 32.23 | 30.91 |
| 平均预期寿命 | 年 | 73.26 | 73.36 | 73.5 | 74.92 | 75 | 75 | 75 | 75 |
| 文化产业比重 | % | 2.8 | 2.78 | 3.4 | 3.12 | 3.38 | 3.47 | 3.97 | 4.32 |
| 居民文教娱乐服务支出占家庭消费支出比重 | % | 13.47 | 13.15 | 12.08 | 12.01 | 11.14 | 10.69 | 12.41 | 13.59 |
| 受教育年限 | 年 | 8.78 | 8.81 | 8.88 | 8.66 | 9.15 | 9.38 | 9.36 | 9.43 |
| 单位GDP能耗 | 吨标准煤/万元GDP | 2.757 | 2.553 | 2.364 | 2.24 | 2.16 | 2.07 | 1.99 | 1.56 |
| 国土绿化达标率 | % | 14 | 14 | 14 | 18.03 | 19 | 20 | 21 | 18 |

2. 与全面小康社会要求相比各指标完成情况

从表 5 来看，18 个二级指标的完成进度差别很大。

7 个指标达到或者超过全面小康社会要求的标准。人均 GDP 在 2012 年达到 33628 元，超过小康社会要求的 31400 元；失业率与地区经济发展差异系数一直位于小康社会指标允许的范围之内；城乡居民人均可支配收入也在 2013 年末达到小康社会要求的水平；恩格尔系数在 2003 年就已经低于小康社会指标值；人均住房面积从 2009 年开始达到小康社会要求；预期寿命在 2011 年达到小康社会要求，2014 年城乡收入比首次低于 2.8。

### 表 5　山西 2007—2013 年小康社会建设指标完成进度

| | 2007 | 2008 | 2009 | 2010 | 2011 | 2012 | 2013 | 2014 |
|---|---|---|---|---|---|---|---|---|
| 人均 GDP | 0.0680 | 0.0822 | 0.0822 | 0.1004 | 0.1198 | 0.1200 | 0.1200 | 0.1200 |
| R&D 经费支出占 GDP 比重 | 0.0138 | 0.0144 | 0.0160 | 0.0157 | 0.0162 | 0.0174 | 0.0197 | 0.0190 |
| 第三产业增加值占 GDP 比重 | 0.0300 | 0.0302 | 0.0314 | 0.0297 | 0.0282 | 0.0310 | 0.0327 | 0.0353 |
| 城镇人口比重 | 0.0466 | 0.0457 | 0.0450 | 0.0433 | 0.0419 | 0.0406 | 0.0395 | 0.0448 |
| 失业率 | 0.0400 | 0.0400 | 0.0400 | 0.0400 | 0.0400 | 0.0400 | 0.0400 | 0.0400 |
| 地区经济发展差异系数 | 0.0300 | 0.0300 | 0.0300 | 0.0300 | 0.0300 | 0.0300 | 0.0300 | 0.0300 |
| 基本社会保险覆盖率 | 0.0433 | 0.0460 | 0.0507 | 0.0493 | 0.0493 | 0.0487 | 0.0513 | 0.0527 |
| 居民人均可支配收入 | 0.0286 | 0.0327 | 0.0349 | 0.0399 | 0.0473 | 0.0542 | 0.0600 | 0.0600 |
| 恩格尔系数 | 0.0300 | 0.0300 | 0.0300 | 0.0300 | 0.0300 | 0.0300 | 0.0300 | 0.0300 |
| 人均住房使用面积 | 0.0490 | 0.0499 | 0.0500 | 0.0500 | 0.0500 | 0.0500 | 0.0500 | 0.0500 |

续表

| | 2007 | 2008 | 2009 | 2010 | 2011 | 2012 | 2013 | 2014 |
|---|---|---|---|---|---|---|---|---|
| 平均预期寿命 | 0.0488 | 0.0489 | 0.0490 | 0.0499 | 0.0500 | 0.0500 | 0.0500 | 0.0500 |
| 文化产业增加值占GDP比重 | 0.0336 | 0.0334 | 0.0408 | 0.0374 | 0.0406 | 0.0416 | 0.0476 | 0.0518 |
| 居民文教娱乐服务支出占家庭消费支出比重 | 0.0168 | 0.0164 | 0.0151 | 0.0150 | 0.0139 | 0.0134 | 0.0155 | 0.0170 |
| 平均受教育年限 | 0.0502 | 0.0503 | 0.0507 | 0.0495 | 0.0523 | 0.0536 | 0.0535 | 0.0539 |
| 森林覆盖率 | 0.0366 | 0.0366 | 0.0366 | 0.0472 | 0.0497 | 0.0523 | 0.0549 | 0.0472 |
| 城乡居民收入比（农村为1） | 0.0340 | 0.0334 | 0.0325 | 0.0325 | 0.0331 | 0.0333 | 0.0342 | 0.0300 |
| 总人口中性别比（女性为1） | 0.0014 | 0.0016 | 0.0016 | 0.0017 | 0.0016 | 0.0016 | 0.0017 | 0.0017 |
| 单位GDP能耗 | 0.1707 | 0.1580 | 0.1463 | 0.1387 | 0.1337 | 0.1281 | 0.1232 | 0.0966 |
| 全面小康社会实现程度 | 0.3594 | 0.3937 | 0.4221 | 0.4546 | 0.4908 | 0.5098 | 0.5357 | 0.6334 |

注：城乡居民收入比、总人口中性别比、单位GDP能耗三项指标属于逆指标，表中标红数值表示负数。

3个指标距离小康社会要求差距较大。R&D经费支出占GDP比重在2014的值还不到小康标准值的一半；单位GDP能耗虽然呈现逐年递减的趋势，2014年该指标实际值为1.56，相比2007缩减了43.4%，但距离达到2020年全面小康要求的0.84，困难相当大；总人口中的性别比达到小康社会要求差距也较大。

7个指标按照目前的进度能够在2020年达到或者超过小康社会目标值。森林覆盖率、平均受教育年限、居民文教娱乐服务支出占家庭消费支出比重、文化产业增加值占GDP比重、第三产业增加值占GDP

比重、基本社会保险覆盖率、城镇人口比重能在 2020 年完成目标。

3. 各年度全面小康社会建设完成情况

从表 5 最后的计算结果来看，山西全面建设小康社会的进度较慢，2014 年才刚刚超过 60%，要想在 2020 年实现全面小康，还有很多工作要做。

在实践方面，东部地区全面建设小康的领先优势十分明显，江苏、浙江等省多个地市都已经实现全面小康的所有指标，总体比我省领先 5 年以上，实现小康的途径多元化、层次化明显，全面建设小康社会的基础比较牢靠。对我省有积极的参考作用。

## 第三节  山西全面建成小康社会面临的形势和问题

"十三五" 时期是全面建成小康社会的决胜期，是山西转型发展的关键五年，也是实现和全国同步步入全面小康社会的关键五年。

### 一、面临的形势

目前，我国经济社会已经进入新常态，主动认识新常态、适应新常态、引领新常态是当前的重要任务，特别是全面建成小康社会作为党的十八大提出的总体目标，全省上下必须努力完成这个重要任务。

从产业发展面临的形势来看，首先，经济全球化和区域性竞争并存，发达国家的经济从金融危机的阴影中逐步回升，美国经济已经率先实现复苏，欧洲在解决欧债危机和希腊危机后也在进一步探底回升，日本的实体经济回归已经初露端倪，总体上世界经济将逐步向好，为我国的经济发展提供了良好的外部环境。后危机时代的世界经济发展模式将进入快速调整时期，山西必须加快改革，形成地区经济增长极，为实现全面建成小康社会的目标奠定良好的外部发展环境和经济基础。其次，"十三五"时期和未来30年是我国实现中华民族伟大复兴的关键时期，工业化、信息化、城镇化、市场化、国际化将持续深入推进，国内环境总体上有利于落后地区的转型跨越发展。京津冀协同发展战略、长江经济带、"一带一路"发展战略等国家战略已经进入实质性的实施阶段，为我省发挥东西走廊的区位优势、加快对外开放的深度和广度、承接国内外产业转移创造了良好的外部环境；综改试验区、黄河金三角、七大战略性新兴产业的确立，为全省产业发展提供了广阔的市场需求和强劲的发展动力。第三，2014年以来，我省经济下滑严重，并且随着国际大宗商品价格的持续下滑，煤炭行业在短期内难以快速恢复，必须重新确立新的产业支柱和增长动力，高新技术产业必然是重要选择方向之一。

从社会发展面临的形势来看，国内各地的社会发展的程度不均衡，社会公共资源的分布不均匀，面临着诸多的问题。全面建成小康社会的核心要义之一是社会发展要实现均衡、稳定、公平、保障有力。从发展程度来看，根据国家统计局《全面建成小康社会统计监测指标体系》测算，在有效统计指标考核中，山西多数指标均未达到国定标准，特别是城乡居民收入等民生指标明显落后于全国平均水平。并且目前既面临着差距需要加快速度，也面临着发展速度滞缓的困境，要和全国同步建成小康社会需要巨大的努力。

## 二、面临的问题

综合以上分析可以看出，山西全面建设小康社会各方面的发展取得了一定的进展和成效，但同时也面临着一些困难和挑战。问题主要集中在经济发展、人均收入、文化产业、生态环境等指标。这些指标的实现程度与目标值相比以及与全国平均水平相比都还存在一定的差距。

（一）经济发展相对滞缓

全面小康社会的物质基础是经济发展。近年来，全省经济虽然稳定增长，但是发展相对滞缓，特别是 2014 年以来，GDP 处于低速增长期，增速处于全国相对落后的位置，2014 年全省人均 GDP 仅有全国平均水平的 75.4%，发展水平明显不足。特别是第三产业发展不足，发展质量不高，现代服务业体系并没有完全建立。

（二）居民收入水平偏低

居民收入水平是衡量民生是否改善的重要标志之一。从监测看，山西省城乡居民收入整体水平不高，部分群众的生活还存在诸多困难。

1. 全省城乡居民收入差距明显

城乡差距是现阶段城乡经济发展不平衡的重要表现。从收入差距看，1980 年城乡收入比为 2.44∶1，2014 年该指标值达到 2.73∶1。2000—2014 年城乡居民收入比虽然首次低于 2.8，但差距仍然十分明显。从收入增速看，城镇居民收入增速明显高于农村居民人均纯收入的增长速度。

2. 全省农民人均纯收入与全国平均水平差距拉大

据统计，山西农村居民人均纯收入明显落后于全国平均发展水平，处于落后位置，且有拉大的趋势。从表 6 可以看出，2014 年全省农村居民人均纯收入为全国平均水平 84%，仍然处于相对落后的状态。

#### 表6 全国和山西城乡居民家庭人均收入表 （单位：元）

| 年份 | 城镇居民家庭人均可支配收入 | | | 农村居民家庭人均纯收入 | | |
|------|------|------|------|------|------|------|
| | 全国 | 山西 | 山西/全国 | 全国 | 山西 | 山西/全国 |
| 1978 | 343.4 | 301.4 | 0.878 | 133.6 | 101.61 | 0.761 |
| 1980 | 477.6 | 379.7 | 0.795 | 191.3 | 155.78 | 0.814 |
| 1985 | 739.1 | 595.3 | 0.805 | 397.6 | 358.32 | 0.901 |
| 1990 | 1510.2 | 1290.9 | 0.855 | 686.3 | 603.51 | 0.879 |
| 1995 | 4283.0 | 3301.9 | 0.771 | 1577.7 | 1208.30 | 0.766 |
| 2000 | 6280.0 | 4724.1 | 0.752 | 2253.4 | 1905.61 | 0.846 |
| 2005 | 10493.0 | 8913.9 | 0.850 | 3254.9 | 2890.66 | 0.888 |
| 2006 | 11759.5 | 10027.7 | 0.853 | 3587.0 | 3180.92 | 0.887 |
| 2007 | 13785.8 | 11565.0 | 0.839 | 4140.4 | 3665.66 | 0.885 |
| 2008 | 15780.76 | 13119.05 | 0.831 | 4760.62 | 4097.24 | 0.861 |
| 2009 | 17174.65 | 13996.55 | 0.815 | 5153.17 | 4244.10 | 0.824 |
| 2010 | 19109.4 | 15647.7 | 0.819 | 5919.0 | 4736.3 | 0.800 |
| 2011 | 21809.8 | 18123.9 | 0.831 | 6977.3 | 5601.40 | 0.803 |
| 2012 | 24564.7 | 20411.7 | 0.831 | 7916.6 | 6356.63 | 0.803 |
| 2013 | 26955.1 | 22455.6 | 0.833 | 8895.9 | 7153.5 | 0.804 |
| 2014 | 28844 | 24069 | 0.834 | 10489 | 8809 | 0.840 |

资料来源：历年山西统计年鉴。

3. 全省农民消费支出能力差距明显

由于收入绝对差距的不同，城乡居民之间的消费支出能力差距也比较明显。从支出角度来看，2014 年城镇居民人均消费性支出14636.9 元，同期农村居民人均消费性支出 6991.69 元，城乡居民消费支出水平差距比达到 2.09：1。因此，促进农民收入的快速稳定增长、改善农村居民消费环境及缩小城乡差距任重道远。

### (三)农村的贫困问题突出

多年来,农村经济社会相对于城市来说发展明显不足,就业机会、公共服务等明显缺失,导致大量的青壮年走出农村,农村经济社会发展后继无人,农村陷入贫困陷阱,发展缺乏足够的动力。目前,全省119个县(市、区)中,就有58个贫困县,其中国家扶贫开发工作重点县36个。按照2015年国家确定完善扶贫对象建档立卡贫困人口规模,全省现有农村贫困人口329万(贫困户的识别标准是以2013年农民人均纯收入2736元为标准,相当于2010年2300元不变价),占农村人口总数的13.3%,并且现在遗留的贫困农村,大多是自然条件差、家庭劳动力少、居住地偏远、没有可利用资源等贫困程度极深的地区,扶贫极为困难。从收入上看,2013年,全省农村占人口20%的低收入者收入2283元,仅为同期全省农民人均纯收入的31.9%,是全国平均水平的25.7%。

### (四)自主创新能力仍较弱

创新是一个国家或一个地区发展的灵魂。R&D经费支出特别是其与GDP的比例,是目前国际上通用的反映一个国家和地区自主创新能力的指标。山西在全面小康社会的建设中,也十分注重科技投入,注重提升区域经济发展的自主创新能力,R&D经费支出占GDP比重虽然也呈现逐年上升的趋势,但投入的强度明显不足。山西R&D经费支出占地区GDP的比重远低于全面平均水平,距离全面小康的目标值差距明显。企业技术创新缺乏后续动力,研发经费投入过少,反映出全省经济发展的科技支撑力仍不足,自主创新能力较弱。全省大部分工业企业还没有属于自己的研发机构,而且还普遍存在着重"引进、轻消化,重加工、轻品牌"的现象,严重影响了山西经济社会发展的后劲。

## （五）文化产业发展相对滞后

文化产业是国际公认的 21 世纪最有发展前途的"朝阳产业"。山西省作为一个有着五千年历史文明的省份，拥有得天独厚的文化资源优势，但山西文化产业发展不足，在很大程度上还处于文化的自然经济向市场经济发展过渡阶段，需要加快把山西文化宝藏的优势资源开发"变现"，使其成为产业化的经济运作。另外，山西的居民文教娱乐服务支出占家庭消费支出的比重一直是波动运行，但从 2005 年以来一直偏低，且逐年下降，表明了山西的居民文化消费明显不足，居民的文化生活进步与物质生活进步不协调，通过拉动内需来促进经济增长还需要继续下大力气。

## （六）生态环境压力较大

人与自然的和谐相处是我们繁衍生息、不断发展的重要保障。全面保护并改善生态环境，是全面建设小康社会的重点和难点。由于山西的资源环境承载能力相对薄弱，经济结构整体上仍不尽合理，在能源上仍过多地依赖于煤炭，还没有完全摆脱"高投入、高能耗、高排放和低效率"为特征的经济增长模式，表明目前山西省的资源环境压力仍然很大，生态建设还不够完善。

# 第四节　同步全面建成小康社会的对策建议

确保和全国同步全面建成小康社会是我省未来几年的重要奋斗目标。由于发展不充分不平衡，山西整体发展处于落后的位置，要确保同步全面建成小康社会必须要有新作为。要紧紧围绕供给侧结构性改革，处理好综改和供改的关系、处理好供给和需求的关系、处理好政府和市场的关系、处理好欠发达地区赶超战略和实事求是的关系，进一步实施创新驱动发展战略，把发挥市场在资源配置中的决定性作用和更好发挥政府作用有机结合起来，以创新的思维和坚定的信心走出一条创新驱动发展新路。

### 一、聚焦深度贫困地区，加强扶贫工作力度

习总书记说，小康不小康，关键看老乡。深度贫困地区、深度贫困人口是全面建成小康社会的关键，也是最重要的短板，必须要加大扶贫工作力度，创新扶贫工作模式，促进贫困地区的全面小康建设。一是要进一步加强实施易地扶贫搬迁、企业产业扶贫、光伏扶贫、乡村旅游扶贫、电子商务扶贫、农村贫困劳动力精准就业培训、"雨露计划"教育扶贫、金融扶贫等重点工程。二是要以吕梁山、太行山两大片区为主战场，坚持精准扶贫精准脱贫基本方略，抓好顶层设计，落实工作责任，创新机制体制，完善帮扶体系，加强队伍建设，组织动员政府、市场、社会各方力量，参与支持脱贫攻坚。三是要完善精准扶贫和资源环境保护双赢的目标。精准扶贫不能过度消耗生态资源，由于贫困地区本身资源生态就相对脆弱，所以在扶贫开发、精准扶贫时要注意保护当地环境，强化生态环境消耗强度控制，特别是要加强水资源开发利用控制、用水效率控制和水功能区限制纳污三条红线管理。在重点生态功能区、生态环境敏感区和脆弱区等区域划定生态红线。确保在扶贫开发、精准脱贫的同时，还能保证绿水青山。

## 二、聚焦供给侧结构性改革，开拓新的发展空间

以供改和综改为抓手，全面贯彻创新、协调、绿色、开放、共享的发展理念，在供给侧和需求侧共同发力，进一步有效化解过剩产能、控制经济的系统性风险、提升产业核心竞争力、加速形成新的经济增长点、提高全要素生产率，促进全省经济稳定有序发展。重点是：一要制定落实好"三去一降一补"（去产能、去库存、去杠杆、降成本、补短板）的具体方案，解决供给侧的产能失衡问题；二是制定落实好"科研院所的基础创新""企业的产业化创新""大众创业万众创新"等各方主体创新的具体方案，解决供给侧的动力不足问题；三是制定落实好"权力清单""责任清单""负面清单"的具体方案，解决供给侧的政策精准和落实不到位问题；四是制定落实好"人才吸引政策""社会保障转移衔接制度"，促进人才要素有效流动，解决供给侧的人才流动及利用问题；五是制定落实好"国企改革"和"非公经济发展"的顶层设计制度，特别是市场准入的政策设计和国企改革的社会民生衔接政策设计，提升国企的效率，拓展非公经济的空间，解决供给侧的市场主体活力问题；六是制定落实好"区域竞合协同发展制度""参与一带一路建设活动方案""构建开放式发展新格局"等开放合作机制，用开放促发展，解决供给侧的市场空间问题。通过全面推进发展，为山西确保和全国同步全面建成小康社会奠定良好的基础。

## 三、聚焦创新驱动发展，不断提升科技创新能力

科技创新能力是确保我省经济社会发展的原动力。重点为：一是要建立财政科技投入稳定增长机制，强化企业技术创新主体地位。增加财政科技投入，创新财政资金投入机制，完善稳定性支持、引导性

支持、奖励和后补助等方式。推动设立科技创新发展的各类联合基金。实施科技创新券政策，支持科技型中小微企业购买创新服务、开展技术合作。二是要强化企业技术创新主体地位。发挥市场对技术研发方向、路线选择、要素价格、创新资源配置的导向作用，建立内生增长、创新驱动的企业发展新模式。三是要健全科技成果转化促进机制，推动科技金融产业融合。完善知识产权财政激励机制，让科技成果首先在省内转化。下放科技成果使用、处置和收益权，健全技术要素参与分配制度，加大科研人员股权激励力度，提高科研人员成果转化收益比例。四是要创新人才引进机制，完善人才集聚发展制度。加大高层次人才及团队引进力度，研究建立引进高端人才团队的资金支持方式，创新省级各类人才专项资金使用方式，围绕我省产业发展重点领域，采取"产业资本 + 人力资本"的模式，积极引进国内外企业集团和跨国公司，力争引进其核心研发团队或成立分支机构。创新人才双向流动政策，打破人才身份限制，改进科研人员薪酬和岗位管理制度，鼓励高校、科研院所科研人员到企业兼职。创新人才培养模式，统筹推进高技能实用人才、金融人才和其他紧缺人才的培养，注重发挥企业家和技术技能人才队伍创新作用，加大对本土领军人才的优选和培养力度。

### 四、聚焦新型城镇化，提升人口集聚效应

人口集聚是促进发展的重要一环。要按照新型城镇化的要求，不断提升人口集聚能力，释放人口集聚效应。重点为：一是要加快农业转移人口市民化进程。进一步放宽落户条件，允许农业转移人口在就业地落户。优先解决农村学生升学和参军进入城镇的人口、在城镇就

业居住 5 年以上和举家迁徙的农业转移人口以及新生代农民工落户问题。二是要全面放开对高校毕业生、职业院校毕业生、留学归国人员、技术工人的落户限制。相关部门要切实做好服务和保障工作，确保新落户居民能够享有同等的义务教育、就业、医疗、养老、住房保障等城镇基本公共服务。三是要支持农业转移人口在城镇购房。积极创新农业转移人口进城购房的支持政策，激发农民工和农民购房意愿。对农业转移人口和其他人员在当地购买商品住房，各市、县可根据实际情况在一定期限内实施购房补贴，房地产库存较大的市、县要加大补贴力度。四是要稳妥推进农村土地相关改革。稳妥推进农村土地征收、集体经营性建设用地入市和宅基地制度改革，统筹城乡建设用地增减挂钩试点项目建设，支持房地产开发企业利用库存商品房置换农民原有住房。五是要制定农业转移人口和其他常住人口市民化实施方案。提高户籍人口城镇化率。进城落户农民的土地承包经营权、宅基地使用权、集体收益分配权保持不变，支持引导农户依法自愿有偿转让"三权"权益。

确保山西和全国同步建成全面小康社会任务艰巨，需要进一步深化改革，加强各类制度创新与制度供给，提高我省政治、经济、社会、文化、生态的全方位发展水平，努力走出一条资源型地区转型升级新路，实现山西振兴崛起的目标。

# 第七章 全面建成小康社会必须全面深化改革开放

全面建成小康社会，涉及政治、经济、文化、社会和生态文明全方位的改革发展。我国过去 30 多年取得的辉煌成就靠的是改革开放，进一步解决全面建成小康社会中面临的各种困难和问题仍然要靠改革开放，改革开放是决定当代中国命运的关键抉择，是中国特色社会主义道路的重要内涵，是推动党和人民事业发展的强大动力，是坚持和发展中国特色社会主义、实现中华民族伟大复兴的必由之路。全面建成小康社会，必须依赖于改革开放的全面深化和推进，没有改革开放的全面深化，就不可能实现全面建成小康社会的目标。

## 第一节 全面深化改革是全面建成小康社会的必由之路

改革开放是决定当代中国命运的关键抉择，是坚持和发展中国特色社会主义的必由之路，实现全面建成小康社会的宏伟目标同样离不开改革开放。

改革开放 37 年来，我们国家坚持以经济建设为中心，发挥经济体制改革牵引作用，不断推动生产关系同生产力、上层建筑同经济基础相适应，取得了举世瞩目的伟大成就。我国经济实力和综合国力显著增强，人民物质文化生活水平大幅提高，国际地位和影响力明显提升，成为世界第二大经济体，实现了从温饱不足到总体小康再向全面小康迈进的跨越。没有改革开放，就不会有这 37 年来的发展成就；没有改革开放，就不会有中国特色社会主义道路的成功开辟；没有改革开放，就不会有今日神州大地上的生机与活力。

我国过去的发展成就靠的是改革开放，未来中国的发展依然要靠改革开放。现阶段，我国仍处于并将长期处于社会主义初级阶段的基本国情没有变，人民日益增长的物质文化需要同落后的社会生产之间的矛盾这一社会主要矛盾没有变，我国是世界上最大发展中国家的国际地位没有变。这"三个没有变"，决定了发展仍是解决我国所有问题的关键，经济建设仍然是党和国家的中心工作，经济体制改革仍然是全面深化改革的重点。当前，我国发展面临一系列突出矛盾和挑战。比如：发展中不平衡、不协调、不可持续问题依然突出，科技创新能力不强，产业结构不合理，发展方式依然粗放，城乡区域发展差距和居民收入分配差距依然较大，等等。要主动适应和引领经济发展新常态，破解发展中面临的难题、化解来自各方面的风险挑战，推动经济社会持续健康发展，必须进一步破除发展的体制障碍，除了深化改革，别无他途。只有坚持以经济体制改革为主轴，努力在重要领域和关键环节改革上取得新突破，以此牵引和带动其他领域改革，使各方面改革协同推进、形成合力，才能有助于我们抓住机遇、应对挑战，为大众创业、万众创新提供更好的环境，进一步解放和发展生产力，增强和激发经济社会活力，全面建成小康社会。

## 第二节　全面深化改革是全面建成小康社会的动力和制度保障

习近平总书记强调："改革开放是决定当代中国命运的关键一招，也是决定实现'两个一百年'奋斗目标、实现中华民族伟大复兴的关键一招。"这表明以习近平同志为总书记的党中央坚定不移高举改革开放的旗帜，把深化改革开放作为推动党和国家事业发展的强大动力摆在更加突出的位置，把全面深化改革作为全面建成小康社会的重大战略举措。

习近平总书记指出："中国改革经过三十多年，已进入深水区，可以说，容易的、皆大欢喜的改革已经完成了，好吃的肉都吃掉了，剩下的都是难啃的硬骨头。"这就告诫我们，改革到了一个新的历史关头，不仅要看到新形势下改革的重要性和紧迫性，而且要认清改革的艰巨性。当前，我国改革已进入攻坚期和深水区。所谓"攻坚"，是从难易角度讲，好改的、见效快的、利益增量式的和普遍受惠的改革，绝大多数都进行了，剩下的大多是难啃的"硬骨头"。所谓"深水"，是从复杂性上讲，需要改革的内容不少涉及深层次的社会矛盾，涉及对社会群体利益格局进行协调。各种深层次的问题浮出水面，错综复杂地纠结在一起。今天的改革，遇到的困难就像一筐螃蟹，抓起一个又牵起另一个，必须全面启动；涉及的利益关系错综复杂、环环相扣，需要顶层设计，其艰巨程度，一点都不亚于30多年前。今天的改革，不只为了应对挑战，更是为了把握机遇；不只为了短期目标，更是为了图之长远；不只是时代要求，更是历史责任。必须从坚持和发展中国特色社会主义的政治高度，以更大的政治勇气和智慧、更有力的措施和办法，敢于啃硬骨头，敢于涉险滩，敢于向积存多年的顽瘴痼疾开刀，不失时机深化重要领域改革，使社会主义市场经济体制更加完善，使中国特色社会主义各方面制度更加成熟、更加定型，为全面建成小康社会提供强有力的动力和制度保障。

## 第三节　全面建成小康社会必须在新的历史起点上全面深化改革

面对新形势新任务，全面建成小康社会，进而建成富强、民主、文明、和谐的社会主义现代化国家，实现中华民族伟大复兴的"中国梦"，必须在新的历史起点上全面深化改革。要按照全面建成小康社会、全面深化改革、全面依法治国、全面从严治党的战略布局，更加扎实地推进经济发展，更加坚定地推进改革开放，更加充分地激发创造活力，更加有效地维护公平正义，更加有力地保障和改善民生，更加深入地改进党风政风，为国家增创更多财富，为人民增加更多福祉，为民族增添更多荣耀。

全面深化改革不是推进一个领域的改革，而是以经济体制改革为重点，全面推进经济体制、政治体制、文化体制、社会体制、生态文明体制和党的建设制度改革。全面深化改革，要紧紧围绕使市场在资源配置中起决定性作用深化经济体制改革，紧紧围绕坚持党的领导、人民当家做主、依法治国有机统一深化政治体制改革，紧紧围绕建设社会主义核心价值体系、社会主义文化强国深化文化体制改革，紧紧围绕更好保障和改善民生、促进社会公平正义深化社会体制改革，紧紧围绕建设美丽中国深化生态文明体制改革，紧紧围绕提高科学执政、民主执政、依法执政水平深化党的建设制度改革。经过上述领域的体制改革和制度建设，要在全面小康社会建成之际，在重要领域和关键环节改革上取得决定性成果。

当前，全面推进改革开放，是在全面建设小康社会这个历史时期，在具体的发展环境和发展条件下的改革开放。在当前全面建设小康社会的历史阶段，需要充分考虑国际和国内环境的变化，来确定当前改革的核心任务。需要围绕当前时期国家发展面临的重大问题来推进改革。具体来说，当前时期要推动创新和加快实现经济发展方式的转变，更好地发挥市场机制的作用，推动政府职能转变和建设创新型服务型政府和法治型的政府，实现合理的收入分配和实现社会公正，推动社会体制改革和创新社会管理，推动新型城镇化过程中的城乡统筹和制度建设，推动人力资本战略的实施，协调人口资源与环境关系与实现可持续发展，更积极地扩大开放和参与全球治理，等等。这些改革任务，构成当前全面建成小康社会的发展阶段所面临的重大问题，也决定着全面深化改革的突破方向。

因此，在全面建设小康社会的历史阶段性中，需要推动影响到上述这些重大领域发展任务的一系列制度改革和政策实施，包括户籍制度、土地制度、公共财政制度、公共服务体制、行政管理体制、财税制度、社会保障体制、人口政策、社会管理体制、教育和卫生体制等等。全面深化改革需要建立对当前改革的顶层设计、整体规划和制定推动改革的路线图，从而对改革方案有一个整体性的设想，并通过积极推动地方实践、探索和创新来推动改革。

# 第四节 以山西转型综改试验区建设为统领深化重点领域改革

为实现 2020 年全面建成小康社会的总目标，必须全面贯彻党的十八大和十八届三中、四中、五中全会精神，深入落实习近平总书记系列重要讲话精神，按照"四个全面"的战略布局，牢固树立并切实贯彻"五个发展"新理念，按照省委"五句话"总要求，推进创新发展、协调发展、绿色发展、开放发展、共享发展、廉洁和安全发展，主动适应经济发展新常态，以山西国家资源型经济转型综合配套改革试验区建设为统领，将改革创新贯穿于经济社会发展全过程。

## 一、抓好国家赋权的各项重大改革

深入推进低热值煤发电项目核准建设。继续争取国家支持，在山西省开展煤层气矿业权审批制度改革试点、商品场外衍生品交易试点。争取电力体制综合改革试点。争取城乡建设用地增减挂钩突破县域范围试点。全力争取煤制油减免消费税、太原晋中电信并网升位、煤炭资源税改革、资源综合利用产品税收优惠等重大事项获得国家批准。积极与国家对接，在行业协会商会脱钩改革、政府购买服务、混合所有制、中小城市综合配套改革、行政审批制度改革、城市综合管网建设、分布式能源、社会责任企业制度等方面争取国家试点，争取更多的改革授权和政策支持。

**二、加快推进政府职能转变**

深化行政管理体制改革，推行权力清单和责任清单制度，加快综合性政务平台建设。进一步简政放权，深化行政审批制度改革，继续做好国务院取消和下放审批事项的承接工作，继续取消和下放省级政府行政审批项目，明确各级行政审批事项目录，优化审批流程，规范审批服务，提高审批效率。深化政府机构改革和职能配置，推进职责整合，建立统一规范的信用信息平台。加快事业单位分类改革，推进事业单位去行政化。建立健全政府购买公共服务机制。推进行政区划调整和扩权强县改革，探索实行省直管县体制。完善市场监管体系，推进工商注册制度便利化，规范行政执法行为。

**三、深化资源市场化配置改革**

加快建立符合国家新型综合能源基地开发建设和运行管理一体化管理体系，推动煤炭产业实现"革命兴煤"。实施煤炭资源市场化配置，创新煤炭交易体制机制，完善矿业权交易市场，清理规范涉煤费用，建立煤炭有效监管的体制机制。开展自然资源资产化管理试点。建立煤、气、电、热等能源产品价格联动机制。完善水、电、气等自然垄断环节的价格监管。完善污水处理、垃圾处理等环境收费改革，完善排污交易制度。争取国家建立跨省域生态补偿机制。逐步推进集体建设用地与国有建设用地同等入市、同权同价，明确集体建设用地交易范围，进一步规范征地程序，完善被征地农民保障机制；探索土地开发多元投入机制，构建用地保障和耕地保护新格局。

### 四、加快国有企业改革

建立和完善现代企业制度，深化产权制度改革，推进省属国有企业股权多元化，优化股权结构。鼓励各类投资主体通过多种形式参与国有企业改制重组或国有控股上市公司增发股票，发展混合所有制经济，探索混合所有制企业员工持股。深化企业内部改革，健全法人治理结构，建立职业经理人制度，改革国企负责人考核评价机制，合理增加市场化选聘比例，改革国企管理人员和职工收入分配、福利待遇等制度。推进国有企业财务信息及有关重大事项的公开，提升国企透明程度，主动接受社会公众监督。创新国有资产监管和收益管理体制，健全国资监督提质，完善国有资本经营预算制度，建立健全国有资本收益共享机制，逐年提高国有资本收益上缴比例。

### 五、深化财税体制改革

深化财税体制改革，关键是要建立现代财政制度。改革财政预算管理制度，深化政府收支分类改革，推动绩效预算，规范政府融资平台，建立健全政府性债务管理制度和风险预警机制。完善地方税体系，全面清理煤炭企业收费，认真落实结构性减税政策，推进营业税改增值税，调整完善城市维护建设税征收范围，推进税收信息化建设。完善转移支付制度，建立与事权相适应的支出责任制度，建立一般性转移支付增长机制，清理规范专项转移支付。把政府债务分门别类纳入全口径预算管理，完善政府举债机制，严格限定举债程序和资金用途，做好债务风险防控和化解工作。

## 第五节 深入推进科技创新、金融振兴和民营经济发展

要突出问题导向，着力推动科技创新、金融振兴和民营经济发展，为实现富民强省增添新活力、注入新动力。

### 一、统筹推进以科技创新为核心的全面创新

科技创新是山西摆脱资源依赖、产业转型升级、可持续发展的迫切需要。在当前情况下，要实现转型发展，平稳健康可持续发展，比以往任何时候都更加需要激发科技第一生产力的潜能，更加需要增强科技创新、全面创新的巨大力量。要坚持深化改革，着力解决制约科技创新发展的突出问题。

（一）深化科技管理体制机制改革，着力破除制约科技创新的体制机制障碍

改革省级科技计划（专项、基金）管理体制，强化顶层设计，搭建公开统一的山西省科技管理平台。聚焦山西煤基产业创新重大任务，着眼高新技术产业培育发展，建立省科技重大专项和重点项目形成与立项机制。加快推进科研项目经费管理改革，积极研究建立符合科研规律、适应创新驱动发展要求的科技经费管理新模式。深化高等院校科研体制改革，加大科技成果转化和技术转让在高校职称评审条件中的权重，调整专业设置，突出学科特色，打造一批服务产业创新的学科群。深化省属科研院所改革，支持建设中试基地、技术研发实验平台，支持建设集应用技术研发、成果转化为一体的新型研发机构，支持以股份制形式改革或与企业联合成立研发中心。

（二）强化企业技术创新主体地位

推进企业成为技术创新决策主体，支持企业完善技术创新组织，强化大型企业创新示范作用。支持企业建立省级以上重点(工程)实验室、工程(技术)研究中心、企业技术中心等研发机构。建立健全技术创新服务体系，引导中小微企业开展创新活动。引导企业牵头科技攻关和创新成果转化。鼓励企业加大技术创新投入，探索运用财政补助机制激励引导企业建立研发准备金制度，有计划、持续性地增加研发投入。全面落实企业研发投入视同利润制度。

（三）建立重点人才团队和平台协同发展的机制

加大高层次人才及团队引进力度，建立引进高端人才团队的资金支持方式，创新省级各类人才专项资金使用方式。建立健全更为灵活的科研人才及团队双向流动机制，改进科研人员薪酬和岗位管理制度，鼓励高校、科研院所科研人员到企业兼职。创新人才评价机制，完善企业、高校和科研院所科技人员的评价标准。制定科技资源（大型科学仪器设备、公共数据）共享政策和制度，建立统一开放的科技资源网络管理与服务平台。优化重点平台布局，按功能定位分类整合重点（工程）实验室、工程（技术）研究中心，探索建立重点平台和重点人才团队，实行一体化规划、一体化培育和集中投入机制。

（四）构建多元化科技投融资体系

建立财政科技投入稳定增长机制。积极增加省本级财政科技投入，加大市县财政科技投入。创新财政资金投入机制，完善稳定性支持、引导性支持、奖励和后补助等方式。加快创业投资发展，设立科技成果转化基金、创业投资引导基金，引导国内外创业投资基金、私募股权投资基金、天使投资等在山西开展创投业务。完善科技金融服务，建立科技成果转化引导资金支持、风投资金参与、产权交易一体化的协同转化机制。加快科技小额贷款公司、科技支行、科技担保公司等科技金融机构建设。大力推进知识产权质押融资。建立政府引导科技型企业进入资本市场的引导资金，鼓励支持有条件的高新技术企业上市融资。积极探索股权众筹、网络借贷等互联网融资新模式，支持创新创意企业开展非标融资。

### 二、全力推进民营经济发展

改革开放以来，山西民营经济从小到大、从弱到强，从公有制经济的补充到社会主义市场经济的重要组成部分，不断发展壮大，已经成为全省经济的半壁江山，来之不易，贡献突出。但是也要看到，山西民营经济相比中部其他省份特别是发达地区还存在不少差距。我们必须全力推进民营经济发展，努力实现新的突破。

（一）促进民营经济突破，根本在于简政放权

政府和职能部门要抓住全面深化改革的机遇，梳理现有审批事项，尽可能取消或缩减核准范围和核准权限，尽量不设或少设行政审批事项，禁止变相审批，减少企业审批成本。还要优化审批流程，特别是在项目核准、用地预审、环评审批、节能审批等方面减少互为前置的审批。通过简政放权，让企业项目审批起来真正速度快、花钱少、成本低。

（二）促进民营经济突破，重点要给优惠政策、给到位服务

一方面，要加大财政资金、税费扶持力度，让企业享受到真金白银扶持；另一方面，要大力培育和发展市场信息、管理咨询、创业辅导、会计审计、检验检测、法律援助、人才培训、融资担保等社会中介服务组织，建立健全社会化服务体系，为发展提供服务支撑。

（三）促进民营经济突破，关键在于破除障碍、解决难题

解决民企融资难、科技水平低、创新不足、用地不够等难题，我省已出台金融振兴和科技创新政策，相关部门也在细化实施细则。一系列含金量高、扎实有效的政策措施陆续出台，简政放权持续深化，大众创业、万众创新的基础进一步夯实。关键要落实好政策，要全面梳理落实已有政策，加强政策之间的统筹协调，形成完善的政策体系。要着力破除民营经济发展的体制障碍、加快民营经济综合配套改革，进一步研究完善民营经济在市场准入、公平竞争、金融支持、科技支撑、人才保障等方面的配套改革措施，做到民企和国企平等对待，本土企业和外来企业一视同仁。

（四）促进民营经济突破，还需民企人士提升素质

要高度重视培养一支高素质的企业家队伍，将民营企业家培训工作纳入全省人才队伍建设发展规划，对民营企业家进行有计划、分年度的系统培训。要创新人才引进机制，建立培养人才、吸引人才、留住人才和储备人才的激励机制，落实民营企业引进省外"两院院士""千人计划""百人计划"人才奖励政策。要研究制定支持民营企业建立现代企业制度的政策措施，鼓励引导民营企业建立现代企业制度，扶持企业改制上市。引导企业家增强法治意识，依法组织生产经营，依法化解矛盾，依法参与市场竞争；引导企业家践行晋商精神，敢为人先掀起新一轮创业潮。

## 三、大力促进金融振兴

按照统筹谋划、突出重点、市场主导、循序渐进的原则，充分发挥山西转型综改试验区"先行先试"的优势，加快推进全省金融改革

发展，力争用较短时间建成与山西资源型经济转型相适应、市场化程度较高、竞争有序、运行规范、监管科学、功能完善的现代金融服务体系。

（一）分类扶持各类机构

以山西国信投资集团为基础，加快股份制改造，完善法人治理结构，以资本为纽带，向国内外知名投资者开放股权，引进优质战略投资者，打造山西地方金融投资控股集团。做大做强城市商业银行，推动山西城市商业银行扩大省内业务和网点覆盖面，逐步成为深耕本地市场、经营稳健、服务领先的现代化商业银行。推动晋商银行通过兼并、重组、收购等方式进入保险、基金、金融租赁、担保等领域，做大做强同业、投行、金融市场、理财等业务，实现全牌照、多元化发展，把晋商银行打造成具有较强竞争力和影响力的现代化股份制银行。大力发展农村中小银行，以股份制为方向，以建立现代银行制度为目标，全面深化农村信用社改革。加快农村商业银行组建步伐，到 2020 年县级农信社全部改制为农村商业银行。鼓励发展村镇银行，并在乡镇设立分支机构。支持优质小额贷款公司转制成村镇银行。规范发展准金融机构，按照"控制总量、注重质量、合理布局、防范风险"的要求，提高准入门槛，完善制度设计，加强行业监管，促进融资担保机构、再担保机构、小额贷款公司等准金融机构健康发展。稳步发展新型金融业态，吸收、借鉴各种新型金融服务模式和产品，稳步发展互联网金融，与电商龙头企业密切合作，稳妥发展第三方支付、众筹基金、P2P 和互联网理财等业务。积极发展地方保险机构，积极引进健康保险、养老保险、责任保险、汽车保险、信用保险、农业保险等专业性保险机构。

### (二) 加大金融市场创新

出台专项改革措施，加快推动山西中小企业股份制改造，为进入资本市场融资创造条件。推进险资入晋，加强与国内大型保险机构的战略合作，拓展保险资金投资领域，鼓励保险资金投资重大基础设施建设和非上市公司股权，参与企业战略重组。大力发展区域股权交易市场，提升山西股权交易中心功能，将其打造成为全省中小企业投融资平台。创新交易品种，大力发展中小企业私募债，逐步推出固定收益类、私募债券和资产证券化等新产品。加快发展期货交易市场，充分发挥我省煤炭交易中心现货交易的优势，完善市场功能，加快发展煤炭期货交易。加快发展山西省金融服务平台，用市场化手段为资金供需双方提供优质服务。拓宽保险服务领域，探索设立再保险金融机构、小额保险公司，推动煤炭行业实行商业保险与安全生产风险抵押金保险化配套改革试点，创新煤炭安全责任保险发展模式。加快发展"三农"保险，引导保险资金通过股权、债权等方式投资山西基础项目建设，参与棚户区改造、城镇化建设和国有大型企业、金融企业重组改制。引导民间融资健康发展，鼓励和引导民间资本进入基础设施建设、新兴战略行业等领域，鼓励民间资本发起或参与设立创投基金、私募股权基金、产业基金等。争取国家政策支持，推进民营银行试点。

### (三) 深化金融开放与合作

加快引进金融机构，鼓励全国性金融机构在山西增设分支机构。争取所有政策性银行在晋设立分支机构。引进外资金融机构来山西设立机构。引进境外知名金融控股集团、主权财富基金、私募股权投资机构来山西设立投资基金和分支机构。深化山西与经济发达地区的金融合作，加强与世界银行、亚洲开发银行、亚洲投资银行等国际金融组织的沟通，不断深化与京津冀金融合作。做好对"走出去"企业的金融服务。鼓励境内外金融机构提供跨国并购贷款、股权融资服务，建立对外承包工程融资担保平台，综合运用跨境担保及出口信用保险等金融工具，为山西企业开展对外贸易、投资和工程承包活动提供有力支持。发展跨境人民币结算业务，推进货物贸易、服务贸易、直接投资、外债管理等领域外汇管理改革，支持符合条件的企业开展出口收入存放境外业务，促进投资贸易便利化。扩大出口信用保险覆盖面，发挥出口信用保险政策性金融工具作用，为企业提供信用保险、资信调查、商账追收、保单融资等综合服务。

## 第六节　深化农村改革，加快实现全面小康

　　全面建成小康社会，最艰巨最繁重的任务在农村，没有农村的小康，就没有全面建成小康社会。在过去30多年中，随着一系列改革措施的实施，农村的发展取得了显著进展。同城镇相比，农村总体发展滞后的局面依然没有得到根本改变，农业仍然是经济社会发展的薄弱环节，农村仍然是全面建成小康社会的难点和重点。山西必须从战略全局出发，充分认识强化农业农村发展在全面建成小康社会中的战略意义，准确把握农业农村发展面临的新形势和新任务，坚持把解决好"三农"问题放到重中之重的位置，全面深化农村改革，加大统筹城乡发展力度，不断推进农业稳定、农民持续增收，为全面建成小康社会奠定坚实基础。

### 一、培育壮大新型农业经营主体

发展多种形式的农业适度规模经营是农业现代化的必由之路，必须以提高土地产出率、资源利用率、劳动生产率为核心，不断完善农业经营体制机制，形成以家庭承包农户为基础，专业种养大户、家庭农场和合作农场、农民合作社、农业龙头企业为骨干，其他组织形式为补充的新型农业经营主体队伍。构建符合国情和发展阶段的以农户家庭经营为基础、合作与联合为纽带、社会化服务为支撑的立体式、复合型现代农业经营体系，提高农业经营集约化、规模化、组织化、社会化、产业化水平。

### 二、稳步推进农村土地制度改革

全面完成农村土地承包经营权确权登记颁证。引导土地资源适度集聚，提升农业规模经营水平。健全农村土地流转服务体系和纠纷调解仲裁体系，妥善化解土地承包经营流转纠纷。制定缩小征地范围办法。建立兼顾国家、集体、个人的利益分配机制，合理提高个人征地收益。完善被征地农民合理规范多元保障机制。开展农村集体经营性建设用地入市试点，赋予符合规划和用途管制的农村集体经营性建设用地出让、租赁、入股权能，加强服务和监管。

### 三、探索农村集体产权制度改革

继续抓好农村集体产权制度改革试点。积极发展农民股份合作，赋予农民对集体资产股份占有、收益、有偿退出及抵押、担保、继承权。鼓励各地依托农村集体资产管理机构和土地流转服务中心建立农村集体产权流转交易市场，依托农村集体"三资"信息化管理平台等开展产权交易。继续开展农村集体"三资"管理规范化示范县创建活动。

### 四、加快林权制度改革

实行最严格的林地用途管制制度。以放活经营权、落实处置权、保障收益权为重点，深化配套改革，完善集体林权制度。实施森林生态效益补偿制度。落实好林权抵押贷款制度，加大林业信贷投入。在开展森林保险制度基础上，开展好干果经济林资源保险工作。深化林业投资管理改革，扩大购买式造林，推动国有、集体和个人开展合作式、开发式、股份制造林。

### 五、深化水利制度改革

实施水资源用途管制制度，研究探索水资源资产产权制度，积极推进水资源使用权确权登记，建立和完善水权配置体系，积极推进小型水利工程产权、管理权与水权相一致的产权制度改革。开展小型农田水利工程产权制度改革试点，建立适应农村发展要求和农民意愿的工程建设管理体制和良性运行机制。推进农业综合水价改革，用价格杠杆引导农民节约用水。鼓励社会资本投资运营水利工程。推进万家寨引黄工程市场化改革。

### 六、推进农村金融体制改革

坚持商业性金融、合作性金融、政策性金融相结合，健全政策支持、公平准入和差异化监管制度，扩大农村金融服务规模和覆盖面，创新农村金融服务模式，全面提升农村金融服务水平，促进普惠金融发展，加快建立多层次、广覆盖、可持续、竞争适度、风险可控的现代农村金融体系。鼓励各类金融机构创新"三农"金融服务。做好承包土地经营权和农民住房财产权抵押担保贷款试点工作。鼓励开展"三农"融资担保业务，大力发展政府支持的"三农"融资担保和再担保机构，完善银担合作机制。

### 七、加快供销合作社改革

全面深化供销合作社综合改革，按照为农服务的宗旨和政事分开、社企分开的方向，因地制宜推进体制改革和机制创新，把供销合作社打造成为与农民利益联结更紧密、为农服务功能更完备、市场化运作更高效的合作经济组织体系，使之成为服务农民生产生活的生力军和综合平台。积极组建社有企业参股的农业融资担保公司、小额贷款公司，拓宽农民融资渠道。

### 八、深化农业科技体制机制改革

整合农业科技资源，创新农业科技服务机制，大力推进农科教、产学研有机融合。组建山西省农业科技创新联盟和山西省农业产业技术联盟，搭建山西省农业科技成果交易平台和省级农业科技服务云平台，推进农技服务能力提升工程和农民科技素质提升工程，建立农业科研经费稳定增长机制和农业科技人员激励机制，通过实施杂粮、干果经济林、水果、旱作节水农业、草牧业、中药材、农产品加工、农业生态保护、农机农艺融合、农业气象服务、电子商务、光伏扶贫试点等12项农业科技振兴行动计划，充分发挥科技对我省特色现代农业发展的保障和支撑作用。

# 第八章 以转型升级推进全面建成小康社会

山西是"乌金墨玉"之乡，煤炭资源得天独厚。大自然情有独钟的造化和劳动地域分工的任务要求，使山西成为国家重要的煤炭能源基地。煤炭成为山西的表征物，资源型经济成了山西经济的本质特征。破解资源型经济转型问题，实现山西全面建成小康社会对山西乃至中国和世界都具有重要的战略价值和理论意义。当前，世界经济地理正在重塑，新一轮技术制高点争夺激烈，新一轮产业调整升级加速；中国经济社会正处于结构转型的重大历史机遇期；山西经济社会面临全面转型和全面建成小康社会的重大任务。因此，全面转型升级是推进山西全面建成小康社会的必由之路。

## 第一节 山西资源型经济转型的必要性和紧迫性

资源型经济是以煤、石油、天然气等能源资源，或以铁、铜等矿产资源开发为依托，以资源型产业为主导的经济体系，其根本特征是经济增长严重依赖于对自然资源的大规模开采和消耗。虽然各个资源型地区存在着很多差异，然而作为经济、政治、社会、文化等多种因素综合作用的产物，它们仍有很多共性的特点，突出表现为"高地"经济现象、"飞地"经济现象、外部不经济、经济脆弱性和波动性等问题。资源型经济一个挥之不去的阴影就是"资源诅咒"。在发展之初，资源型地区可以依靠丰富的资源迅速建立起比较优势，但很多国家和地区却由于对优势资源和产业的过度依赖陷入优势陷阱，不同程度上出现了资源型经济问题，表现为资源枯竭、环境污染、贸易条件恶化、经济波动，甚至引发出收入分配失衡、腐败、社会冲突及其他严重的社会问题。从这个意义上来说，资源型经济的可持续发展是一个世界性的难题，许多国家和区域在经济社会不同的发展阶段都可能会面临这一难题，我国资源型地区也不同程度地面临相同的难题。

**一、全面转型的紧迫性**

山西是中华民族与华夏文明主要发祥地之一，在其漫长的历史进程中对民族、对国家曾做出过巨大贡献。占中国国土面积 1/60 的山西，却拥有中国 1/4 的煤炭储量，支撑着中国 1/4 以上的煤炭需求。作为我国最重要的煤炭能源基地，长期以来，山西煤炭除少部分满足本省需要外，大部分供应全国 26 个省（市、区），还远销亚洲、欧洲和拉美 20 多个国家和地区。全省外调煤炭占全国各产煤省总调出量的 3/4。加上外调洗精煤、焦炭、电力，山西供应全国其他地区的能源总量占全省总产的 85% 以上。山西煤炭产量 60% 以上供给我国经济较发达的京、津、沪、华北、东北地区。从华北、华东到华中、华南，每三盏灯，就有一盏是山西煤炭工人"点燃"的。长期高强度、大规模、单一化的煤炭开发，给山西经济社会发展带来了产业初级化、结构单

化、创新能力不足、经济抗风险能力低、生态环境破坏严重等一系列
问题。特别是山西全省人均 GDP 还不到全国平均水平的 4/5，环境质
量状况、城镇居民收入、经济增长速度等重要发展指标都排在全国末
尾，这些困难和问题严重影响到全省全面建成小康社会的进程，更已
经威胁到国家能源安全和经济安全，因此转型已迫在眉睫，转型是现
实的客观逼迫，更是未来的必然选择。

（一）经济波动剧烈，产业结构单一

以煤为主的产业结构使山西在为国家发展做出"晋煤暖天下"
"晋电亮天下"的重大贡献的同时，将自己推入了一个产业结构畸重的
境地。改革开放以来，山西在建设"能源重化工基地"战略的推动下，
逐渐形成了以"煤、焦、冶、电"四大传统产业为主导的产业结构，煤
炭、焦炭、冶金、电力四大产业占工业产值的 80%。由于资源部门缺
乏合理的收益分配机制，导致资源部门成为高回报率、生产要素高度
集中的"富矿"，围绕资源采掘形成的资源初级加工等资源产业体系，
加剧了资源部门的自我强化发展，形成了单一的产业结构。多年来，
生产要素持续向资源部门的集中，导致山西经济发展对资源部门的依
赖性持续增强，具体表现在：要素层面，劳动力和资本不断向资源部
门集中，据有关分析，山西对资源部门的依赖程度，除 20 世纪 90 年
代末期受全国经济形势下滑的影响外，整体处于持续上升趋势。由于
产业结构高度依赖外部市场，山西省作为能源原材料重要产出省份，
主要产业集中于产业链上游，经济增长直接受全国经济发展的拉动。
事实上，近 30 年来，随着煤炭市场的动荡起伏，山西经济也三起三
落，几乎每 10 年一个轮回。煤价攀升，经济高涨；煤价回落，经济走
低。繁荣与衰退，往往就在刹那间完成了交接与更替。山西经济呈现

周期性剧烈波动的主要表现有三：一是山西经济的波动强度明显大于全国和东南区域。山西经济波动系数为45%，远远高于全国经济波动系数28%。二是山西经济波动的扩张期明显短于衰退期。全国和东南地区经济处于扩张阶段（即经济增长速度由低走高的阶段）的比重均超过50%，而山西这一比重不到40%。三是山西经济进入增长型波动阶段的时间明显滞后于东南地区。山西作为能源原材料基地，在经济周期中往往表现为"沿海已热晋未热，沿海已冷晋未冷"。这个时滞，从多年的观察看，大致在半年到一年左右。经济波动幅度大容易引发经济和社会风险，宏观管理的难度加大。在能源原材料工业主导的重型产业结构下，一个或几个主要产业的波动就容易造成整个经济运行的大起大落。相对山东、河北等产业相对均衡的省份，山西抗御经济波动副作用的能力要弱，经济周期特别是衰退期出现的经济、社会、生态等方面的问题突出，政府在控制风险方面的回旋余地比较小。

（二）社会发展不均衡，技术创新不足

科技创新的挤出效应导致科技创新与人力资本的流失。以资源开发为主的产业体系，对科技创新和人力资本的需求相对较弱，资源型企业本身也缺乏技术进步的利益驱动。资源型区域对资源部门的倚重，降低了对人力资本和科技创新的供给和需求，投入少、人才流失现象严重，科技创新需求能力弱等现象普遍存在。山西科技创新与全国平均水平有较大差距，且随着对资源部门的依赖程度加深，这种差距还在不断扩大，高层次研发人员和高技能人才短缺，科研经费投入不足，严重制约了全省科技创新水平的提高。山西研发经费占GDP的比重较低，且与全国平均水平差距不断拉大，2007年山西研发投入强度为0.82%，全国为1.38%，山西落后全国0.56个百分点，到2013年，山西研发投入强度达到近年最高水平 1.22%，全国为 2.01%，山西落后全国 0.79 个百分点；2014 年、2015 年全国研发投入强度继续提升，分别达到 2.05%、2.1%，山西不升反降，2014 年降至 1.19%，与全国差距不断拉大。人才流失、研发投入不足说明山西创新能力不足。

矿城之间的冲突效应导致城镇化发展滞后。以资源部门为主导产业的资源型区域，其城镇化动力来自于资源开发。资源开发的分散性与城市与城镇化发展的集聚经济效应，这二者之间的矛盾导致资源型区域经济活动的空间布局分散，城镇化相对滞后，城市城镇规模小，城市发展质量不高，城镇群发展严重不足。山西城市规模普遍偏小，百万人以上的城市只有两个，分别为太原市和大同市。城市群发展相对滞后，无论从全国十大城市群还是中部地区或周边省份来看，山西在全国城镇化发展的战略布局中被忽略和边缘化，享受不到中心城市和增长极对周边地区和其他产业发展带来的辐射作用。矿区布局与经济活动的分离制约了城市发展，城镇发展质量低下。

收入分配的极化效应引发社会问题。资源型区域发展的难题普遍与矿业开发收益相关，其非合理分配导致区域收入差距扩大，同时为争夺收益也更容易产生寻租腐败现象以及不同群体或经济主体之间的利益冲突。山西资源型区域与非资源型区域以及居民收入差距大，煤焦领域寻租腐败现象时有发生，因煤炭开发带来的社会问题比较突出。

（三）生态环境破坏严重，环境承载能力面临挑战

"人说山西好风光，地肥水美五谷香……"一曲《人说山西好风光》曾唱遍大江南北，但从 20 世纪 80 年代开始，昔日的山西好风光逐渐淹没在矿山及林立的烟囱中。"十一五"期间，山西经过种种努力，创下了多个国内环保之最，一举摘掉了"污染黑帽"。如今，成为国家资

源型经济转型综合配套改革试验区的山西，面对转型跨越式的发展，经济增长带来的污染压力持续增加，资源环境承载能力将面临更加严峻的挑战。矿产开发除了造成对本体矿产资源的浪费、半生或共生资源的损耗之外，还造成土地塌陷、地下水层破坏、大气和水环境污染等，这些都导致生态资本财富的流失。山西累计 8000 平方公里的矿区中，采空区就多达 5000 平方公里，引起严重地质灾害的有 2940 平方公里以上，波及 1900 多个村子、上百万人。然而，我们所要付出的代价还远不仅这些。因为采煤，本就严重缺水的山西，地下水系遭到破坏，曾经号称"千泉之省"的山西仅剩下了几十眼泉水。每采一吨煤损耗 2.48 吨水，这样的速度使得山西每年都会损耗破坏掉 16 亿吨水。而高岭土、铝矾土等大量伴生资源的浪费更是难以计数。山西每采 10 吨煤就会产生 1 吨矸石，大面积的土地被占用和污染；与煤相关的焦化、电力等资源型产业造成的污染，曾使"污染最严重省份"这顶帽子压得山西喘不过气来。从国土面积来看，山西省每平方公里污染负荷 $SO_2$ 是全国水平的 3.82 倍、烟尘是全国水平的 6.11 倍、粉尘是全国水平的 3.22 倍。从人口来看，山西人均污染负荷 $SO_2$ 是全国水平的 2.43 倍、烟尘是全国水平的 3.88 倍、粉尘是全国水平的 2.04 倍。从产值来看：山西万元产值污染负荷 $SO_2$ 是全国水平的 2.5 倍、烟尘是全国水平的 4.46 倍、粉尘是全国水平的 2.33 倍。在水环境污染方面，全省地表水处于高污染水平，环保部门监测的 102 个断面中 79.4% 受到不同程度的污染，其中重度污染的断面占 58.8%。山西采煤对地下水资源的破坏面积已达 20352 平方公里，占全省面积的 13%。其中，严重破坏区面积占 1.7%，一般破坏区面积占 6.5%，影响区面积占 4.9%。生态资本财富的流失导致山西煤炭开发的外部性成本较高，根据有关研究，从矿产资源损耗、水资源损耗、土地塌陷损耗、固体废弃物损耗、矿区生态恶化损耗等 5 个方面进行测算，每开采 1 吨煤造成的资源和环境的损耗成本为 73.05 元。中华人民共和国成立以来，山西累计生产 140 亿吨煤炭，输出省外 90 多亿吨，按每吨煤炭外部成本 73 元计算，山西仅因为煤炭开发造成的生态资本财富流失近 1 万亿元。

**二、山西转型发展的战略价值和理论意义**

推进山西资源型经济转型，对我国资源型地区可持续发展具有重要的战略价值和示范意义。一是山西作为全国重要的煤炭能源基地，在转型发展中推进煤炭资源的集约开发，对于保障国家能源安全至关重要。二是实施转型发展，改变单一畸重的产业结构，有利于防范经济周期性震荡，确保资源型地区经济健康平稳发展。三是山西曾经是环境污染重灾区，推进山西转型发展，将为资源型地区可持续发展提供可资借鉴的样板示范。四是抓住山西等资源型地区转型试验区政策机遇，促使其踏上转型和振兴之路，有利于促进资源型地区与沿海发达省份的区域协调发展。

从国际国内经验看，资源型地区经济转型发展是一个长期和艰巨的过程。山西是国内最为典型的资源型经济省份，经济增长对资源依赖程度高，资源、环境、经济、社会之间的矛盾突出。选择山西作为资源型经济转型试验区，代表性强、示范价值大、试点作用突出。山西转型综改试验区的设立，是国家战略区域化和区域战略国家化"两化互动"的新模式，使资源型经济转型发展上升到国家战略层面，为山西的转型跨越发展提供了难得机遇，拉开了山西未来大发展的序幕。山西"综改区"建设，是一项全新的事业，对山西未来发展的形态、方式、定位、方向和动力以及对山西今后如何搞好经济建设、政治建设、文化建设、社会建设、生态文明建设都将产生重要而深远的影响。这不仅对国家推进资源型地区的改革探索和最终破解资源型经济转型难题有重大的理论价值和示范意义，而且对山西这一典型的资源型地区摆脱"资源诅咒"、破解"资源依赖"困局、实现科学发展也具有重大的实践价值和发展意义。

## 第二节　山西全面转型战略演进

改革开放以来，山西省的转型发展走过了 30 多年的历程，在转型发展方面进行了积极探索，在实践中取得了明显的进展和成效。转型发展由局部和个别行为上升为全面转型，从传统产业独占天下向支柱产业多元化转变，从粗放落后的发展方式向节约、集约、绿色的发展方式转变，从资源依赖型向创新驱动型转变。

### 一、山西经济发展战略演变

山西经济社会发展战略的演进，始终是围绕着山西煤炭资源的开发及其相伴生的产业结构演变来展开和深化的，反映了不同历史时期对经济社会发展规律的认识水平和发展观的不同特色。1978 年 12 月党的十一届三中全会的召开，是我国经济社会发展史的一个重要里程碑。从此，山西和全国一起进入了改革发展的新时期。此后，根据不同时期山西经济社会发展的特点和山西在全国区域分工中的地位特征，在不同发展观的指导下，山西先后实施了能源重化工基地建设战略、"上新台阶"战略、建设新型能源与工业基地及转型发展战略和当前的

"转型跨越"发展战略，与此相应，山西经济社会发展水平不断提升。

能源重化工基地建设战略（1980—1990 年）：20 世纪 70 年代末，中共中央和国务院根据全国经济大发展对能源及基础原材料的需要，以及地域间分工合作的要求，提出把山西"尽快建成强大的能源基地"的战略。国家关于建设山西能源重化工基地的战略决策决定了山西省整个"六五"期间的总体发展思路，经过"六五"时期的大规模开发建设，到"六五"时期结束时，山西形成与强化了以能源、原材料工业为主的重型产业结构，山西作为全国能源重化工基地的雏形基本形成。"七五"时期，山西省的总体发展思路基本上是"六五"时期发展思路的扩展与延深，其基本思路仍然是沿着原有的能源重化工发展的思路推进，只是在发展能源重化工这个硬件的同时，对影响其发展的教育科技、技术改造、生态环境等也给予一定程度的重视。

"上新台阶"战略（1990—1999 年）：在 1992 年邓小平南方谈话发表和党的十四届三中全会确立社会主义市场经济体制改革目标后，全国各地出现竞相发展的局面。在这种形势下，山西省有关政府决策和研究部门根据全国改革开放的新形势和山西 80 年代发展实践，对山西经济发展的思路进行反思，对 90 年代山西能源重化工基地发展与改革提出了"整体创新、综合开发"的战略构想，山西省委六届四次会议确定了推动"山西经济上新台阶"的重大决策。1992 年山西省委，省政府提出《关于促进经济上新台阶的意见》，制定了"三个基础、四个重点"的发展战略，强调了发挥山西的资源优势，又注重克服经济发展的制约瓶颈，是在新形势下对以能源重化工基地建设为中心的山西经济发展战略的重大调整。1995 年山西省委把工作重点放到增加经济总量、提高经济增长的质量和效益上，做出了打胜"四大战役"，实现"五个一工程"的总体部署。1996 年，山西省委、省政府进一步抓产业结构调整，并提出以市场为导向，全面调整产业结构的战略构想。1997 年 9 月，党的十五大召开，山西省委适时提出了三年实现"三个基本"目标的构想，即到 20 世纪末的 2000 年，国有企业基本走出困境、农村贫困人口基本解决温饱问题，全省农村基本达小康。1997 年 12 月，在全省经济工作会议上，山西省委、省政府主要领导强调了山西经济结构调整的重要性。并指出经济结构不合理是山西经济发展中的突出矛盾，必须加快经济结构调整的步伐。1998 年 5 月，山西省委、省政府召开全省调整经济结构工作会议，会议强调，推动经济结构调整与可持续发展战略相结合。

建设新型能源与工业基地及转型发展战略（1999—2009 年）：1997—1999 年，山西经济因煤炭市场低迷而陷入困境。1999 年山西省调整经济结构工作会议要求，要选准调整产业结构的切入点和突破口，科学地选择一批有发展潜力的产品，迅速做大做强。由此，全省拉开了大力调整经济结构的帷幕。2000 年初，省委、省政府提出经济结构调整，把"一年起步，二年入轨，三年初见成效"作为全省经济工作的近期目标。2000 年 12 月，省委召开七届十次全会，通过《中共山西省委关于制定国民经济和社会发展第十个五年计划的建议》，对深入推进经济结构调整，提出以发展为主题，以结构调整为主线，实施"八大战略工程"，构建"六大支撑体系"，依据山西的实际确定了"十五"期间以至未来 10 年内经济结构调整的方向和重点，深化完善了经济发展的战略思路。2001 年 10 月，中共山西省第八次代表大会召开，会议再次强调各级党委必须坚持以结构调整为主线，千方百计加快发展，全省经济结构调整要在 2005 年取得明显成效，2010 年达到全国中等或中等以上水平。2004 年 8 月，山西省委、省政府召开了全省经济结构调整会议，做出了建设新型能源和工业基地的重大决策，这是2010 年前山西省结构调整和经济发展的总目标、总任务，是深化产业结构调整的新选择，是山西在"中部崛起"格局中角色的崭新定位。建设新型能源和工业基地，目的就是要形成多元化的新型支柱产业，重点是发展七大优势产业。2005 年，省委、省政府深化了对建设新型能源和工业基地主导产业的认识，提出了改造提升四大优势产业，培育发展"四新"支柱产业，即"八大支柱产业"的新思路。2006 年10月，中共山西省委召开第九次党代会，进一步提出了走出"四条路子"、实现"三个跨越"的发展战略，将对建设新型能源和工业基地的认识提高到了一个新的水平。会议指出，要深入推进经济结构调整，加快新型工业化，特色城镇化进程，在培育优势产业、转变增长方式、统筹城乡发展、创新体制机制、扩大对外开放，以及实施科教兴晋、人才强省战略上实现新突破，提高综合经济实力、可持续发展能力、和谐社会建设水平与人民生活质量。会议提出要建设国家新型能源和工业基地，构建充满活力、富裕文明、和谐稳定、山川秀美的新山西。

转型发展新阶段（2010 年至今）：2010 年以来，山西省委深刻认识和把握国际金融危机影响与趋势，深刻分析和把握山西省经济社会发展态势，立足当前、着眼长远而提出转型跨越发展的战略决策。以"工业新型化、农业现代化、市域城镇化、城乡生态化"为重点的四化战略到六大发展战略，再到"一个指引、两手硬"的重大思路，都是我省在面对复杂严峻的内外经济形势和艰难困境时，积极贯彻落实党中央、国务院各项决策部署，践行"五大发展"新理念，适应经济发展新常态，坚定不移推进供给侧结构性改革，推进全省经济社会转型发展的实践。转型，迫在今天；跨越，时不我待！解放思想、产业重塑、结构升级、城市再造、生态修复、创新驱动……背负着一系列亟待求解的课题，在巷道中摸索多年的山西人，正在踏上资源型经济的转型之路。

### 二、综改试验区的提出与批复

山西综改区建设，承载着全国人民的殷切希望，得到了国家有关部门的关心指导和大力支持。2010 年 12 月，国务院批准设立山西省国家资源型经济转型综合配套改革试验区，山西转型发展上升为国家战略。2012 年 8 月 7 日，国务院批复了《山西省国家资源型经济转型综合配套改革试验总体方案》，对山西综改区建设的基本原则、主要目标、转型及综合配套改革任务做出了系统部署和安排。

2010 年 12 月 1 日，经国务院同意，国家发改委批复同意设立"山西省国家资源型经济转型综合配套改革试验区"。山西转型综改试验区成为我国设立的第九个综合配套改革试验区，也是我国第一个全省域、全方位、系统性的国家级综合配套改革试验区。2011 年 4 月 19 日，山西省国家资源型经济转型综合配套改革试验区工作领导组正式成立，领导组下设办公室，设在省发展和改革委员会。7 月 28 日，《山西省国家资源型经济转型综合配套改革试验总体方案》正式上报国家发改委。2012 年 6 月 12 日，国家发展改革委将《山西省国家资源型经济转型综合配套改革试验总体方案》（以下简称《总体方案》）正式上报国务院。8 月 7 日，国务院印发《国务院关于山西省国家资源型经济转型综合配套改革试验总体方案的批复》（国函〔2012〕98 号）。8 月 20 日，国家发展改革委下发《国家发展改革委关于印发山西省国家资源型经济转型综合配套改革试验总体方案的通知》（发改经体〔2012〕

2558 号），要求我省按照国务院批复要求，认真落实《总体方案》提出的各项改革措施，积极推进山西省国家资源型经济转型综合配套改革试验，加快建立促进资源型经济转型的体制机制，为全国资源型地区加快转变经济发展方式、实现科学发展发挥示范带动作用。

2013 年 4 月 20 日，《山西省国家资源型经济转型综合配套改革试验实施方案》（以下简称《实施方案》）和《山西省国家资源型经济转型综合配套改革试验 2013 年行动计划》（以下简称《行动计划》）正式出台。《实施方案》是综改《总体方案》目标任务在操作层面的细化落实和任务分解，是未来三年各级各部门推进转型综改试验区建设的行动指南。《行动计划》是对《实施方案》提出的目标任务在 2013 年度的具体安排，是 2013 年转型综改试验区建设的重点工作。《实施方案》是对"十二五"后三年转型综改任务的全面部署，对应《总体方案》的第一阶段目标，提出了 50 项重大改革、100 项重大事项、100 个重大项目和 10 个重大课题，全面涵盖了《总体方案》提出的四大任务、10 项综合配套改革。其中，重大改革是核心，是推进转型综改试验区建设的动力和源泉；重大项目是抓手，通过实施重大项目带动战略，推进转型综改四大任务落到实处。《行动计划》是根据省委、省政府年度工作部署，对《实施方案》三年任务中 2013 年工作任务的具体安排，提出了 10 项重大改革、20 项重大事项、30 个重大项目和 5 个重大课题。这些标志着山西省转型综改试验区建设正式启动、全面铺开、深入推进。

### 三、历次发展战略的理性思考

改革开放以来，山西省各个时期的经济社会发展战略都是从当时的省情出发制定并实施的，各战略承前启后、一脉相承，并不断创新，对山西经济社会的发展做出了重大贡献。

依托资源，发挥比较优势，制定经济社会发展战略。改革开放以来山西经济社会发展战略的演进，充分反映着山西资源观、发展观的修正与演变过程。20世纪80年代制定并实施的建设全国能源重化工基地战略，比较符合山西当时发展实际和国家对山西的要求，但这一战略的资源观是单一的、狭隘的，仅看到煤炭资源的优势，没看到山西的历史文化和旅游资源优势；仅看到煤炭是燃料，没看到煤炭也是工业原料。90年代的上新台阶战略，其实质是能源基地建设战略的机械性延续，在资源观与发展观上没有实质性突破，使山西与发达地区的差距越拉越大。进入21世纪，山西制定并实施结构调整战略，建设新型能源与工业基地，并提出"走出四条路子、实现三个跨越"的思路，依然是依托山西丰富的资源，发挥比较优势，但资源观与发展观发生本质性变化。依托煤炭资源与旅游文化资源，走新型工业化道路，调整产业结构，实现转型发展成为全省新时期经济社会发展的指导战略。

围绕主导产业特别是煤炭工业发展，推进基础设施建设和相关配套建设。山西的煤炭、焦炭、电力、冶金等主导产业的发展，尤其是煤炭工业的发展都需要良好的基础设施条件来支持。在山西经济社会发展的各个阶段，省委、省政府都十分重视基础设施建设和相关配套建设，逐年加大了对基础设施及相关配套设施建设的投入，以缓解交通设施建设落后等瓶颈制约。基础设施的建设对扩大内需，拉动经济增长发挥了重要作用。随着经济结构调整的深入，产业与产品结构的优化升级，经济社会持续快速增长，都要求基础设施建设保持适度超前发展。全面提高基础设施的现代化水平，全方位提高基础设施服务质量，也是实现经济转型发展的平台。

针对支柱产业单一、产业结构初级化问题，重在提高经济效益，推进产业结构调整和优化升级。改革开放以来，山西省能源基地的定位和多年能源基地的建设造成山西产业结构的重型化的特征，支柱产业单一、产业结构初级化的问题始终没有得到根本解决。虽然从1999年开始加大产业结构调整力度，但受资金缺口大、地方财力有限、政府投资能力不强等因素的影响，很难在短时间内解决产业结构方面的一切问题。在此后相当长的一段时期内，产业、产品初级化，缺乏优势产业和科技含量高的产品，结构、品种单一，能源市场扩张受限的问题仍然是影响山西经济发展的主要问题。调整产业结构关键是要转变经济增长方式，改造和提升传统产业，发展壮大新兴产业。

坚持科学发展，推进转产转型，转变发展方式，促进全面、协调、可持续发展。改革开放以来，山西经济社会发展战略不断调整，发展理念不断转变，但都坚持了科学的发展观。不断强化经济结构调整的力度，进一步加快经济转型的步伐，切实推进经济社会环境资源全面、协调、可持续发展仍是未来经济社会发展的战略选择。

## 第三节 山西经济结构特征及转型发展取得阶段性成绩

改革开放以来，山西省的转型发展走过了30多年的历程，在转型发展方面进行了积极探索，在实践中取得了明显的进展和成效。特别是2012年以来山西转型综改试验全面展开、有序推进，综改方案更加完善科学，重大领域改革取得突破性进展，体制机制创新取得重要成果。

## 一、全省经济结构特征

（一）煤炭产业处于盛年期，资源型经济特征突出

按照企业生命周期理论，一个企业或者行业的发展会经历诞生、成长、成熟、衰退等不同阶段。成熟期的主要特征是企业规模大、技术成熟、市场占有率高，但同时面临技术革新瓶颈和增长极限的限制。我省煤炭产业发展阶段特征与之相似，可以称作盛年期。煤炭依然是我省支柱产业。煤炭产业贡献大，2009年以来煤炭采选业占全省工业增加值的比重一直在60%以上。经过资源整合，煤炭产业机械化水平和企业现代化水平显著提高。我省煤炭资源探明储量约2800亿吨，按照目前的技术和规模，可采200年以上。煤炭产业难以支撑全省经济持续增长。全国煤炭市场进入饱和期，煤炭总产能已达到约50亿吨。从长期的趋势看，煤炭需求很快将达到峰值并开始下降。同时面临资源环境承载能力约束，煤炭开采的成本在上升。单纯依靠煤炭产业，已经很难撑起经济持续快速增长的重任。路径依赖使资源型产业比重居高不下。长期以来形成的采煤外运格局始终没有转变，煤炭外运比例长期高达60%以上。虽然采取煤电联产、延伸煤炭产业链的方式来发展，也只是将煤炭的利润转到了发电等下游企业，整个工业增速难以提升。面对煤炭产业的困局，亟须促进非煤产业提速增效，推动产业结构优化升级。

（二）工业化层次较低，制造业水平有待提升

计划经济时期山西就形成了以传统重工业为主导，以煤炭、机械、冶金、化工、军工为支柱的产业格局，成为全国性的重工业基地和国防工业基地。改革开放初期山西的工业化起点是比较高的。当前，山西处于什么发展阶段，需要一个综合客观的评价。从省属企业的资源

禀赋和产品产出来看，在能源原材料领域仍然占据着主导位置。2014年，省属企业煤炭产量 5.9 亿吨，占全省的 66%，占全国的 15%；不锈钢产量 380 万吨，占全国的 16%；地面煤层气抽采量 25 亿立方米，占全国的 16%；煤化工总氨产量 2500 万吨，占全国的 20% 左右。虽然全省国有资产在能源原材料领域占据重要位置，但其产业结构单一初级，产品附加值低，产业竞争能力差，产能过剩，产业延伸转化不足，资源和政策依赖严重，缺乏集群化的高端制造产业和高新技术企业。只有制造业才能形成对服务业和城镇化的带动机制，才能促进全省经济持续健康发展。

（三）经济增长动力依靠投资拉动，投资规模和速度依然左右全省经济

投资拉动是改革开放以来全国经济增长模式的重要特征，特别是 21 世纪以来，2001 年到 2012 年全国固定资产投资年均增幅高达 22.8%。我省固定资产投资年均增长略快于全国，为 22.97%。近两年，全省经济低位运行，投资增速呈现稳中趋缓。2016 年，全省固定资产投资自上年 5 月以来呈现稳定增长态势，投资增速快于全国平均水平。2016 年 1—9 月，全省固定资产投资完成 9800 亿元，比上年同期增长 9.1%；比同期全国平均增速高近 1 个百分点。当前，我省还面临着较大的公共基础设施和生态环境欠账，面临着产业转型的紧迫任务，必须保持一定的投资规模，进一步优化投资结构。

（四）资源环境约束的持续增强，绿色发展势在必行

当前，全国资源环境的约束进一步增强。我省资源型产业占比过大以及长期高强度的资源开发，导致工业"三废"排量多项指标在全国排名居前，环境治理任务相当艰巨。煤炭开采对水资源的破坏十分

严重，相关资料显示，山西省每采一吨煤，破坏伴生的水资源 2.48 吨，以 2015 年山西原煤产量 9.44 亿吨计算，每年破坏水资源约 23.41 亿吨。从污染物排放情况看，2014 年山西固体废弃物排放量为 30198.69 万吨，在全国的 31 个省份中排在第 2 位，仅比河北少；山西烟尘排放量 2014 年为 150.68 万吨，在全国排在第 2 位，也是仅比河北少；山西二氧化硫排放量 2014 年为 120.82 万吨，仅比内蒙古、山东少，从这些指标可以看出，山西的污染物排放在全国都位居前列，环境污染严重。

（五）经济下行凸显财政金融风险，风险防控需要加强

当前，一些隐性的风险开始显现，特别是产能过剩风险、财政金融风险、企业融资风险、失业风险等成为我省面临的重大风险。

产能过剩风险：从全国来看，不仅煤炭、钢铁、水泥等传统产业产能过剩严重，多晶硅、光伏电池等新兴产业也出现产能过剩。与全国大形势一致，我省多数传统产业产能过剩，煤、焦、冶三大产业亏损严重。特别是 2014 年下半年以来，受国际油价下跌和世界煤炭需求下降冲击，我省煤炭产业亏损面进一步扩大，七大省属煤炭企业净利润全部下滑。

地方财政和债务风险：经济下行必然会减少部分财政收入来源、增加财政支出负担、增加地方政府债务负担。2014 年、2015 年我省财政收入增速罕见地低于 GDP 增速，财政增收压力和风险开始加大。一方面，要满足民生刚性需求，保持正常运行，就必须保证一定的财税收入；另一方面，在经济下行和结构性减税的双重压力下，各种非税收入大幅增加，企业负担进一步加剧。同时，全省各级政府负债增幅较大，省级政府负有担保责任的债务规模较大。在当前我省煤炭等主

导产业发展下行压力增大的形势下，部分市县和个别行业偿债风险已经过大。

企业融资风险：在煤炭黄金十年中，资源型企业的快速膨胀使我省形成了以煤炭价格持续上涨为基础的社会融资格局，银行将大量资金贷给资源型企业，资源型企业之间相互担保，资源型企业为非资源型企业提供资金支持。随着全国能源需求和能源价格大幅下降，资源型企业效益大幅下滑，信贷风险加剧，银行开始对资源行业限贷、惜贷、抽贷，造成了资源型企业资金链紧张，引发社会融资成本提高，全社会融资风险加大。

**二、转型综改主要成效**

产业转型方面：把产业结构的优化升级作为首要任务，围绕煤炭管理体制、新兴产业促进机制等加快改革步伐。以深化煤炭管理体制改革为根本举措，促进煤炭产业健康发展，加快综合能源基地建设，出台了《关于深化煤炭管理体制改革的意见》《山西省煤炭供给侧改革实施意见》等。

积极布局新兴产业发展，推动单一煤炭产业向装备制造、文化旅游等产业转变。实施了《中国制造2025山西行动纲要》，出台了《加强旅游市场监管的实施意见》，印发了《山西省进一步促进服务业发展的若干措施》等；落实国家相关改革部署，出台了《深化国资国企改革实施意见》；强化对民营经济的政策支持，出台了关于加快民营经济发展的意见。

生态修复方面：探索建立健全生态环境保护与恢复治理补偿机制，稳步推进生态文明体制改革，补齐我省的生态短板。煤炭开采生态环境补偿机制政策框架体系基本建立，建立健全了煤炭开采生态环境外部成本内部化机制、跨流域生态环境补偿机制等；出台了生态文明体制改革实施方案，探索建立环保督察工作模式，审议通过《山西省环境保护督察实施方案（试行）》；创新机制推进重点生态工程，出台了《汾河流域生态修复规划（2015—2030年)》等。

城乡统筹方面：改革创新城乡统筹体制机制，推进新型城镇化发展，缩小城乡差距，不断释放新需求、创造新供给。出台了新型城镇化规划，部署了推进农业转移人口市民化、优化城镇化布局和形态、推动城乡发展一体化、改革完善城镇化发展体制机制等重点任务；积极推进城市建设管理体制改革，加快推进城市地下综合管廊和海绵城市建设。太原晋中同城化在交通、通信等领域率先取得明显进展，介休市国家新型城镇化综合试点、阳泉市和晋中市国家中小城市综合改革试点有序推进；农业农村改革逐步深入。陆续出台了一系列改革举措文件，农村土地承包经营权确权颁证在试点基础上全面展开。

民生改善方面：积极推进社会体制改革，保障基本公共服务，补齐民生短板。户籍制度改革稳步推进，出台《关于进一步推进户籍制度改革的实施意见》；教育医疗体制改革不断深入，推进考试招生制度改革，探索招生和考试相对分离、学生考试多次选择、学校依法自主招生。县级公立医院综合改革实现全覆盖，太原、运城城市公立医院改革试点稳步推进。政府办基层医疗卫生机构和村卫生室全部实行基本药物制度；深化社会保障制度改革，城乡居民基本养老保险制度统一实施；深化扶贫体制改革，百企千村产业扶贫、易地扶贫搬迁、金融扶贫、教育扶贫和劳动力就业培训等重点工程扎实推进

土地、金融、人才等要素市场方面：通过土地管理体制、金融体制

等关键领域改革，不断优化制度供给。土地管理制度改革持续深入，探索建立城乡建设用地增减挂钩、矿业存量土地整合利用、露天采矿用地改革、工矿废弃地复垦利用等 10 项用地新机制，为转型项目建设提供了有力的保障。

金融创新不断取得突破，出台了《关于促进山西金融振兴的意见》《山西省促进金融振兴 2016 年行动计划》《山西省金融改革发展总体规划（2015—2020)》《关于加快我省多层次资本市场发展的实施意见》等方案和配套改革方案。

实施了高端创新型人才引进和培养工程、海外高层次人才引进工程、新兴产业领军人才培养和引进工程、优秀企业家培育工程等 10 项重大人才工程。创新人才评价机制，进一步深化职称制度改革，探索建立高校、科研院所等事业单位专业技术人员在职创业、离岗创业办法。

科技创新方面：把科技创新作为创新驱动发展的核心，在全国率先完成省级科技计划管理体制改革，科技管理体制进一步规范，出台了《山西煤基重点科技攻关项目管理办法》。山西科技创新城建设加快推进，出台了科技创新城人才支持、平台管理、成果转化、首台（套）装备认定等暂行办法，实施煤基科技重大专项，启动实施高科技产业重大专项，引进了一批国内外一流研发机构。

行政管理方面：全面加强政府自身建设，出台了《山西省人民政府关于健全重大行政决策机制的意见》《山西省全面加强政府自身建设三年规划（2015—2017)》等；推进行政审批制度改革，大幅精简下放行政审批事项，不再保留"非行政审批许可"类别，行政审批中介服务事项全面规范；全省各级权力清单和责任清单制度全面推行，综合性政务服务平台和公共资源交易平台基本建成；大力推进注册登记便利化，"先照后证"改革不断深化。

## 第四节  新形势下山西全面转型路径选择

在过去几十年经济快速增长的繁荣时期，山西依靠资源型经济的外延式扩张，创造了巨大财富，但也付出了沉重的生态环境代价。现阶段山西还处于城镇化和工业化的快速发展阶段，能源需求快速增长且具有刚性，能源供需矛盾日趋紧张，节能减排压力巨大，经济增长面临越来越严重的资源环境硬约束。山西转型发展必须走低碳、集约、绿色的发展道路。

### 一、新形势下山西转型发展面临的问题与挑战

（一）由于市场经济体制不完善，经济社会发展持久动力亟待增强

资源要素大规模向煤炭、电力、冶金、焦化等传统产业配置，对人力资本、技术进步等创新性要素造成挤出效应。在要素配置中公平竞争的市场体系还未形成，存在市场准入机会不均等现象，民营企业难以同国有经济依法同等使用生产要素、公平参与市场竞争。要素市场化程度远远低于商品市场化程度，尤其是矿产、土地、水资源等主要资源仍主要采取非市场化方式配置。以煤炭为代表的矿产资源一级市场"招、拍、挂"改革进展缓慢，矿业权交易二级市场有待建立，矿业权评估体系不健全，煤炭资源有偿取得方式未实现市场化，未能通过市场机制体现资源稀缺性；土地市场不健全，城乡之间发展不平衡，特别是农村集体建设用地基本被排斥在土地市场之外；水资源初始权

确权及水市场交易模式未开展有效探索，水市场监管、交易规则和市场化运作、企业化管理的供水机制都有待建立；矿产资源、水资源等主要要素资源的市场化价格形成机制未建立，现行价格很大程度仍由政府确定，不能体现资源稀缺程度，外部成本内部化，市场主体充分竞争的价格形成机制不能建立。要素资源不能更大范围优化配置，影响资源使用效率和经济社会的更好发展。

(二) 市场配置资源的决定性作用发挥有限，市场活力激发不够

经济体制改革是全面深化改革的重点，其核心问题是处理政府和市场的关系，政府"越位"与"缺位"、"乱作为"与"不作为"依然存在，无效干预、过度干预，对资源配置产生负面影响。山西省虽然在逐步推进行政审批制度改革，但需要行政审批、行政许可的事项仍很多；对审批条件、审批程序、审批时限等机制需进一步明确规范，服务机制、行政流程、监督问责机制有待进一步建立健全。在更大范围、更大程度上发挥市场在资源配置中的决定作用，才能全面激发市场活力。

(三) 城乡发展差距仍在拉大，利益失衡问题亟待化解

收入分配不合理、公共资源配置不均衡等利益失衡问题阻碍了山西高品质"以人为本"的城镇化进程，城乡、地区、行业之间的贫富差距仍在拉大，制约着山西经济社会的发展活力。实现经济社会的均衡发展，要赋予农民更多的财产权利，出台新制度、新举措，以制度建设推进城乡要素平等交换和公共资源均衡配置。

(四) 节能减排和环境保护任务艰巨，生态环境建设亟待加强

山西作为全国重要的能源重化工以及煤炭生产基地，长期高强度大规模开发煤炭资源，付出了沉重的代价。2013 年，山西生态足迹、

碳足迹以及单位国土面积污染负荷都位居全国前列。目前，3000万亩宜林荒山尚未绿化，生态弱省、林业小省现状仍未改变，生态文明建设、绿化任务非常艰巨。合理利用环境容量，有效改善生态环境，成为山西成功转型、实现可持续发展的重要标志之一。加强环境保护工程顶层制度设计，统筹生态环境建设全局工作，进一步解决节能环保问题，提高生态环境建设的系统性和科学性。

## 二、转型发展路径选择

（一）资源能源消耗高，走高碳发展的老路难以为继，低碳发展刻不容缓

长期的高强度粗放式掠夺性开采，使山西资源能源难以为继，主要表现在三个方面：第一，山西优质资源逐渐减少，部分地区已经出现资源枯竭。侏罗纪低灰低硫高热量的动力煤，按现有储量和开采速度，将在10年内逐渐枯竭，而剩下的石炭二叠纪的高灰高硫低热值煤，不仅质量差，而且开采难、成本高。我省的孝义和霍州先后被列为国家资源枯竭城市，大批矿井出现资源衰竭，预计到2020年，仅五大国有重点煤炭企业将有32处矿井面临资源枯竭，衰减生产能力5400万吨／年；全省地方国有煤矿则将有1/3的矿井资源枯竭，减少生产能力2000万吨／年；乡镇煤矿将有近一半的矿井资源枯竭，减少生产能力近亿吨。据最近一次的全国煤炭储量数据统计，山西3899.2亿吨，占全国的8.56%，仅为新疆的1/5，内蒙古的1/3，全国第三，昔日煤炭霸主地位早已不复存在。第二，山西资源回收率长期偏低，资源浪费严重。据测算，山西每开采1吨煤炭平均损耗煤炭2.5吨。共生、伴生资源有效利用程度不高，共生矿产中除铁矿进行部分利用外，

耐火黏土、铁矾土、硫铁矿等矿产的利用率都很低，伴生资源中大多数稀有资源都白白浪费掉了。第三，能源消耗长期偏高。山西万元地区生产总值能耗远高于全国平均水平。2015 年山西万元 GDP 能耗水平为 1.44 吨标准煤，约为全国平均水平的 2.2 倍。"十三五"期间，伴随经济发展速度的增长，能源消耗仍将较快增长，有必要采取强度与总量控制的措施，强化预警调控，进一步降低能源消耗。山西省 2014 年出台的《能源发展战略行动计划（2014—2020 年）》中明确提出，到 2020 年，山西省内能源消费总量控制在 2.6 亿吨标准煤左右，未来几年，山西节能减排的压力空前巨大，低碳发展已是山西结构调整的必然选择。

（二）土地空间利用效率低，走粗放发展的老路难以为继，集约使用刻不容缓

土地空间开发既要满足人口增加、工业化和城镇化快速推进、基础设施建设等的巨大需求，又必须坚守耕地红线，扩大绿色生态空间，保障生态环境的可持续发展。长期以来，山西土地空间利用效率较低，根据《山西省第二次土地调查主要数据成果公布》，山西共有耕地6102.6 万亩，城镇村及工矿用地 1253.3 万亩。全省人均耕地 1.78 亩，较 1996 年第一次土地调查时的人均耕地 2.21 亩有所下降，虽略高于全国人均耕地 1.52 亩的水平，但耕地质量和复种指数明显低于全国水平。综合考虑现有耕地数量、质量和人口增长、发展用地需求等因素，山西土地空间难以为继，主要表现在三个方面：第一，资源型经济转型带来的产业发展空间需求挑战。山西推进产业结构调整，由于非煤产业与资源型产业的布局区位不同，资源型产业发展空间将趋稳，具有集聚效应的大城市地区的产业发展空间需求将扩大。国土空间结构调

整需适应经济转型发展的要求，引导生产要素的合理流动与集聚。非煤产业集聚空间也是优质耕地集中分布地区，产业发展用地与耕地保护矛盾将更为突出，未来发展必须妥善解决产业空间优化调整和重新配置的问题。第二，城镇化推进中面临的城乡建设空间需求挑战。山西正处于城镇化加快发展阶段，大量农村人口进入城市就业和居住，既需要扩大城市建设空间，也带来农村居住用地闲置、农村人均居住占地过多的问题，低效率的城镇化空耗了土地资源，未来发展必须妥善解决城镇化空间需求的快速增长和城乡居民点空间重新配置的问题。第三，人口增长和生活水平提高带来的生活空间需求挑战。山西处于人口总量持续增加和居民消费结构快速升级阶段，满足现有人口消费结构升级必须占用一定空间，同时人口总量的增加，既对扩大居住等生活条件提出了新的需求，也增加了对农产品的需求，进而对保护耕地提出了更高的要求。

（三）生态环境污染严重，走先污染后治理的老路难以为继，绿色发展刻不容缓

长期以来，山西以煤为主矿产资源超强度开采，带来极为严重的生态环境问题，成为制约山西经济、社会可持续发展的重大因素，是亟待解决的重大问题。山西生态环境难以为继，主要表现在三个方面：第一，未摆脱高耗能、高污染的经济增长模式，主要污染物排放总量仍然居高难下。山西二氧化硫、氮氧化物排放量分别居全国第三、第七位，烟尘排放量居全国第一，工业粉尘排放量居全国前列；火电机组已全部实现脱硫运行，减排空间严重缩小；地表水劣 V 类水质断面仍占断面总数的51.5%，部分断面继续恶化；部分县（市、区）环境空气质量尚未达到二级标准，达标地区空气污染综合指数也普遍偏高。第

二，自然生态系统脆弱，矿山生态修复亟待解决。长期高强度资源型经济发展模式造成的生态破坏日趋加重，地表沉陷、河流断流、水土流失、生物多样性破坏、生态系统退化等生态环境系统失衡的现象十分突出，矿山生态修复治理尚处于起步阶段。据统计，山西因采煤形成的采空区达到 2 万平方公里，相当于山西 1/8 的国土面积，全省3500 多万人中，300 万人受灾。至 2015 年，山西煤炭开采导致生态环境经济损失至少达 770 亿元；至 2020 年，煤炭开采导致生态环境经济损失至少达 850 亿元。第三，国家对生态环境治理的硬约束明显增强。十八届三中全会提出"划定生态保护红线"，明确了一个地区的经济发展应该以当地的资源供应能力和环境容量作为红线，或者是上限，以此规划经济发展的功能、人口以及结构调整。"十二五"期间，国家新增氨氮、氮氧化物减排约束性指标，并对水资源费最低征收标准进行了规定，其中地表水水资源费平均征收 0.5 元 / 立方米，地下水水资源费平均征收 2 元 / 立方米。可以说，山西必须正视资源环境刚性约束的现实，加快转变经济发展方式，加强综合治理，走绿色发展的道路。

## 第五节　全面建成小康社会的目标下加快推进全面转型建设

转型意味着对资源优势的扬弃和深化，依托资源、延伸资源、超越资源将成为转型发展的主流旋律。转型意味着冲破单一化的产业发展束缚，更具活力的多元化、现代产业体系将成为发展的目标定位。转型意味着克服资源围城的发展局限，区域中心城市和现代人居中心将成为资源型城市的未来走向。转型意味着告别浪费资源、破坏环境的资源开发模式，实现环境与经济的协调发展。转型意味着摆脱路径依赖，彻底抛弃对资源优势的过度迷恋，建立起依靠人力资本创富、创新驱动发展的新机制。转型意味着体制变革和发展转轨，尽快建立更为合理的资源收益分配制度和资源财富转化制度。因此全面转型是山西全面建成小康社会的必由之路。

## 一、全面转型战略思想

全面推进产业优化升级。山西省综改区建设在产业转型方面的主要任务是，以循环经济和技术进步为基本路径，全面推进产业优化升级。要大力改造提升资源型产业，积极培育壮大接续替代产业，大力发展现代服务业，促进循环经济发展，推进产业集聚区发展。

以生态环境保护和治理修复为主要抓手，着力提高可持续发展能力。加快生态治理修复，全面推进污染治理，大力开展造林绿化，加强水资源开发利用和节约保护。

以城乡统筹为基本方略，协调推进城镇发展和社会主义新农村建设。提升城镇化质量和水平，加快社会主义新农村建设，加强农村环境保护。统筹城乡基础设施建设，统筹建设交通、能源、水利、信息、物流等重大基础设施，推进城乡基础设施一体化。加快发展现代农业，完善现代农业产业体系，培育壮大现代农业示范区，发展高产、优质、高效、生态、安全农业，加快建设特色农产品大省。优化国土空间开发格局，实施不同主体功能区分类管理的区域政策。

以改善民生为重点，努力构建和谐社会。积极促进就业，加大对就业和创业的支持力度，强化并落实好政府促进就业的责任。合理调节收入分配，努力实现居民收入增长和经济发展同步、劳动报酬增长和劳动生产率提高同步，提高中低收入者收入水平，培育壮大中等收入群体，有效调节过高收入，大力扭转城乡、区域、行业和社会成员之间收入差距扩大趋势。推进基本公共服务均等化，加快建立覆盖城乡的义务教育经费保障体系、医疗卫生服务体系、社会保障和救助体系、公共文化服务体系。完善安全发展长效机制，加强和创新社会管理。

### 二、将全面转型确立为我省经济工作的主线

经济新常态的核心就是调结构，创新发展、转型发展、多元发展的主线就是优化结构，提升我省发展质量和效益的根本途径也是结构调整。为此，省委、省政府应明确将优化结构确立为我省经济工作的主线，出台有效措施推动结构调整，优化结构。一是要大力发展具有竞争优势的产业，力争在全国新常态经济发展再平衡过程中确立我省新的分工地位。二是要大力推进投资结构的根本性转变，加大非煤产业、制造业和第三产业投资力度。三是要严格按照全省转型规划、产业调整方向和产业布局，开展招商引资，承接产业转移。四是要改变政策扶持方向，加大对我省急需、我省具有竞争优势、自身具有发展潜力的产业的扶持力度。

### 三、推行转型发展的体制改革

（一）加快市场化改革步伐，发挥市场配置资源的决定性作用

全面激发市场机制，争取资源要素市场化改革取得实质性突破，探索垄断行业改革试点，争取在金融、资源开发、电力、电信、铁路、公用事业等领域向社会资本创造更加广阔的市场发展空间。完善煤炭等矿产资源市场配置机制。对新设立的煤炭资源矿业权全部采用招标、

拍卖、挂牌等市场竞争方式出让，探索对共生、伴生矿产资源矿业权实行一体化配置，完善矿业权一级交易市场。研究制定矿产资源矿业权转包、出租、出让、抵押等市场交易规则，加快建立矿业权二级交易市场，促进矿业权流转。加快矿产资源矿业权交易有形市场建设，完善全省 11 个市网上交易和网上监管机制，实现阳光操作。积极推进煤层气管理体制改革，创新煤权气权一体化设置，探索建立煤层气资源矿业权有偿取得制度。进一步完善价格形成机制。完善资源型产品成本核算制度，加快资源型产品价格改革，全面反映市场供求、资源稀缺程度、生态环境损害成本和修复效益。将政府定价的商品和服务限定在重要公用事业、公益性服务、网络型自然垄断环节，提高透明度，接受社会监督。积极稳妥地推进价格改革，下放和放开部分价格管理权限。完善居民"阶梯式"电价，推进水、电、气、热等领域价格改革，放开竞争性环节价格，对居民生活用水全面实施"阶梯式"水价，对工业用水实行"差别水价"政策。在引黄供水区实施"分质供水、原水直供"办法，加快形成竞争性水市场。研究制定管道天然气居民用户"阶梯式"气价政策。积极稳妥推进按用热量计价收费的热价改革。建立煤、气、电、热等能源产品价格联动机制。创新煤炭交易体制机制。完善煤炭现货交易，开展场外交易试点，提升金融服务功能。扩大煤炭交易价格指数的覆盖面和影响力。完善煤炭、焦炭等大宗产品的市场配置机制，积极发展焦炭、电力和煤层气等能源商品的场外交易。引入期货交易机制，以动力煤为试点，积极推进煤炭等能源商品衍生品交易，创造条件开展期货交易。

（二）深化国有企业改革，推动国有经济战略性调整

深化国有企业产权制度改革。推进国有企业股权多元化改革，有

效解决我省国有企业"一股独大"和资源依赖、政府依赖等问题。省属企业国有股权根据市场情况有序减持或退出。根据企业不同功能，合理确定减持比例，大力引进战略投资者。加大国有企业改制上市力度。推动各种投资主体通过出资入股、收购股权、认购可转债等形式参与国有企业改制重组。加强对市县属国有企业改革的分类指导。创新国有资产监管和收益管理体制。以管资本为主加强国有资产监管，形成具有不同功能的国有资本投资经营主体，推动省属国有企业由"大"向"强"转变。对省属国有企业进行分类改革，支持有条件的集团公司改组为国有资本投资公司。根据不同国有企业的功能定位，实施分类监管、分类指导、分类考核。完善国有资本经营预算制度，逐年提高国有资本收益上缴比例，不断完善国有资本收益共享机制。推行国企信息公开。推行国有企业财务信息及有关重大事项的公开，省属企业定期向社会公布经营状况、重大投资、薪酬水平、职务消费、业务消费等信息。建立职业经理人制度，减少行政任命管理人员，增加市场化选聘比例。建立健全企业经营管理者选聘、考核、奖惩和退出机制。完善责任追究制度，形成责、权、利对等的运行机制。探索现代企业制度与党组织发挥政治核心作用、职工民主管理有效整合的途径。鼓励非国有企业完善法人治理结构，建立健全现代企业制度。支持各种所有制经济融合发展。完善混合所有制企业管理制度，坚持同股同权，共同参与企业经营管理。探索具有资源型经济特点的混合所有制企业员工持股有效形式。积极支持非公有制经济快速发展。实行统一的市场准入制度，严禁在国家法律法规规章和标准外设置行业准入、市场准入门槛。鼓励支持民间资本以独资、参股、控股等多种方式进入基础设施建设、市政公用事业和金融、电信运营、教育、文化、医疗卫生、育幼养老等行业和领域，依法享有平等政策。形成向社会公开推介项目和非公企业参与重大项目投资招标的长效机制。支持非公有制企业建立研发机构和企业技术中心，与高等院校、科研院所开展合作，推进科技协同创新，积极引进先进技术和设备，开发"专精特新"的产品、技术。鼓励非公有制企业引进高端人才，加强对大中型非公企业高层管理人员和有发展潜力的优秀小微企业主培训。建立健全非公有制经济发展联席会议、世界晋商大会、党建保障等制度和机制。

（三）深化财税金融体制改革，提升财政金融保障能力

健全金融服务体系。加快地方金融机构改革，优化股东结构，积极引进战略投资，促进城市商业银行增强实力，建立现代金融制度。加快农信社股改步伐。鼓励大型企业集团组建财务公司。积极支持民间资本依法发起设立民营中小型银行、消费金融公司、村镇银行、融资再担保公司、小额再贷款公司等金融机构。小额贷款公司和融资性担保公司可享受金融机构营业税和所得税优惠政策。建立政银企对接平台，加大引进金融机构力度。显著提高直接融资比例。积极扩大债券市场融资。加大企业改制上市力度，推动上市公司并购重组和再融资。大力发展创业投资和私募股权投资基金。加强区域要素市场平台建设。在27个县份开展农村房屋产权、集体建设用地使用权、土地承包经营权、林权等抵押贷款业务。创新城镇化建设投融资机制，完善省、市、县三级城镇化建设投融资体系。完善地方金融统一组织协调机制，加强对金融重大事项的组织、指导、协调工作。进一步落实地方政府处置非法集资责任。进一步改善金融生态和信用环境。

深化财政预算管理制度改革。细化政府性基金预算编制，健全政府性基金支出项目库，逐步提高国有资本收益上缴比例，规范社保基

金预算编报，将政府所有收支全面纳入财政预算管理。扩大预算公开范围，细化预算公开内容，2015 年之前所有县级以上政府全部公开财政预决算和"三公"经费预决算。在清理规范七项与财政收支增幅或生产总值挂钩重点支出事项的基础上，对地方出台的要求与财政收支挂钩的支出事项以及按人均经费标准安排的支出事项进行清理规范。制定出台预算稳定调节基金管理办法，逐步推动滚动预算、中期预算的编制工作。建立债务预算管理制度，对高风险地区和部门进行预警，实行融资平台公司名录管理制度，有效化解存量债务，严控新增债务。完善地方税体系。清理整顿各类税收优惠，为企业发展营造公平竞争的税赋环境。积极推进税收信息化建设，创新优化税收征管和服务方式，建立科学、高效的税收征管体制。建立事权与支出责任相适应的制度。在中央与地方事权支出责任划分的基础上，研究设计省以下各级政府事权清单，逐项明晰省、市、县三级政府各自的事权，建立与事权相适应的支出制度。对于省级委托的部分事权，省级通过转移支付委托市县承担；对于共同事权，适当增加省级政府支出责任。省出台增支政策形成的市县财力缺口，原则上通过一般性转移支付调节。建立一般性转移支付增长机制，逐步提高一般性转移支付占省级财力的比重，确保县级财力占全省财力比重不低于 60%，县级财力均衡度不低于 0.6。严格新设专项转移支付，清理规范整合现有专项转移支付，逐步减少竞争性领域专项转移支付。清理规范现有的配套政策，先行在财力困难的贫困县、生态县取消地方资金配套，一般不再出台新的配套政策。

（四）加快土地制度创新，提升土地利用水平

逐步实现集体建设用地与国有建设用地同等入市、同权同价。在

223

27 个县份先行试点，稳步推进农村集体经营性建设用地通过出让、租赁、入股和抵押等方式入市流转。按照依法、平等、自愿、有偿的原则，依托国有建设用地交易市场，建立统一的城乡建设用地有形交易市场和交易门户网站。尽快制定集体建设用地流转交易管理办法，明确集体建设用地交易范围，健全集体建设用地交易规则和操作流程，规范交易信息披露，建立监督制约和责任追究机制。逐步缩小征地范围，明确公益性行业用地和营利性行业用地的界限。进一步规范征地程序，严格执行相关法规，确保征地程序、补偿标准合法、公开，实现阳光征地、和谐征地。总结提升各市县被征地农民安置的丰富实践，不断完善对被征地农民合理、规范、多元保障机制。

构建用地保障和耕地保护新格局。严守我省 6000 万亩耕地保护红线不放松，确保农业和粮食安全。争取建设用地增减挂钩试点突破县域范围，逐渐实现以太原都市圈和其他设区市为单元安排增减挂钩指标。尽快将工矿废弃地复垦利用试点扩展到全省。设立省级耕地开发项目专项资金，在全省实施大规模的造地工程。设立省级开发耕地储备库，用于保障省级重点建设项目或重点建设区域的占补平衡，并通过有偿使用方式在省域内进行调剂。

（五）健全科技创新体制机制，建立人才引进机制

强力实施创新驱动发展战略。制订国家创新驱动发展战略山西行动计划和低碳创新行动计划。建立科技创新联席会议工作机制、科技资源集成整合机制、关键技术重大项目联合攻关机制和产学研协同互动机制。以企业为主体，以需求为导向，促进产学研相结合。鼓励省属国有企业建立国家级技术中心、重点实验室、工程中心、博士后流动站以及创新联盟，支持中小企业以多种形式设立技术开发机构。省

级各部门设立的研究开发类和科技创新类计划项目80%由企业牵头承担。加快科技投融资体制改革，推进中小企业自主创新。取消高新技术成果入股的比例上限。建立政府引导、企业主体的多元化、宽渠道科技投入体系。提高研发投入、高新技术企业数量、专利申请量等指标在全省目标责任考核中的权重。实施知识产权战略，切实依法保护知识产权。

建立科技创新人才引进、培育与使用机制。坚持高端引领、以用为本原则，建立集聚人才体制机制。创新人才引进机制，出台级差化引才引智政策。依靠重大科技专项、重要产业项目和重点课题研究引进一流高科技人才。完善不同层次不同类型人才的评价发现机制，对院士等特殊人才实行一事一议制度。消除人才流动政策性壁垒，加强人才市场建设，优化人才资源配置。实施人才创新创业扶持奖励政策，健全技术要素参与分配制度。在山西科技创新城和省高校园区搭建科研平台，整合资源、联合攻关。推动职教园区建设，建设具有山西特色的现代职业教育体系。调整高等教育学科专业结构，围绕转型加强重点学科建设，加快建设煤化工、煤层气、生物技术、信息技术、现代农业、旅游、文化产业等方面的专业。

（六）创新资源型地区生态文明建设体制机制

探索自然资源资产管理制度。开展资产确权登记，2014年开展汾河的资源确权工作。加紧探索森林、山岭、草原、荒地、滩涂等自然生态空间统一确权登记试点工作。加快出台我省主体功能区划。完善《山西省生态功能区划》，实现功能区划城乡全覆盖、空间一张图，协调衔接空间管制、土地用途管制的类型与区划。加强对自然保护区、风景名胜区以及湿地、水源保护区、水系等生态敏感区的保护。完善能源、水、土地节约集约使用制度，健全各级政府分级行使自然资源和国土空间用途管制职责，严肃查处违法违规行为。

划定生态保护红线。严格执行用水总量、用水效率和重要水功能区水质达标率控制目标三条红线，确保水资源合理配置和节约保护。严格执行国家下达我省的污染物排放总量控制红线，确保排放达标和环境质量稳定改善。建立资源环境承载能力监测预警机制，对水土资源、环境容量超载区域实行限制性措施。对特殊区域实施污染物特别排放限值管理。对限制开发区域以及国家扶贫开发工作重点县，取消地区生产总值考核。对全省范围内的各类自然资源进行摸底，建立资产负债表，对领导干部实行资源资产离任审计。以县（市、区）为考核单元，建立对土地、矿山地质环境、水环境、林业资源等生态环境损害责任终身追究制。

实行资源有偿使用制度和生态补偿制度。坚持谁污染环境、谁破坏生态谁付费原则，建立健全资源开发生态环境补偿机制。完善对重点生态功能区的生态补偿机制，推动地区间建立横向生态补偿制度。妥善处理好搬迁村资源和资产权属及搬迁户的土地、山场承包权和收益分配问题。完善污染物排污权交易管理制度和工作机制，健全排污权交易市场，积极争取设立太原污染物排放交易所。全面开展节能量、碳排放权、水权交易试点。

改革生态环境保护管理体制。积极推广环保执法网格化管理。建立严格监管所有污染物排放的环境保护管理制度，健全举报和社会监督制度。建立汾河治理区域联动机制。根据企业对环境造成污染的级别及潜在危害程度，进行分级管理，对恶意偷排造成环境污染者，严肃追责。完善企业环境信息披露制度，加强 PM2.5 源解析工作，做好重污染天气条件下空气质量监测预警和应急管理工作。太原市要进一步加大燃煤烟尘、汽车尾气、扬尘等治理力度。允许社会资本按照先造林后开发的原则，留出一定比例的土地进行适度开发。

# 第九章　以生态文明建设推进全面建成小康社会

　　党的十八大报告中，中央把生态文明建设进一步提升为战略任务和基本国策，并强调指出："建设生态文明是关系人民福祉、关乎民族未来的长远大计，必须把生态文明建设放在突出地位。"在党的十八届三中全会上，中央进一步把加强生态文明建设作为深化改革开放战略部署中的一项重要任务，并明确指出："建设生态文明，必须建立系统完整的生态文明制度体系，实现最严格的源头保护制度、损害赔偿制度、责任追究制度，完善环境治理和生态修复制度，用制度保护生态环境。"在《十八届五中全会公报》（以下简称《公报》）中，"生态文明建设"首次被写入"十三五"时期我国发展的指导思想，绿色发展也正式成为党和国家的重要执政理念；《公报》指出，"坚持绿色发展，必须坚持节约资源和保护环境的基本国策，坚持可持续发展，坚定走生产发展、生活富裕、生态良好的文明发展道路"。山西作为国家资源型经济转型综合配套改革试验区，更要充分认识到生态文明建设的地位和重大意义，要用新理念、新思路、新方法全面推进绿色发展、循环发展、低碳发展，走出一条具有山西特色的生态文明建设之路。

# 第一节 山西生态文明建设现状

作为传统的能源大省，山西的生态文明建设工作是一项紧迫而艰巨的重大战略任务。随着综改试验区建设的不断推进，山西在生态文明建设道路上不断摸索实践，按照国家要求，全省编制完成了《山西省主体功能区规划》，制定了《山西省生态功能区划》，并在节能减排、循环经济试点建设、气化山西等方面取得了较好的成效。

## 一、山西生态建设的成效

山西是国家重要的能源和原材料生产供应基地。中华人民共和国成立 60 多年来，累计生产原煤 140 多亿吨，外调 90 多亿吨，支撑了全国经济的持续快速发展，但也造成了严重的生态破坏和环境污染，资源环境损耗高达万亿元以上。为此，山西省委、省政府高度重视，把生态文明建设作为深入贯彻落实科学发展观，破解日益严重的资源和环境约束，促进山西资源型经济转型和经济发展方式转变的基本途径，扎实推动经济结构优化调整，大力发展循环经济，深入推进节能减排，全面开展生态环境综合整治，稳步实施资源整合和兼并重组。同时，在国家的大力支持下，山西先后被列为全国煤炭工业可持续发展政策措施试点省、循环经济试点省、循环经济统计试点省、生态省建设试点、半导体照明产品应用示范试点省、循环经济认证试点省、全国首个水生态保护与修复试点省。经过全省上下的共同努力，全省生态文明建设取得显著成效，集中体现在以下几个方面：

一是矿产资源整合成效显著。通过煤炭资源整合和煤矿兼并重组，全省煤炭矿井数由重组前的 2598 座压减到 1053 座，非煤矿山由整合前的 4194 座关闭压减到 2917 座，矿产开发产业集中度显著增高，初步形成了大型矿业集团为主体，大中小型矿山协调发展的矿产开发格局。

二是资源综合利用效率大幅提升。全省资源综合利用效率由 2005 年的不足 20% 提高到 50% 左右，其中，洗中煤、煤泥利用率达到 95% 以上，焦炉煤气利用率提高到 86%，矿井瓦斯抽放气综合利用率达到 55% 左右，焦油、粗苯加工回收率达到 100%，煤矸石和粉煤灰的综合利用率也在稳步提高。

三是生态环境质量持续改善。2014 年，全省 11 个省辖市空气质量优良率继续保持在 90% 以上，10 个省辖市、93 个县（市、区）达到国家空气质量二级标准；全省地表水监测的 97 个断面中，水质优良（Ⅰ—Ⅲ类）断面占 47.9%，比 2013 年同期上升 1.9%，重污染断面占 25%，同比下降 7%，全省生态环境质量得到有效改善。

四是煤层气开发利用水平稳步提高。据统计，全省煤层气(含煤矿瓦斯)抽采总量 42.78 亿立方米、利用总量 21 亿立方米，分别占全国的 46.88% 和 54.08%，生产规模、增长速度均居全国前列，成为我国煤层气开发利用的领跑者和排头兵。

五是水资源开发利用更趋合理。全省工业用水重复利用率达到 88.7%，矿井水综合利用率达到 60% 以上；农田灌溉水利用系数提高到 0.50；城镇供水管网漏失率下降到 15%，节水器具普及率提高到 50%。万元 GDP 用水量由 2005 年 130.55 立方米下降到 70 立方米，万元工业增加值用水量由 65.83 立方米下降到 28.52 立方米。

六是植树造林绿化面积逐年增大。森林覆盖率达到 18.03%，城市

（含县城）建成区绿化覆盖率达35.9%。截至2014年底，全省共建成各级自然保护区46处，其中国家级8个、省级38个，自然保护区面积116万公顷，占到全省面积的7.4%；国家级生态示范区16个；省级生态功能保护区2个；省级生态乡镇239个；省级生态村1300个；省级生态县2个；国家级生态乡镇8个；国家级生态村3个。山西省被全国绿化委员会、国家林业局授予首个"全国生态建设突出贡献奖"。

七是能源节约利用日趋合理。近年来，全省万元GDP能耗累计下降22.66%，以能源消费年均6.4%的增速支撑了年均11.2%的增长。能源消费弹性指数由"十五"时期的0.68下降到0.57，扭转了能源资源消耗强度和主要污染物排放量持续增长的势头，为保持经济平稳较快发展提供了有力支撑。

八是污染减排任务超额完成。近年来，山西狠抓节能减排，二氧化硫、氮氧化物、化学需氧量、氨氮等主要污染物排放总量持续得到较好控制，环境质量得到持续改善，圆满完成各个年度污染减排任务。仅2014年就实施650项节能改造项目，探索开展节能量交易试点，全省万元地区生产总值能耗超额完成下降3.5%的年度任务。大气污染防治成效明显，细颗粒物（PM2.5）平均浓度同比下降16.9%，圆满完成了奥运会、亚太经济合作组织（APEC）峰会期间等重大活动的空气质量保障工作。加快推进燃煤电厂超低排放，瑞光电厂1号机组率先完成改造任务，实际排放明显低于燃气发电机组。淘汰黄标车及老旧车233380辆。

### 二、山西生态文明建设的基本经验

近年来，山西生态文明建设以邓小平理论、"三个代表"重要思想和科学发展观为指导，深入贯彻落实党的十八大和十八届届三中、四中、五中和六中全会精神，紧紧围绕省委、省政府关于推进生态文明建设、促进兴晋富民的总体部署和国家生态省建设的核心内容和总体要求，以污染物总量减排为抓手，着力解决影响科学发展和生态文明建设领域的突出问题，在生态文明建设实践中取得了以下几项基本经验：

一是以工业新型化为核心，促进产业结构优化升级。山西以传统产业新型化、新兴产业规模化为方向，出台实施重点产业调整和振兴规划。进一步加大落后产能淘汰和环境污染末位淘汰力度，累计关停小火电机组 443.36 万千瓦，淘汰落后钢铁产能 5346 万吨、水泥 2586 万吨、电石铁合金 181.3 万吨、焦炭 3282 万吨、造纸 29.8 万吨。对新建项目严格土地预审、环境评价、节能评估审查等审批条件，从产业准入、行业布局、能耗限额、信贷投放等方面，加强对电力、冶金、化工等"两高"行业的项目审批管理，严格控制新增能耗，抑制了高耗能高污染行业过快增长和产能过剩。深入推进服务业"1+10"工程，积极推动低能耗产业发展，实施了 218 个促进服务业发展的重点项目。全省第三产业对经济增长的贡献率逐年提高，三次产业内部结构进一步优化。

二是以循环经济为基本路径，促进经济发展方式转变。通过制定完善政策，加强组织领导，创新发展模式，加强科技支撑，加大资金投入，开展试点示范，初步建立完善了循环经济发展的保障体系，进一步加大了废弃资源综合利用和循环利用，节约型社会建设初见成效。

山西先后成立了各级政府主要领导担任组长的发展循环经济建设资源节约型社会工作领导组和循环经济促进会、循环经济研究院等服务机构，省人大出台了《山西省循环经济促进条例》《关于加快发展循环经济的决定》，省政府印发了《关于加快发展循环经济的实施意见》《山西省建设资源节约型社会行动纲要》《山西省清洁生产审核实施细则》《资源综合利用产品认定管理办法》《山西省人民政府关于加强节能工作的决定》和《山西省加快推进社会领域节能工作实施方案》等一系列相关文件；公布了《工业企业循环经济评价导则》、钢铁和焦化行业循环经济评价实施指南；开展了"煤炭行业循环化发展"等专题研究，提出了《关于推进煤炭行业循环发展的指导意见》等相关政策；编制了《山西省循环经济发展总体规划》《煤矸石综合利用实施方案》《山西省粉煤灰综合利用规划》等。针对山西资源禀赋、产业相近、容易耦合等特点，以试点示范为带动，确定省级循环经济试点单位186个，其中试点企业142个，试点园区20个，基本形成"一市一园""一县一企"循环经济试点局面。积极探索符合省情特点的循环经济发展模式，如煤炭行业的"煤—电—材、煤—焦—化"、煤化工行业的"洗煤—焦化—冶炼—水泥—余热发电"等。每年与循环经济相关项目的政府投资约57亿元，达到省煤炭可持续发展基金的67%，循环经济总体规划中的100个项目已建成75%以上，总投资约1400亿元。通过综合利用资源，每年可减少煤矸石、粉煤灰、冶金渣等固体废弃物排放量2700万吨以上，减少焦炉煤气等余热资源排放8亿立方米以上，形成矸石砖、粉煤灰砌块等利废建材生产能力150亿块标砖。

三是以节能降耗为重点，建设资源节约型社会。先后以国家"千家企业"、省"双百家"企业和"省千家"企业行动计划为载体，积极实施燃煤工业锅炉（窑炉）改造、余热余压利用、能量系统优化、电机系统节能改造等重点工程和节能技术改造重点项目，实现节能能力2500万吨标准煤以上。支持建设了约50万用户的大型沼气工程、约630万平方米地源热泵等可再生能源建筑示范工程、约2.5亿平方米以燃煤工业锅炉改造为重点的城市集中供热工程、约2086万支以农村和公共机构为重点的高效照明产品推广工程、约65万盏以市政交通和商业建筑等为重点的半导体照明产品应用示范工程、39万平方米公共办公建筑的节能诊断与改造工程、480万平方米既有居住建筑节能改造工程、1000万平方米建筑按热计量收费的热改工程等，社会领域节能形成年节能能力约980万吨标煤；初步建立健全了公共机构能源资源消费统计、监测体系和重点能耗企业网上能源消费月报制。推行合同能源管理、能源需求侧管理、节能自愿协议等节能新机制，全省节能服务公司已发展到80余家，节能投融资能力达到30亿元以上。积极实施每年两次的山西省能源紧缺体验日活动、全国节能宣传周等专题活动和"以步代车"、停开电梯、关停公共照明灯具等节能减排全民行动，引导全社会民众进一步树立节约意识，形成了"节约能源，从我做起"的良好风尚，营造了"节能减排，人人有责""节能攻坚，全民行动"的良好社会氛围。

四是以城乡生态化为突破，建设环境友好型社会。全省投入城市建设与环境保护资金600余亿元，按照"县县有污水处理厂、垃圾处理厂、生态公园"的目标，支持污染防治和生态环境综合整治等基础设施建设。建成132座城市污水处理厂，城市生活污水处理能力由2005年的143.61万吨／日提高到295万吨／日，圆满完成了省委、省政府县城污水处理厂"全覆盖"工程。实施了太原西山环境综合整治、汾河流域生态环境修复治理、十市生态环境综合治理的"2+10"生态修复治理工程，汾河清水复流和生态补水取得积极成效，流域地下水位较治理前平均回升3米以上，局部地区地下水位回升达16米，汾河多年季节性断流后实现了全线复流；实施了100个农村环境集中连片整治工程，有效控制了农村面源污染。全省燃煤电厂提前两年实现了全行业脱硫，焦化行业已基本实现焦炉煤气全脱硫，基本实现了电力、冶金、焦化等行业生产废水"零排放"，9208家重点工业污染源实现全面达标排放。每年营造林450万亩以上，2011年至2013年，山西营造林面积连续3年位列全国前三名，是全国造林面积最大的省份之一，森林覆盖率由2005年的13%提高到18%以上。

五是以资源整合为抓手，促进资源集约节约利用。按照国务院于2006年4月做出的在山西开展煤炭工业可持续发展政策措施试点的重大战略决策，省政府下发了《关于推进煤炭企业资源整合和有偿使用的意见（试行）》，通过了《山西省煤炭资源整合和有偿使用办法》（省政府187号令），实施了煤炭资源整合和有偿使用、非煤矿山企业资源整合和有偿使用、煤矿企业兼并重组整合等三大专项行动。目前，煤炭资源整合和煤矿兼并重组工作已全面完成，矿产开发产业集中度、产业素质、产业竞争力、安全生产水平和资源利用效率大幅提升。积极加强对煤炭资源开发的宏观调控能力，山西12个煤炭国家规划矿区的矿业权设置方案全部获得国家批复，对新设立的煤炭矿业权实行有偿使用，征收矿业权价款。同时建立了煤炭矿业权价款的合理分配和使用制度，主要用于解决因采煤引起的生态环境破坏和国有企业办社会等历史遗留问题，以及关闭合法矿井的补偿和煤矿企业所涉及乡村的地质生态环境治理等。

六是以创新体制机制为支撑，强化政策措施保障。采取财政贴息、税收优惠、差别电价、阶梯水价等措施，进一步完善产业发展机制，支持接续替代产业、高新技术产业和现代服务业发展。深化资源性产品价格改革，促进资源优化配置。继续深化煤炭工业可持续发展政策措施试点，建立起了以煤炭可持续发展基金、矿山生态环境恢复治理保证金为主的生态环境综合补偿机制。建立和完善循环经济促进机制，探索建立资源型产业与非资源型产业均衡发展机制，引导优势资源投向转型发展的重点领域、重点企业和重点项目。建立流域跨界断面污染补偿机制，排污权交易制度、超量减排奖励制度。成立了山西省排污权交易中心。设立了环境质量改善奖励资金，每年对环境质量改善明显的 2 个市、20 个县（市、区）进行奖励。

### 三、生态文明建设领域存在的问题

近年来，在国家的大力支持和全省上下的共同努力下，山西在生态文明建设方面取得了一定的成效，但在发展理念、产业结构、体制机制、管理方式、能力建设等方面仍然存在一些制约生态文明建设的突出问题。

一是重经济发展速度轻发展质量的问题仍然存在。有的市、县在发展观念上重 GDP 增长、轻资源节约和环境保护，一些企业重经济效益、轻社会责任等问题仍然不同程度地存在。围绕"四个全面"的战略布局，树立符合科学发展观的政绩观，实现科学发展、绿色增长依然是山西生态文明建设的当务之急。

二是产业结构畸重的问题仍未得到有效改善。山西煤、电、冶、焦、化、建等六大高耗能行业比重占规上工业约 90% 左右，能耗比重占规上工业的95%左右，增加了节能降耗、产业结构调整与促进发展方式转变之间的矛盾和压力，一产弱、二产重、三产不强的产业结构重型化趋势很难在短期内得到根本扭转。特别是在我国经济进入新常态，山西作为全国煤炭大省告别煤炭扩张期，全省经济承受着资源型经济由"一煤独大"向多元发展艰难转身的阵痛，经济发展速度明显放缓，工业持续下滑，特别是煤炭行业运行困难，产业结构畸重的问题更加突出，产业结构优化调整步履变得更加艰难。

三是生态环境修复治理的压力十分巨大。山西每采1吨煤炭造成水资源损失2.48立方米，每采1万吨煤炭造成土地沉陷0.33公顷、水土流失235公顷。据测算，因采煤造成的生态环境经济损失高达115元/吨。在生态环境建设方面难以做到"渐还旧账，不欠新账"。同时，农村环境保护滞后，综合整治任务艰巨。山西广大农村地区环保基础设施建设落后，生活污水和垃圾污染日趋严重，环境卫生状况不容乐观，农村地区工矿企业引发的污染问题日益增多，畜禽养殖、农业面源已成为水体污染的重要因素。

四是高耗产能严重过剩，节能减排压力加大。目前，畸重的产业结构给山西带来了严重的生态破坏和环境污染。煤炭开采运输、煤矸石露天堆放、大量燃煤锅炉的使用等，是造成山西省大气、水体、土壤污染的主要原因。据统计，山西省二氧化碳排放量是全国平均水平的2倍，居全国第四，氮氧化物排放量居全国第七，烟尘排放量全国第一，工业粉尘排放量也在全国前列；汾河流域71%断面超过五类水质标准。同时，随着重点工业企业环保设施的建成投运，污染减排的空间在日趋收窄，加之新增固定资产投资大多还集中在电力、能源、煤化工等领域，新增污染物的排放量成倍增加，大大加重了污染减排的压力。

五是生态文化建设落后，思想观念比较陈旧。长期以来受思想认识的局限，部分干部群众将生态环境与经济建设对立起来，认为山西欠发达，搞生态建设影响经济发展，缺乏环境经济支撑、人与自然和谐的观念，导致生态建设的活力与内生动力不足。同时，由于政策导向有所偏差及资金投入不足，环境保护工作侧重考虑废气、废水、固废等环境因素，进行分散地、单要素地治理，未将生态环境保护与生态安全、社会经济发展规划、产业布局、基础设施建设、土地利用等方面紧密结合，未形成全局性、系统化的生态环境保护体制机制，制约了经济与生态环境的协调发展。

六是顶层设计相对滞后，政策措施不够健全。改革开放以来，经过全国上下各方面的努力，我国初步形成了一系列保护资源环境的法律法规，先后颁布了 20 余部资源与环境法律、100 多件法规和规章，这些法规和制度对我国资源环境的保护和可持续发展实施起到了积极的作用。但从总体上说，保护资源环境的法规、制度建设仍然无法很好适应社会环境管理的需要，资源环境保护没有真正走向法制化和规范化的轨道。资源环境类指标，主要限于强度控制和总量控制的模式，如何体现资源环境的质量控制和保护，还有待完善。山西作为能源大省，生态破坏和环境问题突出，对生态文明建设的考核机制、问题机制和完善山西生态文明建设评价体系还不健全，需要在实践中加以完善和调整。

## 第二节　在山西全面建成小康社会进程中加强
## 生态文明建设的重大意义

生态文明建设的概念是随着认识的逐渐深入、研究的不断加强、实践的不断推进，逐渐得到丰富和发展的，它是人类工业文明发展到一定历史阶段的必然产物。对山西来说，生态文明是加快转变经济发展方式的必然要求，是实现发展经济、改善民生、保护生态共赢的必由之路，更是全面建设小康社会的应有之义。

### 一、生态文明建设是全面建成小康社会的应有之义

党的十八大报告中，建设中国特色社会主义的总体布局被确定为以"五位一体"为核心的基本方略，在"五位一体"建设中，经济建设是根本，政治建设是保障，文化建设是灵魂，社会建设是条件，生态文明建设是基础。要实现全面建成小康社会的发展目标，生态文明建设是必由之路。

#### （一）生态文明建设是全面建成小康社会的必然要求

生态文明建设是实现全面建成小康社会奋斗目标的必然要求，在当前既具有迫切性，又具有战略重要性。

首先它是落实科学发展观的内在要求。科学发展观的核心是以人为本，强调发展的目的是不断满足人民群众日益增长的物质与文化需要，提高人民的生活质量与水平，促进人的全面发展。落实科学发展观要求必须坚持统筹兼顾，统筹人与自然和谐发展；必须坚持全面协调可持续发展，坚持生产发展、生活富裕、生态良好的文明发展道路，

建设资源节约型、环境友好型社会，实现速度和结构质量效益相统一、经济发展与人口资源环境相协调，使人民在良好生态环境中生产生活，实现经济社会永续发展。如果因为片面发展，导致生态严重破坏，人民的生活环境恶化和生活质量下降，就背离了科学发展观的要求，违背了发展的初衷。

其次它是构建社会主义和谐社会的重要目标。实现人与自然和谐相处是构建社会主义和谐社会的重要目标。生态文明是社会主义和谐社会的生态条件。如果过度地消耗自然资源，严重恶化生态环境，导致人与自然关系紧张，势必引起人与社会关系的紧张，造成社会的不和谐。

再次它是实现全面建成小康社会奋斗目标的新要求。因为在我国这样的人口大国，在建设惠及十几亿人口的高水平的小康社会过程中，始终面临着资源短缺和环境限制的约束。如果不改变传统发展思维和模式，继续沿袭高投入、高能耗、高排放、低效率的粗放型增长方式和走先污染后治理、边污染边治理的发展道路，全面建设小康社会将无从实现。

最后，它是由我国基本国情决定的。我国是一个发展相对落后、人均资源短缺、环境承载力弱的国家。过去的发展在使我们取得巨大成就的同时，也使我们付出了资源过度消耗、环境严重污染的沉重代价。这样的发展不但不能持久，而且会抵消既有的发展成果，危及我们及子孙后代的生存与发展。恩格斯早就指出："我们不要陶醉于我们人类对自然界的胜利。对于每一次这样的胜利，自然界都会对我们进行报复。"所以，我们要学会与自然和谐共处。

因此，为了促进国民经济又好又快发展，实现全面建成小康社会奋斗目标，就必须在全社会牢固树立生态文明观，建设生态文明，实现人与自然的和谐发展。正因为如此，党的十八大报告中将"大力推进生态文明建设"作为全面建成小康社会的必然要求和重大任务，为我国这样一个人口大国、资源消耗大国如何保护生态环境、实现可持续发展指明了方向。

**（二）生态文明建设是全面建成小康社会的必由之路**

全面建成小康社会，涵盖了经济、政治、文化、可持续发展等多个方面。生态文明和物质文明、精神文明、政治文明共同构成全面建成小康社会的追求理念。社会主义的物质文明、精神文明、政治文明离不开社会主义的生态文明。生态文明是经济增长、和谐稳定、民生改善的汇聚点。没有良好的生态条件，人类既不可能有高度的物质享受，更不可能有高度的精神享受和政治享受。没有生态安全，人类自身就会陷入深刻的生存危机。建设社会主义物质文明，必然要求社会经济与自然生态的平衡发展和可持续发展；建设社会主义精神文明，包含着环境保护和生态建设的精神追求；建设社会主义政治文明，内在地包含着符合生态文明建设的制度安排和政策法规。从这个意义上说，生态文明是物质文明、精神文明、政治文明的基础和前提，也是物质文明、精神文明和政治文明的具体体现。

**二、着力加强山西生态文明建设的重要战略意义**

**（一）加强生态文明建设是推动山西绿色发展的本质要求**

绿色发展是山西建设生态文明社会的内在要求，是实现美丽山西的必由之路。《2014 年中国省市区生态文明水平报告》研究表明，2013 年山西生态文明水平在全国排 29 位，为倒数第二。这个排名凸显出山西长期形成的过度依赖煤炭资源，重型化、低端化、高碳、低效的经济社会发展模式已严重影响了全省生态文明建设。加快推动绿色发展，让三晋大地山更绿、水更清、天更蓝、空气更清新，已经成为重塑山西、富民强省和全面建成小康社会的迫切需要和长久之策。

着力推进"绿色发展"，是山西实现经济、社会与生态环境协调、可持续发展的本质要求。绿色是生态文明建设的基础，绿色发展是推动生态文明建设的应有之义。近年来，山西尽管在控制主要污染物排放和节能减排上取得了明显成效，但在全国仍处于后进水平。生态环境脆弱，水土流失严重，森林覆盖率低，生态防护功能不强。煤炭采空区面积不断扩大，采矿地质灾害频发，循环经济发展缓慢，绿色新政、绿色社会尚未形成全社会的普遍意识。要改变这种状况，就必须把绿色发展融入经济社会发展的各个领域，从根本上摒弃"吃资源饭、环境饭，断子孙路"的发展方式。要以循环经济为重点，构建绿色产业体系。要构建资源综合利用和能源梯级利用的现代循环经济产业体系，建立完善以资源产出率为核心的循环经济评价指标体系，开展循环经济发展成效的评估。山西传统主导产业都具有高能耗、高污染、高排放特征，而且相当多的废弃物具有很高的回收利用价值，仅现存的 12 亿多吨煤矸石，就可产生等同于 3.5 亿多吨优质动力煤的热能。要加快国家工业固体废物综合利用基地建设试点工作，加快"四气"（煤层气、天然气、焦炉煤气和煤制天然气）产业一体化、规模化、专业化发展，提高回收利用率。要严格淘汰落后产能，严控"两高"行业新增产能。要以兴水增绿为重点，加强生态环境治理保护。山西生态基础脆弱，植被覆盖低，水土流失、缺水和水资源破坏严重。要严守山西主体功能区规划确定的生态红线和开发底线，大力植树造林，注重提质增效，积极推进林业"六大工程"①建设，全省造林绿化必须坚持"山上治本、身边增绿、产业富民、林业增效"的发展思路。不断提高全省森林覆盖率和碳汇蓄积量，构筑生态屏障。要统筹山水林田湖治理，加大以大水网为中心的重点水利工程建设力度，提高全省生产生活用水和生态用水的保障能力。要系统推进水土保持、水污染防治、水生态保护、空中水资源开发利用和造林绿化、退耕还林、湿地保护等工作，突出抓好汾河等重点流域生态环境修复治理。要加快包括采煤沉陷区、采空区在内的矿山生态恢复治理，做到补上旧账、不欠新账。要以雾霾治理为重点，持续开展整治违法排污企业、冬季大气污染联防联控、违法排污排查整治、省城环境治理等专项行动，不断提升全省环境质量水平。

（二）加强生态文明建设是山西资源型经济转型发展的客观需要

加快推进生态文明建设是推进山西资源型经济转型发展，加快转变山西经济发展方式的客观需要，这是由山西的特殊省情决定的。作为位处我国中西部资源型地区、半干旱生态脆弱区，山西的生态文明建设必然要比其他省份付出更多的努力。数十年来，山西通过输煤输电为全国作出了巨大贡献，但也积累了水土流失、地面塌陷、固废堆积、环境污染等大量生态环境问题。山西是国家确定的唯一全省域、全方位、系统性的资源型经济转型综合配套改革试验区。要实现资源型经济转型，就必须把生态文明建设放在突出位置，就必须在实践中以生态为先、转型为重、民生至上，努力探索出一条以生态文明建设

---

① 即省委、省政府确定的"两山"造林工程、"两网"绿化工程、"两林"富民工程、"两区"增绿工程、"双百"示范工程、"双保"管护林业六大工程。

促转型升级、以转型升级保生态文明建设的、具有资源型地区特点的
生态文明发展之路。为此，山西在综改试验区建设中，把生态修复作
为四大主要任务之一。

推进资源型经济转型是山西生态环境建设的核心和重点。加快生
态文明建设，要求山西构筑主导产业发达、新兴产业多元、三次产业
协调发展的新型生态经济体系。山西应立足省情、多元拓展，从产业
政策、产业布局、区域布局上引导发展非资源型、环保型、低碳型、科
技型产业，着力推动煤焦化铝产业链条向高精尖方向拓展延伸，积极
推动以旅游业为龙头的第三产业加快发展，从而有力推动以资源优势
向多领域产业优势拓展延伸。

(三) 加强生态文明建设是实现山西可持续发展的必然要求

加强生态文明建设，加强生态环境保护，是实现经济可持续发展
的必然要求。生态文明建设强调尊重自然，顺应自然、保护自然，以
自然环境的承载能力为基础，建设生产发展、生产富裕、生态良好的
文明社会。这与国际上倡导的可持续发展理念是一脉相承的，两者异
名而同出，内容相近，相互融通。

当前，山西仍处于工业化、城镇化加速推进阶段，资源、环境约束
仍在加剧。只有痛下决心，加快调整经济结构、转变经济发展方式，改
变高能耗、高污染的粗放式发展方式，有效保护生态环境，才能破解
资源环境约束难题，实现可持续发展。作为煤炭大省的山西，多年来
煤炭的开采对生态环境造成了极大的破坏，可持续发展能力弱是山西
经济发展中亟待解决的重要问题。要实现人与自然的充分和谐，实现
可持续发展，就必须遵循自然规律、建设生态文明，走可持续发展之
路，就是要把生态文明建设融入经济建设、政治建设、文化建设、社

会建设各方面和全过程，既要满足当代人的需要，又不危害后代人满足其自身需求的能力。所以加强生态文明建设与可持续发展一脉相承，又超越了可持续发展的内涵，成为一种文明形态。

（四）加强生态文明建设是山西全面建成小康社会的内在要求

党的十八大把"大力推进生态文明建设"作为全面建成小康社会的必然要求和重大任务，制定了"五位一体"的战略布局。对于山西来说，加快推进生态文明建设，对于到 2020 年末全面建成小康社会目标的实现意义尤为重大。

根据 2012 年山西省统计局发布的《山西省全面建设小康社会进程统计监测报告（2011）》中数据表明：2011 年山西全面建设小康社会实现程度为 78.4%，比全国平均水平低出 4.8 个百分点。从全面建设小康社会的经济发展、社会和谐、生活质量、民主法制、文化教育、资源环境等六大监测领域来看，民主法制方面实现程度最高，为 96.1%；其次是社会和谐、生活质量和文化教育 3 方面，实现程度分别为 90.2%、85.1%、78.5%；经济发展与资源环境方面的实现程度，分别为 67.8% 和 62.7%。

由此可以看出，与全国相比，山西落后于全国全面小康社会发展水平的差距主要体现在经济发展和环境质量两个方面，特别是环境质量成为制约 2020 年山西全面建成小康社会的主要因素，生态文明建设成为山西最大的"短板"，也是山西全面建成小康社会攻坚克难的关键所在。在资源环境领域中，包括单位 GDP 能耗、耕地面积指数和环境质量指数三个分项指标，其中单位 GDP 能耗和环境质量指数差距较大，值得关注。

山西是典型的农村小康建设比较滞后的地区，农村全面建成小康社会的实现程度不仅落后于全国和其他发达地区，而且落后于全省平均水平。这是山西整体小康社会建设的重中之重。此外，山西区域发展不平衡是最大的特征，主要问题是连片特困地区的贫困问题依然严峻。要实现全面建成小康社会，落后贫困地区当然也应包括在其中。山西是中部地区的欠发达省份，在各方面与东部沿海地区差距还很大，有些地方还很落后，群众的生活水平较低，脱贫致富任务繁重。由于农村经济的相对滞后，生态环境意识不强，在生态链条中也确实存在着贫困因素导致自然环境受到破坏的现象，人们所从事的农业活动常常会违背生态环境的自然规律，对生态环境的破坏就比城市的破坏更为严重。这就要求在加快经济发展，引领带动落后地区全面建成小康社会的同时，要兼顾环保和生态协调，加强生态文明建设，力求避免贫困和生态环境恶化的恶性循环。

## 第三节　以生态文明建设推进山西全面建成小康社会的突破口和实施路径

新常态下，能源革命将推动我国能源领域传统的生产和消费方式产生巨大变革，山西作为全国重要的能源基地，如何通过调整和转变发展方式，圆满实现全面建成小康社会目标成为全省经济社会发展的最重要命题。当前，山西正在按照"一个指引，两手硬"的重大思路和要求，大力推动经济结构调整和转型升级，生态文明建设将成为统领转型发展、绿色发展、循环发展和低碳发展的重要抓手，是实现全面建成小康社会目标的重要路径。

**一、做好两篇大文章，为山西全面建成小康社会提供经济支撑**

当前，全力推动转型发展是山西建设小康社会的攻坚战、持久战，要走出资源型地区转型发展的革命之路，需要做好"煤"与"非煤"这两篇大文章。

（一）做好煤炭这篇大文章，推进煤炭产业转型升级

长期以来，煤炭一直是山西经济倚重的第一大支柱产业，在山西的 119 个县（市、区）中，94 个县（市、区）有煤炭资源分布，60% 以上是产煤大县，煤炭产业是全省经济增长的支柱、资本积累的主体，山西的发展、山西的命运与煤炭紧紧联系在一起。但是自 2012 年起，全国煤炭价格就开始持续大幅下滑，且难有上升迹象，山西经济不断受到重创，2014 年、2015 年的经济增速均低于预期[①]。我们必须清醒地认识到，当前，山西煤炭产业正处于艰难时期，全省经济发展也正处于艰难时期。站在新的历史起点上，我们必须把"生态文明"上升到一个更高的层面，把生态文明建设和转型发展紧紧联系起来，用"生态文明"建设的全新理念做好煤炭这篇大文章，要推动煤炭产业由政府主导型向市场决定型、由数量型向集约型、由高碳型向低碳清洁型、由单一型向综合型、由冲突型向友好型、由生产型向服务型转变。

（二）做好非煤产业发展这篇大文章，大力培育发展新的支柱和优势产业

当前及今后一段时期，山西要实现"塑造美好形象、实现振兴崛起"的目标，单靠煤炭产业难以实现，山西要走出资源型经济和"一煤

---

[①] 2014 年，山西全省地区生产总值 12759.44 亿元，按可比价格计算，比上年增长 4.9%，在全国 31 个省市中经济增速垫底；2015 年，山西全省地区生产总值 12802.6 亿元，按可比价格计算，比上年增长 3.1%，增速排全国倒数第二位。

独大"的困局，必须通过发展和壮大非煤产业来破题，必须从煤炭思维的路径依赖中走出来，要在非煤产业上选准着力点，通过大力培育发展新的支柱和优势产业，为山西的经济发展提供新的支撑。

一是要大力发展以文化旅游业为龙头的第三产业。要积极推动文化与旅游产业融合发展，将文化旅游资源大省打造成为文化旅游强省。

二是要重点培育高端装备制造、新材料、生物医药、煤层气等战略性新兴产业。以重大项目为龙头、高成长项目为纽带，带动潜力项目发展壮大，积极打造具有山西特色的现代工业产业体系。

三是加快发展生态农业、绿色物流、节能环保等绿色、低碳产业。大力推广互联网、物联网、云计算等新一代新技术应用，通过用地保障、财税支持、融资支持、简化行政审批、价格优惠等措施，推动行业向绿色、集约、高效发展。

## 二、大力实施"科技创新"，为山西全面建成小康社会提供内在动力

作为典型的资源型省份和老工业基地，山西经济发展动力长期以要素驱动、资本驱动为主，科技创新的底子薄，基础差。近几年，全省创新发展的物质基础得到较大改善，2013 年，全省研发经费投入强度达到 1.23%，科技财力投入水平在全国排名上升至第 16 位，科技人力投入水平也达到第 7 位；2014 年，山西初步建立了"131"创新驱动战略体系，加快推进创新型省份建设将成为全省建成小康社会的动力源泉。

一是要把科技创新与生态文明建设的基本要求和目标紧密结合起来。充分发挥科技在转变经济发展方式和调整经济结构中的支撑引领

作用，紧紧围绕实现高碳资源低碳发展、黑色煤炭绿色发展、资源型产业循环发展等提供科技支撑，不断加大传统产业的技术改造升级力度，大力推广采用新技术、新工艺；要加大技术创新力度，聚焦煤基产业技术创新难点和重点，通过技术跟踪、模仿、消化吸收和自主创新，尽快在煤电、现代煤化工、煤层气、煤机装备、煤基新材料等领域掌握一批核心技术，取得一批标志性的技术成果，确立山西煤基产业技术创新在全国的领先地位。

二是要着力完善区域创新体系，完善产业与科技有机结合的体制机制。围绕山西煤基产业创新链各个环节的需求，组织实施好首批煤基重点科技攻关项目，组建一批综合实力较强的产业技术创新战略联盟，破解一批制约煤基产业发展的技术瓶颈，为全省转型发展提供科技支撑。尽快启动升级创新型市县建设，推动太原国家级创新型城市试点建设，以点带面推动省域科技整体实力的提升。整合区域内科技创新资源，加强新材料、装备制造、节能环保、文化旅游等领域的技术创新平台载体建设，创新大型科学仪器设备、科学数据的共享共赢模式，不断改善和提升科研基础条件。要持续抓好知识产权优势企业培育工程、科技小巨人企业培育计划、创新型企业和高新技术企业培育认定工作，支持企业建立研发机构，夯实区域创新体系的微观基础。

三是要继续加大资金、人才、基础平台建设等科技创新的要素投入。要在人才、财力、物力等方面形成全方位保障，不断改善创新环境、激发创新活力，保证各项创新工作持续有效展开。财力投入方面，要继续保持并适当加快全省科技研发投入的增长速度，使全省研发投入强度尽快达到全国平均水平；人才保障方面，要大力实施三晋创新人才支持计划，引进一批国内外高新技术产业的高端研发技术人才；基础平台建设方面，以科技资源共享、科技企业孵化和高新科技产业发展为核心，建设服务全省创新发展的立体式综合平台体系。搭建全省科技资源共享平台、科技企业孵化器公共服务平台和高新技术产业中试平台，形成国家级、省级与地市级三个层次的立体型网络化产业发展平台。

### 三、着力推进"绿色发展"，在全面建成小康社会中"先走一步"

绿色发展是人类对经济、社会、文化等各领域发展理念的全面更新，我国"十二五"规划首次将"绿色发展"作为主题专篇论述，标志着中国进入"绿色发展"时代。山西省第十次党代会就确定，我们要实现粗放高增长向集约绿色发展方式转变，强化低碳发展理念，全面实行煤炭等资源的清洁开采和高效利用，建设生态矿山，降低发展环境生态代价，提升环境容量和生态承载力，构建具有资源型地区特点的人与自然和谐、经济与社会协调的发展模式。要走出一条资源型地区"绿色发展"的新路，就要积极推动传统产业升级改造，走新型工业化发展之路。

一是要严格控制传统行业项目准入。严格控制高耗能、高排放和产能过剩行业新上项目，强化节能、环保、土地、安全等指标约束，严格实施污染物排放总量控制，将二氧化硫、氮氧化物、烟粉尘和挥发性有机物排放符合总量控制要求作为建设项目环境影响评价审批的前置条件，所有新、改、扩建项目，必须全部进行节能评估审查和环境影响评估。

二是要加快淘汰落后产能。依法淘汰"两高"行业的落后产能，严格任务落实到部门、责任到个人；重点在煤炭、钢铁、焦炭行业加快淘汰落后产能进度，进一步提高环保、能耗、安全、质量等标准，加大执法处罚力度，争取提前实现既定目标任务。

三是要加快传统产业的改造提升力度。重点支持煤矿安全改造、瓦斯治理示范矿井建设、煤矿产业升级项目建设，加快推进煤电一体化步伐，在煤源、动力、资金、深加工等方面对主体企业提供倾斜支持。扎实开展企业技术改造，运营高新技术和先进适用技术对传统产业的设施装备、工艺条件进行改造，推进产业优化升级、产品更新换代，提高资源利用率，降低产业能耗。加快推进冶金、焦化、电力等传统产业的兼并重组，通过产业组织结构调整，使生产要素向优势企业集中，提高企业的规模经济效益。

**四、全面推动"循环发展"，为全面建成小康社会提供产业载体**

作为国家循环经济试点省，山西经济长期以来过度依赖煤炭产能扩张，常常陷入"因煤而兴、因煤而困"的困局。当前，全面推动循环经济发展模式，重点提升和改造以煤炭、焦化、冶金、电力等传统产业为主的传统产业，打造新的循环经济产业链，将有效提升资源能源利用水平和促进资源就地转化，增加产业附加值（见图1）。

要实现山西煤炭产业循环发展目标，重点是要打造煤电、煤焦化、煤气化、煤液化这四条煤炭产业循环经济链条，推动煤炭产业链条向高端延伸。在煤炭开采使用过程中，一是要加快推广"保水开采"技术，对矿井水能够实现循环综合利用，经过加工处理后向矿井生产、居民用水、电厂用水延伸；二是要注重对煤矿瓦斯的有效利用开采，推广煤与瓦斯共采技术应用，生产燃气、低浓度瓦斯和其他化工原

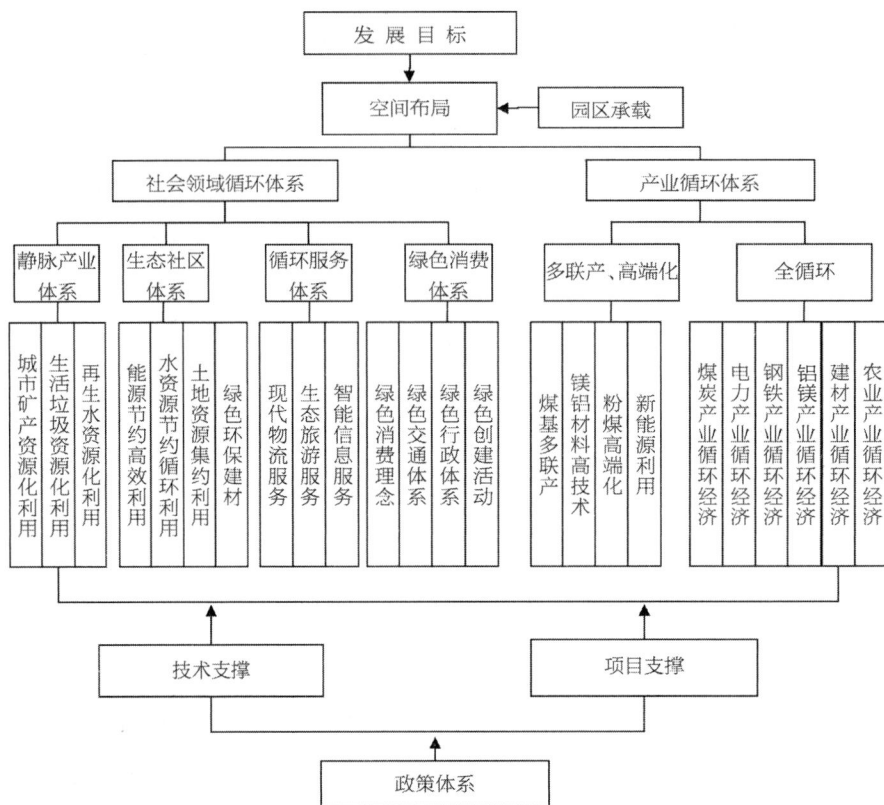

图 1　山西循环经济推进图

料的综合加工产品，用于电厂发电、可用燃气等；三是要促进煤矸石、粉煤灰、灰渣等伴生和二次资源的综合利用，用于发电、建筑原料、塌陷、复垦区充填物等，大规模推动矿区用于农业耕地、林业用地和建设用地的土地复垦工作；四是要注重煤炭洗选加工技术的推广，提高洗精煤在煤炭产品中的比例，全面提升外送煤炭品质，提高产品的附加值。

冶炼产业是山西的优势产业，循环发展的关键在于资源的全过程高效利用。一方面，在资源规划开发过程中，要实现资源的综合开发，大幅提高采矿回采率、选矿回收率，加强对能源、原辅材料、水资源的消耗管理，降低单位产品能耗；另一方面，要加快废渣的综合利用。推广利用水淬法、热焖法、热泼法及自然风化法等对转炉钢渣进行处理，加工生产建材产品、钢铁冶炼熔剂等，要注重对尾矿实现再选，鼓励尾矿回采用于生产建筑用砂、石料、模板、空心块、硅酸盐水泥、陶瓷产品等循环类项目建设。

积极推进工业固废利用，大力发展以资源回收利用为特色的建材产业循环发展模式。大力研发以煤矸石、粉煤灰、建筑渣土、冶炼废渣和化工废渣等固体废物利用为主的新型墙体材料生产加工技术，为建筑业提供承重强度高、隔热性好、含水率低、装饰性好的绿色高性能墙体材料产品，确立低成本优势，形成特色产品，挖掘资源循环利用潜能，打造"生态友好型"建材产品典范。

**五、大力倡导"低碳发展"，为全面建成小康社会提供基础环境**

低碳发展是生态文明建设的重要体现，其基本点是把二氧化碳排放量尽可能减少到最低限度乃至实现零排放（脱碳化），进而获得最大的生态经济效益。山西"高碳排、高污染、高增长"发展特征不能支撑山西经济的可持续发展，与生态文明建设背道而驰。只有大力倡导低碳发展模式，才能为生态文明建设和全面建成小康社会提供良好的环境基础。

以节能减排工作为重点推进低碳工业发展。山西是全国最大的能源和重化工基地之一，资源消耗强度大、能源利用效率低、环境污染和生态环境破坏成为制约山西经济社会发展的短板和瓶颈。今后，山西要以电力、焦化、钢铁、有色、建材、化工等行业为重点，深入推进工业节能减排工作。加快推行清洁生产,从源头和全过程降低能耗;要组织开展工业能效提升行动,深入实施能源审计、能效对标、能效领跑者活动;在重点行业强制推广节能潜力大、应用面广的先进节能技术、设备和产品;加快推进节能新技术研发、示范和产业化,增强企业自主创新能力。

以现代农业技术推广为重点推进低碳农业发展。推广适合农村生产生活特点的节能新技术、新材料、新工艺、新型房屋结构体系的农村住宅;推广深耕、深松蓄水、培肥覆盖、覆膜播种、带水播种、暗管输水、喷灌、微灌等机械化旱作节水技术;推广小麦精量机播、玉米精播、全株距精密播种、化肥深施、犁底施肥等农机节本增效技术;推广集约、高效、生态畜禽养殖技术,强化动物疫病防治措施,利用太阳能和地热资源调节畜禽舍温度,充分降低饲料和能源消耗。

以建筑、交通运输领域为重点推动低碳服务业发展。尽快建立可计量、可统计、可考核的建筑节能指标体系,以绿色生态理念指导城乡规划编制和城乡建设;加强大型公共建筑的节能改造工作和节能运行管理,积极推进"无纸化"办公。加快推广 ETC 联网和半导体材料节能照明改造工程,建立交通运输领域合同能源管理制度,提升节能减排监管能力。

## 第四节　山西以生态文明建设推进全面建成小康社会的对策建议

全面建成小康社会目标,涵盖了经济、政治、文化、可持续发展等多个方面,生态文明是经济增长、和谐稳定、民生改善的汇聚点,是全面建成小康社会的必由之路①。当前，全国经济发展正进入"新常态"，不论是在经济发展方式、产业结构组成、资源环境保护还是人民的生产生活消费领域，都正在发生一些长期性、趋势性变化，山西作为国家资源型经济转型综合配套改革试验区和循环经济试点省份，必须要牢牢把握这一关键的时间节点，以"推动绿色发展，建设美丽山西"为目标，深入贯彻落实绿色发展理念，大力抓好生态环境建设重点工作，不断强化生态文明制度保障，以生态文明建设为重要途径，大胆探索、先行先试，走出一条具有山西特色的生态文明建设之路。

### 一、确立"生态立省"战略

当前，对于生态文明建设的重要性和紧迫性已经在山西达成高度共识，但生态文明建设仍处在刚刚起步阶段，山西的实践探索还有许多紧迫的工作要做，其中建立一个战略构想和框架设计是亟须解决的首要问题。

自 2012 年起，全国先后有贵州、青海、河北、海南等省将"生态立省"纳入本省发展战略，并提出了实施意见和相关的具体措施。就山西而言，需要尽快确立"生态立省"战略，要结合山西省情，解决山西改革和发展实践中遇到的实际问题。

一方面，要加强山西自然、经济、社会发展的关系研究，确定符合山西省情的"生态立省"战略框架，包括总体思路、基本原则、任务目标和评价体系方法。

---

① 张通：《推进生态文明建设为全面建成小康社会奠定基础》，载《中国环境报》，2012-11-15。

生态文明是一个系统工程，从本质上要求"融入经济建设、政治建设、文化建设、社会建设各方面和全过程"，在"空间格局、产业结构、生产方式、生活方式"多层次多领域，实现"人口资源环境向均衡、经济社会生态效益相统一"的根本变革。

与其他省份相比，典型的资源型经济特征是山西推动生态文明建设的大背景。在这一背景之下，山西确立"生态立省"战略，首要前提是解放思想，要从煤炭依赖、政府依赖、内陆经济思维定式、计划经济模式、守成求稳的心态中解放出来。要以资源型经济的整体转型为核心，实现产业结构、经济增长方式、发展动力、经济环境等方面的全方位转型，要以"渐还旧账、不欠新账"为原则推动生态文明建设进程。

从时间跨度上看，生态文明是一个长期艰巨的建设过程，山西正处于工业化中期阶段，传统工业文明的弊端日益显现，为此，生态文明建设既需要"补上工业文明的课"，又要"走好生态文明的路"，这就需要在总体思路和目标任务设定上做好中长期谋划，要将生态文明建设作为一项长期性、系统性任务推进，要有生态文明建设各项任务落实的长效机制，要科学确定阶段性目标，研究、筛选、建立评价指标体系和评价方法，客观评价、动态跟踪、综合考核生态立省战略的成效，为正确评价生态立省战略实施提供方法和依据。

另一方面，要以"生态立省"为引领，全面推进生态立法、生态保护、生态经济和生态文化建设。

山西确立"生态立省"战略，其中形成生态经济发展模式是关键，推进生态立法是前提，大力实施生态保护是重点工作，构建生态文化是保障。

生态经济是建立在自然界的生态系统与人类社会经济系统相互作用基础上的复合系统的发展过程，整个系统的最大化建立在内部系统效益均衡协调的基础上。山西要确立生态经济发展模式，当前的首要工作是尽快转变工业生产方式和经济增长模式，从源头上减少资源消耗过度和污染排放问题，在树立起绿色发展、循环发展理念之后追求社会经济发展系统与整个生态系统的相融和协调。当前，要把生态经济与转型发展紧密结合起来，把生态经济作为长期目标和指导思想指导全省转型发展的实践。

强化国家立法和法律监管是实现"生态立省"的法律保障。当前，我国出现的许多生态与环境问题事件的重要原因是法制不力。为此，山西需要在国家出台的各项生态环保法律法规的基础上，逐步建立健全以相关法律为基础、各种行政法规相配合的法律体系，特别是要加强生态与环境相关地方性法律法规的修订和衔接工作，并不断强化执法监督，依法打击各种违法犯罪行为，使生态与环境保护和建设走法制化的道路。

生态保护与生态环境改善是"生态立省"战略的突破口，对山西来说，要以低碳发展、绿色发展、循环发展为目标，从源头上扭转生态环境恶化的趋势，并持续加强生态保护与修复，促进形成自然生态和人居环境的良性循环。要通过"三突破""四不出""五禁止"和"六循环"四大路径，走出资源型省份生态文明建设的新路（见表7）。

**表7 山西生态文明建设的四大路径**

| 四大路径 | 含义 | |
|---|---|---|
| "三突破" | 1.燃煤锅炉技改突破 | |
| | 2.污水治理突破 | |
| | 3.煤矸石利用突破 | |
| "四不出" | 1.工业废水不出厂（工厂） | |
| | 2.不出园（工业园） | |
| | 3.不出城（城镇） | |
| | 4.不出区（区域） | |
| "五禁止" | 在生态功能区域内严格： | |
| | 1.禁建（工业及民用建筑等） | |
| | 2.禁排（污染物） | |
| | 3.禁采（矿产资源） | |
| | 4.禁牧（畜牧散养） | |
| | 5.禁猎（野生动物） | |
| "六循环" | 在空间结构上，实现： | |
| | 1.企业内部的小循环 | |
| | 2.产业之间的中循环 | |
| | 3.全社会的大循环 | |
| | 在主要资源利用上，实现： | |
| | 4.水循环 | |
| | 5.气循环 | |
| | 6.煤炭循环利用 | |

　　生态文化建设是生态文明建设的重要条件，也是生态文明建设的重要内容。山西实施"生态立省"战略，最终目标是要建立起适应山

西省情的生态文化体系。山西生态文化资源十分丰富,具有数千年的历史积淀,博大精深,影响深远。近年来,山西各级政府通过创建国家森林城市、生态园林城市,实施城郊公园建设等一批新的生态文化工程,扩大了生态建设的规模,提高了公民的生态意识,加快了生态文化建设步伐。但由于管理体制和机制不健全,相关政策法规不完善等因素,山西生态文化建设依然存在许多问题,如生态文化的基本资料、基础设施还很不完善,生态文化产业不发达,对生态文化资源的经营管理仍然比较粗放等等。

当前来看,要建设有山西特色的生态文明体系,一是要在全省大力培育生态文明观,宣传"生态立省"意识,树立"生态兴则文明兴,生态衰则文明衰"的理念;二是要倡导绿色生产观,引导企业树立可持续发展观,实现企业利益与社会整体利益的有机结合;三是要弘扬绿色消费观,通过大力倡导绿色消费方式,引导消费观念的转变,增强节约资源、保护环境的自觉性,从而建立起具有"经济发展—环境保护—社会公正与稳定"等基本功能的政治经济体制与秩序,最终实现生态文明的全面发展。

**二、建立全省生态文明建设科学决策及区域协作机制**

推进生态文明建设工作,必须不断完善科学决策机制,并建立起以地市为主的区域协作机制,确保形成工作合力,合作研究解决涉及全省域的生态协调问题。

一是要完善以省生态文明建设领导小组为领导机构的组织架构。建立全省各地、市生态文明建设联席会议制度,目标落实到位,任务责任到人;由主要领导挂帅,省直有关部门、厅局及领导任小组成员;

联席会议设定年度目标任务，根据小组成员的分工，将分解任务纳入各部门年度责任考核内容，在省一级层面形成权威、高效、灵活的组织领导机构。

二是在统一的协调领导机构下，完善 11 个市及重点县、区的生态文明建设协作机制。有条件的各级市、县（市、区）要同步成立生态文明建设协调领导小组，并在各职能部门机构设立协调办事机构、联络员，形成年度、季度和月度工作推进会制度，并在涉及全省及省内区域间重大生态规划、政策及重大项目方面加强协调，实时组织专家咨询、公众听证等决策活动。

三是在生态文明建设工作中要加强区域间统筹协调。生态文明建设涉及面广，最终落脚点是实现全面小康。营造城乡宜居环境，实现区域间协调发展，人与自然的和谐相处都是生态文明建设的重要目标。为此，在制定全省生态文明建设规划、拟定全省生态文明建设工作方案时，要注重协调与统筹地市间、城乡、区域间的生态建设进度、目标和利益补偿。要注重根据各市经济社会发展特点、资源禀赋和人均收入水平科学制定生态文明建设目标任务；要在全省生态环境保护重点区域，在容易产生环境、生态矛盾的重点区域，包括重点生态保护区、大型矿区、采空区、沉陷区、生态屏障区域等建立重点监测和区域统筹机制，形成常态化磋商协调工作制度，提前预警、防止产生重大的生态事故。

**三、强化生态文明建设在全面建成小康社会指标体系中的考核力度**

十八大报告中指出，全面建成小康的重要目标是要在"资源节约型、环境友好型社会建设取得重大进展。主体功能区布局基本形成，资源循环利用体系初步建立。单位国内生产总值能源消耗和二氧化碳排放大幅下降，主要污染物排放总量显著减少"。对山西来说，要实现小康社会建设中关于生态文明建设的相关目标，就需要将构建生态文明建设进程、成效的评价体系和生态文明建设的任务纳入各级、各部门目标责任考核体系当中，将目标任务层层细化，责任到人。

具体来看，要积极探索建立更加注重资源消耗、环境损失和环境效益，符合生态文明建设要求的经济社会发展综合评价体系，把资源能源节约指数、生态环境治理指数、清洁能源及可再生能源利用率等纳入各级党委、政府政绩考核内容；要逐步完善干部政绩考核制度，建立科学的、绿色的 GDP 指标体系，增加生态文明在考核评价中的权重，将生态文明建设纳入各级党委、政府及领导干部的政绩考核内容，并把考核结果作为干部任免奖惩的重要依据之一，要按照生态文明建设评价指标该体系与考核评价制度，对省内各部门、各市县生态文明建设进展情况开展动态评估。

要落实责任，严格奖惩，加大对考核结果的应用，建立完善的生态文明建设奖惩机制。对生态文明建设做出突出贡献的单位和个人给予表彰奖励；对因行政不作为或作为不当，完不成生态文明建设任务的，严格问责；对因决策失误造成重大生态环境事故的，按有关规定追究相关人员责任；要对领导干部实行自然资源资产离任审计，建立生态环境损害责任终身追究制；生态文明动态考核结果要向社会公示，接受社会监督。

### 四、加强生态环境治理恢复的长效机制建设

生态文明建设是事关全局和长远的重大问题，要加强生态环境治

理恢复的长效机制建设，结合山西实际，在水环境治理、矿山生态修复、植树造林等方面推进"三大工程"建设，创新发展思路，持续加大投入人力、物力、财力，打赢这场生态环境治理恢复的攻坚战和持久战。

（一）全面开展"水生态修复治理"工程

山西地处黄河中游，海河上游，太行山西侧，黄土高原东部，全省耕地总面积6081.15万亩，其中坡耕地1745.55万亩，占全省耕地总面积的16.43%，年降水量为300—600毫米，水土流失，特别是坡耕地水土流失严重。改革开放以来，山西省委、省政府带领广大干部群众，兴修水利，治理水土，植树造林，封山育林，退耕还林，水土流失综合治理取得了巨大成就。但由于治理任务巨大，全省仍有5.3万平方公里水土流失面积未进行治理，占全省水土流失总面积的49%。"还三晋人民一个水清川固、山青景美的山河，实现人水和谐共处"是山西人民发出的呼唤，更是山西儿女多年的梦想。

在水生态修复治理方面，山西要紧紧围绕全省转型发展的供水需求，牢牢守住水资源供给的底线，实现水生态的全面修复治理。一是要加快实施包括五大流域地表水、六大盆地地下水和十九大岩溶大泉岩溶水在内的"三水"保护与修复工作，以汾河、桑干河、滹沱河等重要河流和重点中小河流为重点，推进"百县百河"综合治理工程；二是要实行最严格的水资源管理制度，严格水资源开发利用控制、用水效率控制和水功能区限制纳污这三条红线，推动全省水资源逐步实现合理开发、高效利用、全面节约和有效保护；三是要加强重要生态保护区、水源涵养区、河流源头及湿地保护，加快启动和完成山区老区小流域和汾河上游水土保持综合治理。

（二）加快推进"矿山生态治理恢复"工程

经过长期高强度的煤炭开发，当前山西拥有近 200 万亩矿区废弃土地，全省矿山采空区面积超 5000 平方公里，沉陷面积约 3000 平方公里，山西要从战略和全局的高度，把矿区土地复垦和生态修复作为生态文明建设、推动矿区可持续发展的重要途径。

要以国家规划的 18 个重点矿区采煤沉陷区、采空区、水土流失区、煤矸石山为重点开展生态环境治理修，重点实施矿山覆绿工程、生态空间保护工程和生态建设修复工程，全面推进尾矿库安全治理和闭库。

要建立起开采与治理、保护的动态化长效机制。对现有矿区及企业严格实施"边开采边治理"；要建立、落实和持续推进矿山生态环境恢复治理督查台账制度，形成包括日常矿山例行巡查、省级矿产季度督查、矿山年检在内的一整套督查制度，根据年度矿山生态环境恢复治理任务和督查台账，现场核实治理工程实施进度、资金投入、存在问题和待办任务等情况，不达标的要求限期整改，未经复检合格，不予通过年检，实现"以检促治"。

（三）坚持不懈地推进"绿化山西"林业工程

林业是生态文明建设的关键领域，早在 2009 年，山西省委、省政府就下发了《关于实施生态兴省战略加快推进林业改革发展的意见》，2010 年，山西省人大又通过了《关于大力推进林业生态建设的决定》，将生态建设上升到法律层面。"十一五"全省在大力开展植树造林、山体复绿、绿化修补方面取得了重大进展，累计完成营造林 2371.95 万亩，完成通道绿化 2.58 万公里，绿化村镇 6389 个，城市建成区和县城绿化覆盖率分别达到 38.01% 和 31.11%。下一步，要重点推进以"绿化山西"为重点的林业六大工程和全民植树造林工作。

大力推进林业六大工程建设，包括持续抓好以太行山、吕梁山为重点的"两山"造林工程，以路网、水网为骨架的"两网"绿化工程，以干果经济林和速生丰产林为重点的"两林"富民工程，以城市郊区和矿区植被恢复为重点的"两区"增绿工程，以省直国有林区为重点的"双百"示范工程，以天然林资源保护和森林资源综合保护为重点的"双保"管护工程。

鼓励企业、社会、个人通过碳汇造林、林地林木认养等方式参与造林绿化，按照"每人每年义务栽种5棵树，不栽树就交钱"的基本原则，全面开展政府、企业、民众相结合的三晋绿化大行动，形成全社会共建绿化山西的浓厚氛围。

### 五、科技、人才、金融政策的保障

生态文明建设离不开科技、人才和金融保障。当前，要通过全面提升环境科技创新水平，加大生态科技高端人才支撑力度，实施推进"绿色金融"等保障途径为生态文明建设保驾护航。

科技进步深刻改变了人类生产、生活的方式和质量，也深刻改造了人们的思维方式和世界观。解决环境问题，离不开科学技术的进步；提升生态文明水平，必须充分依靠环境科技创新这个利器。对山西来说，首先，要重点推进生态环境领域的科学研究和技术攻关。紧密围绕矿山生态修复、水污染治理、燃煤锅炉技术革新、煤矸石循环利用等关键环保技术领域开展专项攻关，要在年度科研专项向这些领域实施倾斜，要突破一批具有山西自主知识产权，具有资源型地区生态治理和修复特色和代表性的关键技术；其次，要强化科研成果的集成和产出，掌握重点领域（包括采空区、沉陷区、黄土高原水土流失典型区域等）环境污染机理和调控机制，全面提升科技对生态环境治理的支撑水平，要加大政府对山西自主创新绿色产品的采购力度；再次，要不断提升山西传统优势产业的技术和装备水平，推行清洁生产，从源头上提升节能减排效率，降低生态成本。

人才是创新发展的驱动力，也是实施生态发展战略的重要保障。山西构建生态文明建设的人才保障，需要注重引进与自主培养相结合，应用型人才和科研型人才相结合，提升环保队伍的整体素质水平。积极引进一批生态环保方面的高级人才，大力培养一批应用型技能型人才；注重加强生态文明基础研究、试验研发、工程应用和市场服务等科技人才队伍建设；注重提升环保队伍思想政治素质、科学文化素质和工作本领，提高环保部门科学决策、民主决策、依法决策水平，提升环保人员的专业水平和技术水平。

金融是现代经济的核心，对经济社会发展有着重大影响，建设生态文明，需要金融大力支持，不断创新投融资机制。一是要创新金融扶持政策、服务手段和服务方式，积极推行"绿色金融"。鼓励银行业金融机构以绿色发展为导向制定信贷政策和制度，实施绿色信贷政策，支持绿色、循环和低碳项目的研究、实施和开发建设；积极建立政府推动与商业保险相结合的绿色保险机制，选择部分重点企业开展环境污染责任保险试点工作，建立健全环境污染事故认定机制和理赔程序。二是要积极鼓励各级金融机构创新业务品种，开展"赤道银行""绿色证券""绿色信贷""绿色保险"等金融创新实践，通过构建正向激励机制建设绿色金融体系。三是要积极发挥市场机制配置资源的基础性作用，采取政府引导、社会投入、市场运作的方式，拓宽生态文明建设融资渠道。设立山西生态建设政府引导资金，并通过政府投资的股权收益适度让利、财政贴息、投资补助和安排前期经费等手段，引导民间资金投入生态建设领域；积极支持生态项目申请银行信贷、设备租赁融资和国家专项资本，发行企业债券和上市融资。

# 第十章　以扶贫开发推进全面建成小康社会

　　20 世纪 80 年代中期以来，我国开始有组织、有计划、大规模地开展农村扶贫开发，先后制定实施《国家八七扶贫攻坚计划（1994—2000 年）》《中国农村扶贫开发纲要（2001—2010 年）》《中国农村扶贫开发纲要（2011—2020 年）》等扶贫开发规划，扶贫开发成为全社会的共识和行动。经过多年来的不懈努力，全国扶贫开发取得了举世瞩目的成就：农村居民的生存和温饱问题基本得到解决，贫困地区经济快速发展，基础设施建设、社会事业发展和生态环境建设得到明显加强，提前实现了联合国千年发展目标中贫困人口减半目标，为全球减贫事业做出了重大贡献。但是，受历史、自然、社会等方面因素的影响，我国贫困地区发展面临的主要矛盾和深层次问题还没有得到根本解决，扶贫开发工作依然任重道远。

　　山西是全国扶贫攻坚的重点省份之一。全省贫困区域面积大、贫困人口数量多、贫困程度深。全面建成小康社会，重点难点在贫困地区。当前山西扶贫开发已进入攻坚克难的关键阶段，消除贫困，是山西全面建成小康社会首先要搬掉的"拦路虎"，对于经济欠发达的山西来

说，新时期新阶段的扶贫开发工作，是全面建成小康社会的重大基础
工程。

## 第一节 以扶贫开发推动山西全面小康社会建设的重要意义

全面小康社会的实现离不开农村的发展，发展农业、造福农村、富裕农民，始终是我国这样一个13亿多人口大国治国安邦的最大命题。党的十八大以来，习近平总书记站在全局和战略的高度，着眼于实现"两个一百年"奋斗目标和中华民族伟大复兴的"中国梦"，深刻阐述了贫困地区脱贫致富奔小康的战略目标、根本任务、活力之源、坚强保障，提出了许多新观点、新论断、新要求，为欠发达地区与全国同步全面建成小康社会提供了行动指南。习近平总书记指出："我们要实现第一个百年奋斗目标，全面建成小康社会，没有贫困地区的全面小康，没有贫困人口的脱贫致富，那是不完整的。""全面建成小康社会，最艰巨最繁重的任务在农村，特别是在贫困地区。没有农村的小康，特别是没有贫困地区的小康，就没有全面建成小康社会。"特别是党的十八届五中全会提出"人民生活水平和质量普遍提高，我国现行标准下农村贫困人口实现脱贫，贫困县全部摘帽，解决区域性整体贫困"是全面建成小康社会新的目标要求之一。这些重要论述指出了全面建成小康社会的重点和难点，明确了加快贫困地区脱贫致富奔小康是全面建成小康社会的重要任务，为赢得全面建成小康社会攻坚战的胜利指明了方向。山西是全国扶贫对象最多、贫困县分布最为密集、扶贫工作难度最大的地区之一。虽然近年来全省扶贫开发取得了显著

成效，但由于自然、历史条件限制，制约山西贫困地区和贫困人口发展的深层次矛盾依然存在，住房难、行路难、饮水难、用电难、上学难、就医难、通信难、增收难等问题依然存在，因病、因残、因灾致贫返贫现象突出。扶贫开发工作已进入啃"硬骨头"、攻坚拔寨的冲刺期。山西作为全国扶贫攻坚的主战场之一，贫困地区和贫困群众是山西与全国同步全面建成小康社会的"短板"和薄弱环节，全面建成小康社会任务仍十分艰巨。通过加快扶贫开发推动全面建成小康社会，为我国特别是中西部贫困地区探索出一条先行先试、改革创新的小康社会建设路径，是山西促进协调发展、推动民生改善、共享发展成果的重要举措，在推进富民强省中处于特殊地位，在促进民族团结、社会和谐中具有基础作用，对于山西与全国同步全面建成小康社会具有决定性意义。

## 第二节　山西贫困与扶贫开发现状

山西作为中国中部内陆欠发达和贫困人口较多的省份，是全国14个集中连片的贫困地区之一。全省贫困地区自然条件较差，基础设施薄弱，农村经济发展十分缓慢。改革开放以来，山西充分利用新农村建设、中部地区崛起、推进转型发展、国家资源型经济转型综合配套改革试验区建设等有利时机，扶贫开发工作力度不断加大、机制不断创新，全省贫困人口生活水平极大提高，贫困状况有了根本性转变。

### 一、山西贫困现状

山西地处华北西部的黄土高原，属于我国东部沿海经济发达地区与西部内陆经济欠发达地区之间的中部地带，是一个贫困分布面广、贫困程度较深的内陆省份。按照农民人均纯收入2736元的新扶贫线标准，2014年山西有329万贫困人口，占全省人口总数（3648万人）的9%。山西是国家扶贫开发工作重点省份。山西全省119个县（市、区）中有35个国家扶贫开发工作重点县，22个省定贫困县，8060个贫困村。

2012年，国家将山西省20个国家扶贫开发工作重点县和大同县（非贫困县）列入吕梁、太行两大连片特困地区扶贫攻坚重点县（共21个县）之后，山西全省共有57个扶贫开发工作重点县（其中21个集中连片特困县、37个县不属于集中连片特困地区范围但属于国家或省级扶贫开发工作重点县）。山西各级贫困县数量占全省119个县（市、区）的48.7%。

## 二、贫困地区扶贫开发的基本特征

总体来看，中华人民共和国成立后特别是改革开放以来，山西扶贫开发工作具有以下基本特征：

一是扶贫开发路径由分散转向集中。中华人民共和国成立后，山西扶贫实践主要是分散式的救济扶贫。改革开放后，山西农村扶贫开发逐步由分散转向集中。2008年，根据国家"完善国家扶贫战略和政策体系，实现农村最低生活保障制度和扶贫开发政策的有效衔接，实行新的扶贫标准，对农村低收入人口全面实施扶贫政策"的扶贫开发新要求，山西扶贫开发进一步突出重点，扶贫开发工作对象集中于新标准以下的全部农村低收入人口；扶贫开发的首要任务是尽快稳定解决扶贫对象温饱并实现脱贫致富；扶贫开发的重点是提高农村贫困人口的自我发展能力，以此促进贫困人口的持续发展，为缩小发展差距，促进社会和谐，全面建设小康社会创造条件，奠定基础。山西农村扶贫开发实现由过去的过度分散、四面出击、注重覆盖面的扶贫战略，向依据贫困农村实际情况，突出重点，集中财力、物力、人力解决贫困地区长期想办而办不了、办不好的大事、实事的集中式扶贫路径的转变。

二是扶贫开发思路由"输血"转向"造血"。随着农村经济社会的发展，山西扶贫工作从医治贫困地区经济发展的"贫血症"出发，改传统的"扶贫救济"为"扶贫开发"，从推动产业开发、创新体制机制等方面入手，注重启动贫困地区的内部活力，扶贫工作由经济救济为主的"输血型"扶贫逐步转向以启动贫困地区内部活力为核心的"造血型"扶贫。一是通过产业开发，激活贫困农村内部发展活力。山西扶贫开发按照"一村一品、一县一业"的推进思路，以片区开发为载体，实施产业开发为核心的扶贫板块推进战略，着力培育壮大能够带动贫困群众稳定增收的优势产业，同步完善基础设施、发展社会事业、抓好科技培训，提高贫困地区和贫困群众自我发展能力。以板块推进、连片开发的方式，促进贫困地区加快发展改变面貌。二是通过智力开发，增强农村贫困地区可持续发展能力。山西农村扶贫实践过程中，对农村贫困地区的科教扶贫和智力开发占有越来越重要的地位。山西通过在农村贫困地区大力普及义务教育、发展职业教育，采取政策措施保障山区教师、医生及其他科技人员队伍的稳定发展，学校招生和毕业分配对农村贫困地区倾斜，积极组织科技人员到贫困地区技术帮扶等手段，推动农村扶贫开发由经济扶贫为主转向产业扶贫与科教扶贫并举，经济开发与智力开发并重。这不仅有效改善了山西贫困农村基本生产生活条件，更极大地调动了农民群众摆脱贫困、提高自身生活水平的主动性和自觉性，为山西贫困农村地区摆脱持久贫困和返贫，实现彻底脱贫和农村经济社会的可持续发展创造了有利条件。

三是扶贫开发目标由单纯的温饱转向全面发展。中华人民共和国成立后初期，由于山西农村绝大多数人口都处于绝对贫困状态，因此解决绝大多数人口的温饱问题是山西省扶贫工作的主要目标。改革开放以来，随着山西扶贫开发进程的不断深入，农村贫困人口大幅减少、农民未解决温饱问题的绝对贫困状况明显缓解。特别是随着农村最低生活保障制度的普遍建立，使得绝对贫困人口的基本生存有了兜底性的制度安排。山西开始推进扶贫开发和城镇化建设、社会主义新农村建设相结合，合理开发和有效利用贫困地区资源优势，注重转变经济发展方式，加强生态建设和环境保护，提高防灾减灾能力，倡导健康科学文明生活，实现经济社会与人口资源环境的全面协调和可持续发展。山西农村扶贫开发的目标根据农村经济社会发展的实际情况，从低标准到高标准、从具体到宽泛、从单一到全面，实现了单纯的以解决农村贫困人口的温饱问题向推动农村贫困地区经济社会全面发展的转变。

四是扶贫开发方式由封闭转向开放。从中华人民共和国成立后到改革开放期间，山西省农村扶贫工作基本上是以政府部门为主导。随着农村经济体制改革的完成和以启动贫困地区内部经济活力为目的的集中开发式扶贫的正式启动，在山西省出台的一系列政策措施的推动和保障下，社会力量也开始逐步参与到山西农村扶贫开发中，通过多年来的发展，山西农村扶贫开发的社会参与范围不断扩大、由最初的省内各级各部门组织扶贫工作队、大中型厂矿、企业、科研单位、大专院校组织科技人员到贫困地区帮助工作等形式，发展到包括共青团、妇联、中国扶贫开发协会、中国扶贫基金会、国家开发银行乃至世界银行、新加坡慈援组织等各类国际组织协调合作，初步形成了整合各类资源，汇聚各方力量的大扶贫格局。

五是扶贫开发定位由微观转向宏观。随着全省经济社会的发展和对农村扶贫认识与实践的不断深化，山西农村扶贫实践已基本实现由微观层面向宏观层面的转变。一方面是在扶贫政策方面，随着全省经济社会的不断发展，山西农村扶贫的各类政策措施由过去仅涉及农村生产条件、产业结构等经济层面的政策措施逐步转变为从经济、政治、文化、社会等方面多措并举实施扶贫；由过去通过单一的政策措施和专项计划实施农村扶贫逐步转变为通过整体规划、综合治理实施农村扶贫。另一方面是在扶贫实践由过去单纯以农村、农业、农民本身为着眼点、着力点逐步转向农村扶贫实践主动同全省整体发展战略相衔接、相融合，农村扶贫战略措施由过去仅从农村、农业、农民本身入手解决问题向通过整村推进、移民搬迁、以工补农、以城带乡、扶贫同农村低保相衔接、推进实现农村"五个全覆盖"等途径，实现农村扶贫实践同经济发展方式转变、新农村建设、城乡一体化建设等全省经济社会发展的整体战略相结合，农村扶贫不再单纯是为了解决"三农问题"、推动全省贫困农村实现脱贫致富，而是在此基础上成为山西省全面建设小康社会、实现转型跨越发展的基础工程和重要战略措施之一。

## 第三节　山西以扶贫开发推进小康社会建设的形势分析

改革开放以来，山西扶贫开发工作取得了巨大成就，积累了丰富的经验。扶贫开发已经从以解决温饱为主要任务的阶段转入巩固温饱成果、加快脱贫致富、改善生态环境、提高发展能力、缩小发展差距的新阶段。随着党的十八大提出到 2020 年全面建成小康社会的目标和《中国农村扶贫开发纲要（2011—2020）》的正式发布，扶贫开发作为全面建设小康社会重要的阶段性目标任务，对全面建成小康社会关系更为重大，意义更加深远。综合分析当前国内、省内形势，山西通过扶贫开发推动全面建成小康社会面临着前所未有的机遇，同时也面对着复杂艰巨的挑战。

**一、山西以扶贫开发推进小康社会建设的机遇**

近年来，山西抓住丝绸之路经济带建设、国家资源型经济转型综合配套改革试验区建设等重大历史机遇，全省经济社会转型发展步伐不断加快，扶贫开发在过去工作基础上力度不断加大、体制机制不断创新，为山西通过扶贫开发推动全面建成小康社会创造了良好的条件。

（一）山西经济社会发展取得的成就为通过扶贫开发推动全面建成小康奠定了坚实基础

近年来，山西经济持续健康发展，社会保持和谐稳定，人民生活水平不断提高，特别是近年来山西产业结构调整、统筹城乡发展、加强"三农"工作等领域取得了明显成效。从发展态势来看，全省贫困地区扶贫开发和小康社会建设仍处在大有可为的战略机遇期。

一是全省经济实力的提升为贫困地区扶贫开发奠定了坚实的物质基础。近年来山西经济持续平稳较快增长，县域经济实力普遍增强。2014 年，全省地区生产总值 1.27 万亿元，同比增长 4.9%，公共财政收入 1820.1 亿元，增长 7%，为全省贫困地区进一步加大扶贫开发投入提供了可用的财力保障。全省城镇化发展迅速，基础设施建设水平不断提高，城乡居民收入大幅增加，社会事业全面发展，"三农"工作进一步加强，农业经济全面发展、农民收入快速增长，农村"十个全覆盖"、五件实事等民生工程圆满完成，实现了农业发展、农民增收、农村繁荣。这些都为山西贫困地区通过扶贫开发加快全面建成小康社会奠定了坚实的物质基础。

二是全省经济社会转型发展的不断加快为贫困地区扶贫开发注入了强大动力。近年来，山西以转型综改试验区建设为统领和切入点，全力推进廉洁发展、转型发展、创新发展、绿色发展、安全发展、统筹发展，全面深化改革，强化创新驱动，加快先行先试，有力地促进了全省贫困地区经济社会的快速发展；特别是省委、省政府把"三农"工作放在全省工作重中之重的位置，把农业农村工作和扶贫开发工作作为山西实现全面小康社会的基础工程和实现城乡统筹发展的重要途径，以促进农民增收为核心，全面深化农村改革，加快推进农业现代化和新农村建设，为贫困地区扶贫开发工作注入了新的强大动力。

（二）改革开放以来山西扶贫开发取得的巨大成就为贫困地区扶贫开发创造了条件

改革开放以来，山西紧紧围绕增加农民收入、减少贫困人口目标，加大投入，创新机制，完善政策，强化措施，扶贫开发取得了显著成效。2001—2010 年全省 57 个贫困县农民人均纯收入从 1271.6 元增加到 3125.4 元，年均增长 9.4%，农村贫困人口从 437 万减少到 246 万，年均减少近 20 万。2014 年前三季度，全省 36 个国家扶贫开发重点县（包括大同县）农民人均纯收入 4526.96 元，比上年同期增长 23.6%，高出全省农民人均纯收入同期增幅 12.1 个百分点，全年贫困地区农民人均纯收入增幅有望再次超过全省平均水平。全省 47 万贫困人口脱贫任务全面完成。全省贫困地区农村基础设施明显改善，社会事业长足进步，产业开发扎实推进，农民收入稳步增长，民生保障全面加强，温饱问题基本解决。全省扶贫开发实现了由解决温饱为主向增加收入为主的重要转变。

特别是 21 世纪以来，山西省按照《中国农村扶贫开发纲要（2001-2010 年》的总体要求，坚持把扶贫开发作为全面建设小康社会的基础工程，从组织领导、社会动员、政策扶持和资金保障等各个方面，不断加大力度，创新机制，强化措施，扶贫开发政策体制不断完善、工作机制不断创新，为凝聚全社会力量形成扶贫开发强大合力创造了良好条件；省内外贫困地区在扶贫开发实践中创造积累的各种行之有效的办法措施，也为在新的历史时期山西贫困地区加快推进扶贫开发提供了值得借鉴推广的宝贵经验。

（三）新的扶贫开发十年纲要为新时期山西扶贫开发工作做出了新的部署

2011 年 12 月，《中国农村扶贫开发纲要（2011—2020 年）》（以下简称《纲要》）的正式发布，对山西贫困地区推进扶贫开发全面建成小康社会具有重要意义。

一是《纲要》明确了当前和今后一段时期山西贫困地区扶贫开发的任务目标。党的十七大提出到 2020 年基本消除绝对贫困现象，全面建成小康社会的奋斗目标；十七届三中全会提出要把扶贫开发作为一项长期历史任务持之以恒、抓紧抓好；党的十八大提出了到 2020 年全面建成小康社会，在发展平衡性、协调性、可持续性明显增强的基础上，实现国内生产总值和城乡居民人均收入比 2010 年翻一番，大幅度减少贫困人口，确立了扶贫开发在全面建成小康社会进程中的重要地位。全面建成小康社会，最艰巨最繁重的任务在农村，特别是在农村贫困地区；没有农村的小康，特别是没有贫困地区的小康，就不可能全面建成小康社会。为进一步加快贫困地区发展，促进共同富裕，实现到 2020 年全面建成小康社会的目标，《中国农村扶贫开发纲要（2011—2020 年）》指出新阶段的扶贫开发工作要把稳定解决扶贫对象温饱、尽快实现脱贫致富作为首要任务，更加注重转变经济发展方式、增强扶贫对象自我发展能力、基本公共服务均等化、解决制约发展的突出问题，从而为山西贫困地区扶贫开发提出了任务、指明了方向。

二是明确了当前和今后一段时期山西贫困地区通过扶贫开发推进全面建成小康社会的对象范围。按照《纲要》要求，今后一段时期，山西贫困地区的扶贫开发工作以在扶贫标准以下具备劳动能力的农村人口为扶贫工作主要对象，以集中连片贫困地区、国家扶贫开发重点县和贫困村为主要范围。这表明国家根据当前贫困地区实际情况和新时期扶贫开发工作的需要，对原来扶贫工作中以县作为基本扶贫单位的模式做出了相应调整，在国家原来支持扶贫重点县的政策不变的基础上，扶贫开发重点开始向具备劳动能力的农村贫困人口和集中连片的特困区这两个方向转移，通过逐步完善扶贫开发工作瞄准机制，着力推动扶贫开发效率的提高。

三是制定了集中连片扶贫攻坚政策。集中连片特困地区是指将自然地理相连、气候环境相似、传统产业相同、文化习俗相通、致贫因素相近的贫困县连片划分。2012 年，国务院将"按照新的扶贫标准，全力推进集中连片特困地区扶贫攻坚"确定为新时期扶贫开发重点工作之一。《中国农村扶贫开发纲要（2011—2020年）》将六盘山区、秦巴山区、武陵山区、乌蒙山区、滇桂黔石漠化区、滇西边境山区、大兴安岭南麓山区、燕山—太行山区、吕梁山区、大别山区、罗霄山区等区域的连片特困地区和已明确实施特殊政策的西藏、四省藏区①、新疆南疆三地州②，作为新时期扶贫攻坚的主战场。将集中连片特殊困难地区作为扶贫攻坚主战场是新阶段扶贫开发工作的重大战略举措，表明在全面建成小康社会的新阶段，贫困地区的扶贫开发工作将为解决区域性贫困问题建立全新的工作机制、打造全新的工作平台，更加注重以人为本，更加注重推进城乡、区域协调发展，以区域发展带动扶贫开发，以扶贫开发促进区域发展，着力解决存在已久的区域发展差异问题。吕梁山区和太行山区作为全国集中连片特困地区，其扶贫开发的深入推进和体制机制不断创新必将进一步带动山西贫困地区的扶贫开发和经济社会发展。以吕梁山片区和太行山片区为突破口推动山西贫困地区扶贫开发，也将对全省贫困地区全面建成小康社会起到重要的推动作用。

（四）国家资源型经济转型综合配套改革试验区的确立为山西贫困地区扶贫开发带来了政策机遇

国家确定山西为资源型经济转型综合配套改革试验区，是中央在改革攻坚期给予山西省的一次改革授权，不仅给山西全省经济社会发展带来了空间的机遇、政策的机遇、项目的机遇、开放的机遇，更赋予了山西贫困地区扶贫开发更多的政策创新机会和制度创新空间，为扶

---

① 云南、四川、甘肃、青海4个省的77个藏族自治州和自治县。
② 新疆维吾尔自治区和田地区、喀什地区和克孜勒苏柯尔克孜自治州。

贫开发工作进一步突破思路障碍和体制机制障碍，先行先试，在改善生态环境、提高发展能力、缩小发展差距等新时期扶贫开发工作的重点领域和关键环节大胆实践、改革创新、尽快取得突破提供了广阔空间。

一是综改区"产业转型、生态修复、城乡统筹、民生改善"四大任务为山西贫困地区通过扶贫开发推进全面建成小康社会进一步明确了工作目标。根据综改区任务要求，山西贫困地区今后扶贫开发应结合综改区产业转型的任务目标，在农村贫困地区大力发展现代特色农业；结合综改区城乡统筹的任务目标，以生产生活条件恶劣和发展潜力不大的贫困村为重点，深入推进易地扶贫搬迁工作和贫困农村城镇化建设；结合综改区生态修复和民生改善的任务目标，注重扶贫开发统筹兼顾，在两轮"五个全覆盖"的基础上，进一步推进贫困地区经济发展方式转变、新农村建设、生态建设和环境保护。

二是综改区建设对于破解制约全省贫困地区和贫困人口发展的深层次矛盾具有重要意义。综改区建设将对推动山西经济结构战略性调整，破解产业结构畸重、城乡二元发展等经济社会发展中长期积累的深层次矛盾发作重要作用，这有利于山西贫困地区扶贫开发抓住综改区建设这一历史机遇，顺势而上，将整村推进、移民搬迁、片区开发等扶贫开发重点工作同综改区建设结合起来，解决全省贫困地区产业结构单一、城镇化进程滞后、以城带乡能力弱等深层次的矛盾和问题。

三是综改区建设为山西贫困地区扶贫开发提供了良好的政策条件。国家确定山西为综改区，使山西在体制机制创新方面有了先行先试的改革权限，这为山西省扶贫开发工作方面先行先试，在扶贫开发体制机制方面改革创新和在扶贫开发具体举措方面大胆实践提供了政策支持的广阔空间，有利于山西地区扶贫开发以解决当前存在的突出矛盾和问题为突破口，在产业扶贫、片区开发、移民扶贫等领域进一步出台改革政策，加快先行先试，推动贫困地区扶贫开发和小康社会建设。

## 二、面临的挑战

山西贫困地区经济社会区域发展不平衡问题突出，农村贫困地区特别是集中连片特困县发展滞后，扶贫攻坚任务仍十分艰巨。山西贫困地区通过扶贫开发加快全面建成小康社会建设面临着艰巨挑战。

（一）山西贫困地区特别是贫困县经济社会发展相对落后

总体上看，山西仍属经济社会欠发达省份，农业自然条件差，农民收入水平低，农村面貌较落后状况尚未根本改变；扶贫对象规模大，解决温饱不稳定，自我发展能力不足，各种自然灾害和新的致贫因素导致的返贫现象还很严重，2014 年全省依然有农村贫困人口 329 万，贫困村 8060 个。农业产业基础薄弱，农村社会事业发展滞后，促进群众生产增收和实现基本公共服务均等化的长效机制尚未形成；城乡居民收入差距继续拉大，区域发展不平衡，相对贫困问题日趋突出。贫困地区特别是集中连片特困地区的发展不足是全省实现转型跨越发展和全面建成小康社会的最大短板，扶贫开发依然任重道远。

（二）集中连片特困地区扶贫开发任务艰巨

山西省是国家扶贫开发工作重点省份。全省 119 个县（市、区）中有 35 个国家扶贫开发工作重点县，22 个省定贫困县。山西的各类贫困县经济社会发展受到自然、历史等等多种复杂因素共同作用，其贫困状况具有特殊性。一是自然条件差、发展水平低。山西集中连片贫困县大多沟壑纵横、生态脆弱、水土流失严重、交通不便、产业结构单一、城镇化进程滞后、以城带乡能力弱，区域相对闭塞。二是分布的集中性。山西集中连片特困县集中分布在吕梁山区和太行山区，区域性贫困特征明显。三是发展能力差。山西集中连片特困县的发展靠地区自身经济增长难以带动，常规扶贫手段难以见效，扶贫攻坚成本高、难度大。

## 第四节　山西以扶贫开发推进小康社会建设的总体思路与路径选择

当前，山西全省扶贫开发已进入巩固温饱成果、加快脱贫致富、改善生态环境、提高发展能力、缩小发展差距的新阶段。贫困地区的扶贫开发正处在新的历史起点上。山西通过扶贫开发推进小康社会建设应按照扶贫攻坚和小康社会建设互促互动的总体思路，选择以"精准扶贫"为核心，以"内源扶贫"为动力，以"全面扶贫"为拓展，以"统筹扶贫"为提升，推动山西贫困地区经济社会全面发展的路径，以扶贫开发推进全面建成小康社会。

### 一、总体思路

党的十八大以来，习近平总书记对贫困地区脱贫致富奔小康作出一系列重要论述，特别是着眼于实现"两个一百年"奋斗目标和中华民族伟大复兴的"中国梦"，全面审视我国全面建成小康社会的全局和战略，强调指出，"贫穷不是社会主义。如果贫困地区长期贫困，面貌长期得不到改变，群众生活长期得不到明显提高，那就没有体现我国社会主义制度的优越性，那也不是社会主义"。"消除贫困、改善民生、实现共同富裕，是社会主义的本质要求"，"没有农村的小康，特别是没有贫困地区的小康，就没有全面建成小康社会"。这些重要论述，把扶贫开发提升到关乎政治方向、根本制度和发展道路的战略位置，深刻阐明了扶贫开发对于全面建成小康社会和实现中华民族伟大复兴"中国梦"的重大意义。山西贫困地区应抢抓重大历史机遇，以扶贫开发促进小康社会建设，深入探索扶贫攻坚和小康社会建设互促互动、双轮推进的新机制、新体制和新模式，坚持开发式扶贫方针，增强贫困地区自我发展能力；转变区域发展方式，夯实区域经济社会发展基础；统筹工农、城乡发展，缓解区域发展差距。在此过程中提升发展速度、增强竞争能力、破解发展瓶颈、提升综合实力，为山西贫困地区通过扶贫开发推进全面建成小康社会提质扩容，走出一条具有时代特征和山西特色的小康社会建设道路。

## 二、路径选择

山西贫困地区通过扶贫开发推进全面建成小康社会应在过去成就与经验的基础上，突破就扶贫论扶贫、就贫困地区论扶贫、就收入增长论扶贫的传统思路，统揽全局，放眼长远，把扶贫开发作为推进全面建成小康社会的重要载体，以"精准扶贫"为核心，以"内源扶贫"为动力、以"全面扶贫"为拓展、以"统筹扶贫"为提升，推动山西贫困地区经济社会全方位发展，使扶贫开发融入全省经济社会发展整体格局，为贫困地区和贫困人口改善发展条件、提高发展能力、创造发展机会，确保广大贫困人口共享改革发展成果，加快山西贫困地区全面小康社会建设。

（一）以精准扶贫开发为核心

扶贫开发贵在精准、重在精准，成败之举在于精准。要在扶持对象精准、项目安排精准、资金使用精准、措施到户精准、因村派人精准、脱贫成效精准上想办法，把扶贫开发的精力、财力、物力聚焦在连片贫困地区的特困村和特困户，区别不同情况，做到对症下药、精准滴灌、靶向治疗、因户施策，不搞大水漫灌、大而化之，做到精准扶贫的"有的放矢、有力放矢、有效放矢"，使贫困人口从绝对数量上减少。一是思路上要精准，要实事求是、因地制宜，一地一策、一户一计；二是资源使用上要精准，集中有限资源和优势兵力，瞄准精准扶贫"滴灌"口，变"大水漫灌"为定向"喷灌"、定点"滴灌"；三是措施上要精准，做到一家一户建档立卡、分析原因、制订方案、明确措施、落实责任，因人因地施策，因贫困原因施策，因贫困类型施策；四是管理上要精准，建立扶贫信息网络系统，全方位、全过程监测扶贫对象，实现扶贫对象有进有出、动态管理；五是考核上要精准，对扶贫开发工作成效进行细化、量化、具体化，增加扶贫工作指标权重。

（二）以内源扶贫增强贫困地区小康社会建设的内生动力

贫困地区的小康社会建设要依靠其内生动力。通过扶贫开发推动贫困地区小康社会建设，贫困地区和扶贫对象必须具备内生发展动力，只有内生动力和"造血"功能不断增强，其发展才具有可持续性。因此应从优化山西贫困区域生产要素组合的战略高度出发，一是通过发挥贫困地区在土地、劳动力、特色资源等方面的优势和企业在资本、管理、技术、市场等方面的优势，使企业特别是有实力、有能力的国有大中型企业参与到贫困地区扶贫开发进程中，使对贫困地区的生产要素供给从单纯的资金输入向产业、资金、技术、人才相结合输入转变，贫困地区生产要素配置从按贫困人口平均分配向按扶贫开发项目效益分配转变，贫困地区农业产品结构由初级为主向中高端和高附加值为主转变，扶贫开发从单纯依靠行政系统进行向主要依靠龙头企业进行转变，改变贫困地区的传统生产方式和产业结构，着力提升贫困地区和贫困人口的自我积累和自我发展能力。二是通过引入企业、社会团体、民间组织参与扶贫开发，进一步拓宽社会力量参与贫困地区扶贫开发的路径，并通过政府计划和行政手段，协同相关主管部门，组织多方合作，建立引入外部力量参与扶贫开发的整体性、全局性谋划和制度规范，为贫困地区经济社会发展引入各种生产力要素资源，使贫困地区尽量享有产业间、区域间资源、技术、人力及创新要素的转移与溢出，为贫困地区和贫困人口带来更多的发展机会。

（三）以全面式扶贫拓展扶贫开发范围

坚持全面式扶贫路径，着力推动实现山西贫困地区的城乡基本公共服务均等化，促进公共服务资源共享，在推动农村基础设施、市场和服务体系建设，缩小区域发展差距的同时，促进新思想、新观念、新技术在贫困地区的扩散，以提升贫困人口的文化教育层次、科技意识和技能水平，增强其自我发展能力，使其成为能够自主创业、自我持续发展的市场主体，进而缓解农村贫困状况，消除农村贫困。具体来说，一是推动建立布局合理、城乡共享的基础公用设施体系，满足贫困人口用水、用电等需要，改善贫困地区生产生活条件；二是推动建立完善的社会事业体系，满足贫困地区和人口的教育、医疗卫生、文化等基本公共需求，提升贫困地区劳动力素质；三是在贫困地区推动建立全覆盖、保基本、可持续的社会保障体系，保障处于极端贫困状态的穷人或是没有劳动能力又无人赡养的老人、儿童、残疾人等不能从贫困开发中直接受益的贫困群体的基本生活。

（四）以统筹式扶贫提升扶贫开发质量

要把扶贫开发工作同国家资源型经济转型综合配套改革试验区建设任务结合起来，实现贫困地区农业现代化、工业化、城镇化和生态化一体推进、有机衔接，在"统筹城乡发展、统筹工农发展、统筹人与自然和谐发展"的大思路、大背景下，找到贫困地区扶贫开发与山西省经济社会全局发展的契合点、融汇点和增长点。一是通过以城带乡发展推动扶贫开发。山西贫困人口大多数分布在深山区、石山区、边远山区和高寒山区，自然条件恶劣，扶贫开发成本更高、扶贫攻坚的难度更大，是扶贫攻坚的"硬骨头"。山西贫困地区扶贫开发应进一步加快推进城镇化进程，按照山西"一核一圈三群"城镇化发展规划大力推进城镇建设，把朔州、吕梁、临汾、运城等区域性中心城市和经济社会发展较快的县城作为聚集要素资源、吸引外来投资、加快县域经济发展的重要平台和载体，充分发挥中小城镇的辐射带动作用，以城镇化带动农村发展，同时积极推进新农村建设，从而引导农民有序向城镇和新型农村社区集中，形成以城带乡、城乡联动、整体发展的新格局。二是通过人与自然和谐发展推动扶贫开发。山西贫困地区扶贫开发应根据全面建成小康社会和经济社会可持续发展的要求，坚持用建设和谐社会思想引领扶贫开发，处理好经济建设、人口增长与资源利用、生态环境保护的关系，推动贫困地区经济社会发展走上可持续发展的道路，实现经济发展和人口、资源、环境相协调。

# 第五节　山西以扶贫开发推动全面小康社会建设的对策建议

当前和今后一段时期，山西扶贫开发工作应针对不同集中连片地区的具体贫困状况，以完善区域发展政策、健全扶贫开发投入机制、拓宽农民增收渠道、构建贫困识别与监管体系为抓手，相互呼应，互为支撑，形成新时期全省扶贫开发战略的完整体系，共同促进贫困地区全面建成小康社会。

## 一、完善有利于消除贫困的区域发展政策

新时期山西省扶贫开发应在转变经济发展方式、推进城镇化建设、加快发展农村各项社会事业和完善城乡社会保障制度等方面加快推进体制机制改革，进一步完善有利于消除贫困的区域发展政策。

### （一）加快转变经济发展方式

目前，山西以能源和原材料工业为主体的资源型经济结构尚未根本改变，煤、焦、冶、电为主的产业结构使经济增长对资本和知识密集型产业的依赖性越来越强，农业等劳动密集型产业发展缓慢，通过经济增长带动贫困人口就业和收入增长的效果越来越弱。依托经济增长来缓解贫困，让经济增长成果自动"滴落"到贫困阶层的传统扶贫开发方式面临很大的冲击。因此，在新时期山西扶贫开发中，要通过加快经济发展方式转变，努力使贫困地区和贫困人口在经济增长和社会发展中得到更多实惠。一是要大力发展农业和农村经济，进一步加快农业现代化步伐，夯实农业发展基础，提高农业经济的规模和效益。同时促进第三产业和劳动密集型产业的发展，特别是要积极承接东部

地区的劳动密集型产业转移。二是要统筹城乡发展，加快推进社会主义新农村建设。三是要统筹区域发展，加快集中连片贫困地区发展步伐。四是要推动生态文明建设，促进经济社会和环境的协调发展。

（二）加快新型城镇化建设

一是加快城镇组群（即包括吕梁、忻州等地的太原都市圈和晋北大同—朔州城镇群、晋南临汾—运城城镇群、晋东南长治—晋城城镇群）建设发展。促进和带动燕山—太行山区和吕梁山区两大集中连片贫困区域的中心城市吕梁、长治、忻州、朔州、大同的迅速发展，通过区域性中心城市产业的发展、规模的壮大、设施的完善、服务功能的齐全，带动集中连片贫困区域经济的迅速增长，实现城市反哺农村，带动农村发展。同时适度、合理、科学地规划和建设一批中小城镇，逐步推进城市基础设施向农村延伸，加快缩小城乡贫富差距。二是以人的城镇化为核心，打破城乡界限，加快建立城乡要素平等交换和合理补偿机制，着力推动解决要素城镇化超前，农民城镇化滞后，土地、资金和劳动力等资源过多地流向城市等问题，促进生产要素向"三农"流动，实现公共资源城乡均衡配置。

（三）加快各项社会事业发展向农村倾斜

一是优先发展农村教育，提升农民文化素质，培育有文化、懂技术、会经营的新型农民。在巩固和扩大农村义务教育成果的基础上，逐步改善农村教育设施，加强农村教师队伍素质建设。二是建立健全农村医疗服务体系，逐步提高农村医疗服务能力和水平。整合城乡卫生资源，建立健全农村三级医疗卫生服务网络，进一步完善新型农村合作医疗制度，扩大覆盖面，降低起付线，提高补助比例，切实减轻农民就医负担，使参合农民全面受益。三是繁荣农村文化。积极发展公益性文化，科学引导经营性文化，注重民间民俗文化的保护，构建农村公共文化服务体系，满足农村居民日益增长的多样化文化需求。四是推动贫困农村环境卫生改善。科学合理地开发利用地下水等水资源，加快旱厕改造、排污和垃圾处理设施建设，严格推行基本农田保护与封山育林制度，加快农田水利基本建设，加快贫困山区生态环境改善。

（四）进一步完善城乡社会保障体系

一是分批有序推进户籍制度改革。将城镇、农村居民户口统一登记为"居民户口"，打破现阶段工资、教育、社保等依附于户籍制度的城乡差别化社会福利与保障待遇，使城乡农村居民平等享受社会福利以及社会保障，建立健全使农村进城居民"进得去、留得住、过得好"的社会保障体系。二是按照广覆盖、保基本、多层次、可持续原则，构建以最低生活保障、灾民救助、"五保"供养、流浪乞讨人员救助、医疗康复救助为内容，以临时救助为补充，与住房、教育、司法等救助配套，城乡衔接、覆盖全民的社会救助体制机制。减少项目重叠和救助盲点。三是加强救助的针对性，根据贫困家庭的不同情况采取不同的救助措施，包括生产保护性救助、生产补贴性救助和生活救助等个性化救助方案。四是大力发展以扶老、助残、救孤、济困、赈灾为重点的社会福利和慈善事业。

## 二、构建多元化扶贫开发投入机制

新时期山西扶贫开发要在加大扶贫开发财政投入力度、加强贫困地区金融组织建设的同时积极吸引社会力量投入扶贫开发，推动构建多层次的扶贫开发投入机制。

（一）深入推进精准扶贫

实施到村到户精准扶贫是创新机制扎实推进新阶段扶贫工作的核心要求和有效载体。在全面完成扶贫对象建档立卡工作的基础上，按照《关于创新机制扎实推进农村扶贫开发工作的意见》（中央 25 号文件）的要求健全干部驻村帮扶机制，瞄准建档立卡贫困村精准帮扶的要求，继续组建省委农村工作队，同时结合近年来领导干部包村增收和机关定点扶贫帮扶村农民收入变化情况，组织指导各级干部完成驻村帮扶点调整工作，做到每个贫困村都有一名包村领导带领一支工作队驻村帮扶，每个贫困户都有一名干部包扶。通过逐村逐户明确帮扶关系和帮扶责任，并针对特定人口深入分析致贫原因，结合推进产业扶贫开发、劳动力就业培训和金融扶贫小额贷款等工作，因地制宜，因户施策制订帮扶计划，落实帮扶措施，使每个建档立卡贫困户都有明确的帮扶责任人，都有适合自身的产业开发项目和就业增收渠道，都能得到及时有效的金融贷款支持，做到帮扶责任人、帮扶项目和帮扶资金"三落实"。

（二）强化扶贫开发的财政金融支持

一是要进一步加大财政扶贫资金投入力度。建立与经济发展水平相适应的财政支农投入机制，财政每年用于扶贫的专项资金递增幅度不应低于财政收入的增长幅度。进一步明确财政支农重点扶持群体和区域，将集中连片贫困地区作为新阶段财政支农投入的主战场。加强财政扶贫绩效评价工作，促进扶贫责任的落实。完善科学、全面的扶贫开发绩效评价指标体系，强化绩效考评结果的应用，加大扶贫资金奖惩激励力度，促进扶贫开发责任的落实。

二是强化扶贫开发的信贷支持和保障。以倾斜性信贷政策大力支持贫困地区发展，引导和支持农民和农业企业积极主动利用贷款等金融工具进行自主性脱贫致富。适时简化贷款报批程序和流程，提高农业贴息贷款额度和使用范围，扩大扶贫贷款覆盖面。

三是完善金融市场体系建设，促进城乡金融市场协调发展。推动金融机构积极开展金融扶贫，积极引导民间资本进入农村金融领域。建立大型金融机构与农村微型金融机构之间的资金对接机制。

四是深化农村金融机构改革。农业发展银行和农信社等农村金融机构要继续完善产权制度和管理体制改革，改善资产质量，不断充实资本，探索业务创新。积极支持村镇银行、小额再贷款公司等金融机构的建立和发展，加强农村金融市场的竞争，增加农村的资金供给，促进农村经济发展。农村金融机构要积极转变观念，增强服务意识，根据农村经济特点创新开发专为农民服务的金融理财业务和产品，满足农村多层次的金融需求。

（三）积极动员社会力量参与扶贫开发

要进一步拓宽扶贫开发投入渠道，广泛组织各界社会力量通过多种方式参与扶贫开发。一是深入推进"以工补农"，特别是"以煤补农"战略，充分发挥各行业龙头企业、小微企业和农民专业合作组织在促进全省贫困地区扶贫开发中的重要作用，鼓励和支持民营企业联系贫困村和贫困户。鼓励民营企业发挥资金、技术、市场、管理等优势，通过资源开发、产业培育、市场开拓等多种形式到贫困地区投资兴业，发挥带动贫困地区发展的积极作用。支持民营企业开展实用技术、生产技能、经营管理等技能培训，引导民营企业通过基地带动、订单合同收购等模式，密切与贫困户的利益联结机制。倡导民营企业捐资扶贫，积极参与"扶贫日"募捐、"结对认亲、爱心扶贫"等扶贫公益活动。探索完善政府扶贫与企业扶贫有机结合、相互促进的协同推动机制，不断拓展民营企业参与扶贫开发的空间。

二是优化干部驻村帮扶机制。统筹整合新农村建设、干部直接联系和服务群众挂钩点以及定点挂钩扶贫的帮扶力量，继续分期分批安排驻村工作队(组)。把识别出来的贫困村、贫困户的帮扶任务、目标、要求等，具体分配落实到省、市、县（市、区）、国家机关、企事业单位、社会团体，引导乡（镇）机关事业单位采取分片包干等方式参与定点帮扶，做到定单位、定人、定点、定责包干扶持，确保每个贫困村都有驻村工作队(组)，每个贫困户都有帮扶责任人。协调各级各类帮扶力量协助基层组织贯彻落实各项强农惠农富农政策，积极参与扶贫开发各项工作，帮助贫困村、贫困户脱贫致富。落实保障措施、建立激励机制，把驻村入户扶贫作为培养锻炼干部特别是年轻干部的重要渠道，每年对常务书记等驻村干部、结对帮扶干部进行考核表彰，并把考核结果作为干部选拔任用的重要依据，实现驻村帮扶长期化、制度化。

三是充分发挥 NGO[①]在扶贫开发中的重要作用。积极争取各种非政府组织的支持，扩大和深化扶贫开发领域的各类国际交流合作，争取更多世界银行贷款和非政府组织反贫困资金、各类慈善基金等投入贫困地区，为扶贫开发提供更多资金、技术和管理经验。

### 三、建立多元化的农民增收渠道

新时期山西扶贫开发要围绕农村居民家庭经营收入、工资性收入、

---

① NGO，是英文"non-government organization"的缩写，是指在特定法律系统下，不被视为政府部门的协会、社团、基金会、慈善信托、非营利公司或其他法人，是不以营利为目的的非政府组织。

财产性收入和转移性收入，拓宽思路、多管齐下，着力构建促进全省农民收入持续增长的多元化渠道。

（一）增加农民经营性收入

一是加快发展特色农业。以"一村一品""一县一业"为抓手，提高特色优势农产品聚集度，实现特色农产品的区域化布局、专业化生产，提高主导产业的规模化、标准化、集约化程度；发展具有比较优势的名、特、优、新农产品，以名牌农产品为龙头，带动山西优势特色农产品开拓国内外市场。加快农产品标准化生产，加快制订完善涵盖产前、产中、产后全过程的农产品质量安全标准、农业生产技术标准和检验检测标准，增强农业核心竞争力。二是进一步推动农业产业化发展。积极培育农业龙头企业和农业经济合作组织。集中扶持发展一批市场竞争力强、辐射带动面广的农业产业重点骨干龙头企业。鼓励发展种养专业大户、农民专业经济合作组织等各类现代农业经营主体。鼓励农业龙头企业、农民专业经济合作组织与农户建立一体化生产与经营的战略联盟。大力发展农产品的精加工和深加工产业，促进农业产业链延伸，推动农业一、二、三产相结合，形成现代农业产业规模经营和规模效益。大力发展农业社会化服务体系，推动行业协会、中介组织、农民营销经纪人等各类农村市场中介发展，拓宽农产品销售渠道，提高农民进入市场的组织化程度和市场竞争能力。

（二）增加农民工资性收入

一是要着力拓宽农民就业渠道。大力发展县域工业经济、个体和民营经济，鼓励全民创业，为农民工创造务工条件。引导部分第二产业从资金、技术密集型产业向劳动密集型产业转化，因地制宜大力发展文化旅游业等第三产业，为农民创造更多就业机会，带动富余农村劳动力就业，以农民就业促进农民增收。二是要推动建立城乡统一的劳动力市场，推进农民工市民化，健全城乡劳动者平等的就业服务与培训、工资增长和劳动者权益保障制度，清除城乡劳动力流动的制度障碍，保障农民工同工同酬。三是把农民工纳入工会管理范围，切实保护农民工的劳动权利，以更好地配置城乡劳动力资源，促进农民工工资、福利待遇的改善。

（三）增加农民财产性收入

赋予农民更多财产权利，探索农民增加财产性收入渠道。一是要建立健全农户宅基地用益物权保障体制，改革完善农村宅基地制度，慎重稳妥、合理有序地推进农民住房财产权抵押、担保、转让。二是保障农民集体经济组织成员权利，赋予农民对集体资产股份占有、收益、有偿退出及抵押、担保、继承的权利。赋予农民对承包地占有、使用、收益、流转及承包经营权抵押、担保权能，采取更加有力的政策措施鼓励农户通过入股、出租、转让、股份合作等多种方式进行土地承包经营权流转，加快建立农村产权流转交易市场，推动农村产权流转交易公开、公正、规范运行。

（四）增加农民转移性收入

从山西农民人均纯收入的构成来看，转移性收入已经成为农民人均纯收入的一个不可或缺的部分。因此应用足用好各项强农惠农政策，不断增加农民转移性收入。一是加大地方财政支农力度，各级地方财政要不断增加对农民的直接补贴力度，逐步健全农业补贴制度，特别是在国家补贴没有涉及的地区和农业产业由地方财政进行补贴。二是改进财政支农补贴方式，在继续落实种粮直补、退耕还林补贴等各种惠农补贴的同时，能够直接补贴给农民个人的，尽量补贴给农民个人，确保补贴政策能够真正增加农民收入。三是适度提高种粮直补等政策性惠农补贴、农村低保、离退休金、抚恤金和救济金标准及新兴农村合作医疗报销的比例等。

### 四、建立动态化的贫困识别与监管体系

新时期山西扶贫开发应根据国家扶贫开发工作重点县管理办法，建立对国家和省级扶贫开发重点区域定期确认、适时调整、奖惩优劣的动态识别与监管体系。

（一）建立扶贫对象动态识别机制

一是根据各乡（镇、办）摸底调查、市各扶贫主管部门抽样甄别情况和统计局、农调队监测数据，并结合农户的收入结构、居住环境、子女读书费用高低、家庭成员中是否有重病患者或残疾人等农户基本特征，遵循"县为单位、规模控制、分级负责、精准识别、动态管理"的原则，对每个贫困户、贫困村、贫困乡（镇）实行建档立卡，准确识别新的扶贫标准下农村贫困人口。二是建立以发掘与提高贫困群体的发展潜质为目标的动态考评机制。主要是通过对第一次识别分类后的扶贫对象在一系列的帮扶、考评后再进行二次分类，对二次分类后的对象采取不同的扶持策略。三是建立有进有出的贫困动态检测机制，每年对所有的农户进行一次集中摸底，通过群众票决和实行村民代表票决的形式，确定低保和扶贫对象"出列"和"入列"名单，再会同统计、残联等部门和单位，对两项制度涉及的对象同步进行调整，做到"返贫入列、脱贫出列"。

（二）建立信息对称、高效独立的贫困监管体系

一是加强扶贫开发监督评价中的信息采集与分析评价。贫困监测

与效果评估系统应该由相对独立的统计系统承担。二是建立全省统一的扶贫开发信息化管理系统，形成扶贫开发信息高效网络通道，使信息流动充分、信息占有对称。三是建立科学合理、责任明确的扶贫开发检查监督体系和机制。对扶贫开发项目建设进度实施动态监测，全程管理。四是建立健全扶贫开发激励约束机制。建立常态化的扶贫开发管理监督制度和科学的贫困区域准入、退出制度，奖优罚劣，动态管理。采取重点考核与一般考核相结合、定性考核与定量考核相结合的形式，对扶贫开发成效进行科学合理的综合评价。

# 第十一章 以基本公共服务均等化推进全面建成小康社会

全面建成小康社会，是今后五年经济社会发展的新蓝图。"十三五"规划提出，推进城乡要素平等交换、合理配置和基本公共服务均等化。坚持共享发展，着力增进人民福祉。保障基本民生，实现全体人民共同迈入全面小康社会。

"十三五"规划作为全面建成小康社会的收官规划，必须紧紧扭住全面建成小康社会过程中存在的短板，在补齐短板上着重用力。目前这个短板在民生方面的表现就是要实现共同发展，重点实现基本公共服务均等化。提升城乡一体化发展水平。

党的十八大时就从我国进入全面建成小康社会决定性阶段这一战略全局出发，对在改善民生和创新管理中加强社会建设作出了具体部署，首次提出了"基本公共服务均等化"要求。在"人民生活水平全面提高"目标中，首先强调的就是"基本公共服务均等化总体实现"，标志着基本公共服务均等化成为社会建设的重要目标。

"基本公共服务均等化"关系到全面建成小康社会和全面深化改革开放的目标的实现，关系到社会主义市场经济体制的完善，关系到中国特色社会主义政治建设，关系到改善民生和创新社会管理。可以说，加强基本公共服务体系建设，是党的十八大提出的带有全局性、战略性、前瞻性的重大任务。因此，迫切需要站在新起点、新高度上对如何推进基本公共服务均等化进行深入思考。

基本公共服务均等化，是人类社会进步与发展过程中出现的一个具有时代性的重大社会问题。2012 年 7 月，国务院发布了基本公共服务的"十二五"规划，提出要"逐步完善符合国情、比较完整、覆盖城乡、可持续的基本公共服务体系，提高政府保障能力，推进基本公共服务均等化"。向社会成员提供均等的基本公共服务，是现代政府的基本职责之一。党的十六届六中全会首次明确提出实现城乡基本公共服务均等化目标。经过党的十七大、十七届三中全会、十八大、十八届五中全会等重要会议的强调和部署，基本公共服务均等化总体实现已成为到 2020 年全面建成小康社会战略目标的重要内容。"十三五"时期是全面建成小康社会决胜阶段，"十三五"规划必须紧紧围绕实现这个奋斗目标来制定。

十八大报告强调，到 2020 年基本公共服务均等化要总体实现。山西作为国家资源型经济转型综合配套改革试验区，要实现基本公共服务均等化的目标，不仅要加快山西经济的转型跨越发展，提供基本公共服务均等化的物质条件和财力基础，而且要进一步加快改革步伐，加快以公共服务为中心的政府转型步伐，由"经济建设型"政府转变为"公共服务型"政府，构建实现基本公共服务均等化的供给制度和相关体制基础，进行社会政策调整、完善公共服务体制等一系列的改革。

# 第一节　基本公共服务均等化的意义

20世纪20年代，英国经济学家庇古开创了福利经济学的完整体系。为实现福利最大化的目标，庇古考虑到两个问题：一是个人实际收入的增加会使其满足程度增大，二是转移富人的货币收入给穷人会使社会总体满足程度增大。据此，他提出了两个基本命题：国民收入总量越大，社会经济福利就越大；国民收入分配越是均等化，社会经济福利也就越大。庇古的研究对基本公共服务均等化起到了基础性的影响。由于基本公共服务本质上是由国民收入形成的，对公共服务的分配能对国民收入的分配起到重要作用，能够增进社会福利，促进社会福利最大化。基本公共服务资源一般由政府掌握，主要由政府通过财政支出等手段予以配置，出现配置失当的状况仍然要由政府自身来纠正。庇古的国民收入均等化思想对基本公共服务均等化具有启示性意义，政府理应通过基本公共服务均等化来实现全社会福利最大化。

## 一、基本公共服务的含义

所谓基本公共服务，是指建立在一定社会共识基础上，由政府根据经济社会发展阶段和总体水平来提供、旨在保障个人生存权和发展权所需要的最基本社会条件的公共服务。其中包含三层含义：第一，基本公共服务是公共服务中最基础、最核心的部分，与人民群众最关心、最直接、最现实的切身利益密切相关；第二，基本公共服务是政府公共服务职能的"底线"，由政府负最终责任；第三，基本公共服务的范围和标准是动态的，随着经济发展水平和政府保障能力的提高，其范围应逐步扩大，标准应不断调整。有关研究将基本公共服务划分为四个方面：一是底线生存服务，包括公共就业服务、社会保障等；二是基本发展服务，包括教育、医疗卫生、文化体育、民政等社会事业中的公益性领域；三是基本环境服务，包括公共交通、公共通信、公用设施和环境保护等；四是基本安全服务，包括公共安全、消费安全和国防安全等。

我们认为，所谓基本公共服务是指建立在一定社会共识基础上，根据一国经济社会发展阶段和总体水平，为维持本国经济社会的稳定、基本的社会正义和凝聚力，保护个人最基本的生存权和发展权，为实现人的全面发展所需要的基本社会条件。基本公共服务包括三个基本点：一是保障人类的基本生存权(或生存的基本需要)，为了实现这个目标，需要政府及社会为每个人都提供基本就业保障、基本养老保障、基本生活保障等；二是满足基本尊严（或体面）和基本能力的需要，需要政府及社会为每个人都提供基本的教育和文化服务；三是满足基本健康的需要，需要政府及社会为每个人提供基本的健康保障。随着经济的发展和人民生活水平的提高，一个社会基本公共服务的范围会逐步扩展，水平也会逐步提高。这也是"十三五"规划中向着全面建成小康社会这一"百年目标"冲刺的方向。

2015 年 10 月 16 日，习近平在 2015 减贫与发展高层论坛上讲到，全面建成小康社会，实现"中国梦"，就是要实现人民幸福。尽管中国取得了举世瞩目的发展成就，但中国仍然是世界上最大的发展中国家，缩小城乡和区域发展差距依然是我们面临的重大挑战。全面小康是全体中国人民的小康，不能出现有人掉队。未来 5 年，我们将使中国现有标准下 7000 多万贫困人口全部脱贫。

全面建成小康社会，最艰巨最繁重的任务在农村，特别是在贫困地区。没有农村的小康，特别是没有贫困地区的小康，就没有全面建成小康社会。2013 年 8 月 31 日，习近平讲到全民健康，全民健身是全体人民增强体魄、健康生活的基础和保障，人民身体健康是全面建成小康社会的重要内涵，是每一个人成长和实现幸福生活的重要基础。没有全民健康，就没有全面小康。医疗卫生服务直接关系到人民身体健康。要推动医疗卫生工作重心下移、医疗卫生资源下沉，推动城乡基本公共服务均等化，为群众提供安全有效方便价廉的公共卫生和基本医疗服务，真正解决好基层群众看病难、看病贵的问题。

根据对山西目前所处的发展阶段及其未来发展趋势的判断和把握，可以将义务教育、公共卫生与基本医疗、基本社会保障、公共就业服务、公共安全这些和广大居民最关心、最迫切的公共服务列为基本公共服务领域，这是保障全体社会成员基本生存权和发展权必须提供的基本公共服务，同时还是山西现阶段基本公共服务的主要内容。由于数据资料的可获得性和可比性，拟从就业与社会保障、公共教育、公共卫生三个领域分析山西基本公共服务均等化状况、存在问题及原因并提出相应对策。

### 二、基本公共服务的意义

全面建成小康社会，必须加快推进以改善民生为重点的社会建设。推进基本公共服务均等化，是党中央、国务院科学把握国际国内形势，立足当前经济社会发展阶段性特征，着眼促进经济社会长期平稳较快发展做出的重大决策。积极推进基本公共服务均等化，关系经济社会发展全局，关系人民群众切身利益。因此在努力增加公共服务的同时，要用改革和发展的办法推进基本公共服务均等化，不仅对山西综改区经济社会协调发展、城乡统筹发展和合理调节社会财富分配格局、促进社会公平正义共享具有必要性，而且具有紧迫性。

（一）推进基本公共服务均等化是落实科学发展观的制度安排

以人为本、执政为民是马克思主义政党的生命根基和本质要求，是我们党的性质和宗旨的集中体现，也是我们党一贯的政治主张和执政理念。坚持以人为本、执政为民，就要始终做到发展依靠人民、发展为了人民、发展成果由人民共享，坚持既在推动经济长期平稳较快发展的基础上不断满足人民群众日益增长的物质需求，又在推进基本公共服务均等化的过程中不断满足人民群众日益增长的精神需求、文化需求、健康需求、环境需求和发展需求。

设立山西综改区是党中央国务院站在推动科学发展高度，加快经济发展方式转变的重大决策，又是历史赋予我们的历史任务，同时还是山西人民的共同期盼。

（二）推进基本公共服务均等化以提高全民福祉为最终目的

我国由生存型阶段向发展型阶段的历史性提升，在本质上要求把经济发展的最终目标定位于人的全面发展。实施转型综合配套改革是山西加快转变经济发展方式的有效途径。开展转型综改试验，有利于破解生产型要素过度向资源型产业集中的难题；有利于破解对生态环境破坏的顽症；有利于破解对环境保护领域守法成本高于违法成本的痼疾；有利于破解社会领域的突出问题，统筹城乡发展。加快制度创新和体制改革，有利于山西取得发展主动权。发展方式的转变，从本质上看，主要是现行的发展方式下，经济总量的快速增长并不能自然带来多数人福祉的提高。从这个意义上说，转变经济发展方式的根本目的是提高全民福祉。所谓全民福祉，就是全体社会成员可行能力的提高，即提高个人过自己愿意追求的生活的能力。每个社会成员都能够有条件、有能力追求自己所希望的生活，是进入发展型阶段所有问题的本质。[1]

山西实施转型综合配套改革是保障国家对资源型转型的先行探索。我们要充分认识到资源型经济转型的长期性、复杂性和艰巨性，在国家支持下，先行先试，攻坚克难，统筹推进各项改革，有利于最大限度地降低和化解改革成本，积累资源型地区转型发展的有益经验。加强以改善民生为重点的社会建设，构建和谐社会，不断推进基本公共服务均等化进程。

（三）推进基本公共服务均等化是维护社会公平正义的现实需要

"十三五"时期是山西实现经济社会又好又快发展和全面建设小康社会的关键时期，促进基本公共服务均等化是党中央、国务院在新时期做出的一项重大战略决策。为城乡居民提供均等化的公共服务，是缩小城乡差距、实现社会公平的重要途径。

在建设和谐社会进程中，山西基本公共服务均等化最突出的问题是机会不均等，尤其是城乡分割的体制使广大农民和进城的农民工没有享受到应有的"国民待遇"。面临的最大挑战在于地区间和城乡间发展不平衡、居民收入差距偏大、资源环境约束增加、内外需失衡、投资消费结构不合理等问题，而这些问题又与我国当前存在的两对突出矛盾密切相关：一是居民日益增长的公共服务需求与公共服务总体供给不足、质量低下之间的矛盾。二是市场经济体制逐步建立完善对政

---

[1] 迟福林：《民富优先》，中国经济出版社，2011年4月，第66页。

府职能的新要求与政府职能转变缓慢之间的矛盾。基本公共服务不平衡问题日趋扩大，已经对山西城乡居民和不同群体间的公平发展机会形成威胁，社会矛盾由此趋于激化，目前到了由经济建设与社会发展建设并重转变的新阶段，而且应该更加重视社会发展建设，特别是应把促进基本公共服务均等化作为一项基本国策。政府有责任加快实现基本公共服务均等化的目标。

公共产品供给是政府对公共资源的配置过程，是以政府为主体参与国民收入再分配的一种经济活动。应当充分认识到，公共服务供给不是一个福利性的问题，而是一种社会收入分配的制度安排，是一种对整体社会利益结构的合理调节和对社会利益的公平分配。公共服务均等化是走向共同富裕与社会和谐最根本的制度保障，它可以在一定程度上减少由于要素差异带来的收入差距。

建设公平正义的社会主义和谐社会，是中国共产党人的一贯追求和崇高理想。当前，山西社会发展总体上是和谐的，但也存在不少影响社会和谐的因素，就业、社会保障、收入分配、教育、医疗、住房、安全生产、社会治安等方面关系群众切身利益的问题仍比较突出。伴随着城乡居民总体收入水平和生活质量不断提高，城乡之间收入差距也在逐渐扩大，2010 年，我国城乡收入差距达 3.23∶1，山西省城乡居民收入差距达 3.30∶1，如果加上各种福利保障及其他公共服务，这个差距达到 6∶1。2013 年，我国城乡居民收入比为 3.03∶1，较 2012年微降。在 2014 年再度回落为 2.92∶1，2015 年继续下降到 2.73 倍。贫困面仍然较大，基本公共服务供给不足。

城镇和农村居民的收入水平差距首次降至 3 倍以下。但仍需要政府立足社会公平正义的理念，不断加大农村公共产品供给力度，着力为农村人口提供更多的公共教育和公共卫生服务，加快农村人力资本的提升，最大限度地缩小城乡差距，促进社会公平。导致山西省城乡收入差距较大的原因主要有：城乡"二元"经济体制依然存在、农村社会保障体系不完善和收入分配不合理等问题。

从本质上来看，这些影响社会和谐的因素是我国现在处于社会主义初级阶段的基本国情的具体体现，是人民群众快速增长的基本公共服务需求同当前基本公共服务不能满足人民群众需求之间矛盾的具体体现。因此，如何利用综改区这个平台，通过推进基本公共服务均等化，最大限度地激发社会活力，最大限度地增加和谐因素减少不和谐因素，对于维护社会公平正义、促进社会和谐稳定具有重要的现实意义。推进基本公共服务均等化，有利于保障公民的基本权利，促进社会公平公正，维护社会和谐稳定；有利于缩小区域、城乡差距，推动区域之间、城乡之间协调发展。

（四）加快基本公共服务均等化进程有助于完善公共治理结构

随着社会需求结构的转型升级，基本公共服务均等化要体现在基本公共服务供给决策、执行、监督各个环节的社会参与上。基本公共服务属于最重要的公共选择范畴，政府负责决策、投资和政策的制定；包括事业单位在内的公益机构及民间组织负责生产与供给，是公共政策的主要执行者；社会公众监督全过程，是公共政策的最终评价者。只有构建基本公共服务多元参与的治理结构，才能保证公共政策决策的公正性和科学性，才能提高公共服务供给效率、水平和公平程度。因此，加快基本公共服务均等化进程，也是完善公共治理结构的迫切要求。

近年来，基本公共服务均等化问题已经成为学术界和政界所关注的热点。在山西资源型经济转型综合配套改革试验区的改革实践中，"加强以改善民生为重点的社会建设，构建和谐社会"是转型发展的重点领域之一，而逐步建立完善覆盖城乡的基本公共服务体系，进一步推进基本公共服务均等化，使改革发展成果更好惠及全省人民，是综改区建设和谐社会的重要任务。由于基本公共服务均等化的实现具有阶段性和层次性，是一个动态的过程，而其与一定社会经济发展水平和国情相适应。

### 三、基本公共服务的目标

山西省第十一次党代会工作报告提出基本公共服务的目标：

（一）坚持普惠性原则

以改革创新思路破解民生重点难点问题，提高基本公共服务均等化水平。坚持普惠性、保基本、均等化、可持续方向，在加大政府对社会事业投入力度的同时，鼓励社会资本投入社会事业，实现共建共享相统一，提升城乡社区综合服务水平，推动基本公共服务更好惠及千家万户。

（二）推进义务教育均衡发展

深化教育领域综合改革，加大对贫困地区、薄弱学校教育投入和资源倾斜力度，抓好学前教育，推进义务教育均衡发展，统筹推进高中阶段教育，建立现代职业教育体系，提升高校创新和服务发展能力，健全支持民办教育发展机制，发展全民教育、终身教育，建设学习型社会。

（三）推动全民健身和全民健康深度融合，打造"健康山西"

树立大卫生、大健康的观念，深化医药卫生体制改革，加快中医药发展，提升出生人口素质，全方位、全周期保障人民健康，推动全民健身和全民健康深度融合，打造"健康山西"。

（四）深化社会保障制度改革

逐步实现城乡之间社会保险、社会救助、社会福利统筹衔接，发展残疾人事业，基本实现人人享有基础社会保障。创新养老模式，健全居家为基础、社区为依托、机构为补充、医养相结合的养老服务体系。

# 第二节　基本公共服务均等化的现状

《国家基本公共服务体系"十二五"规划》明确了我国教育、就业服务、社会保险、社会服务、医疗卫生、人口计生、住房保障、公共文化体育等8个领域逐步实现基本公共服务均等化。根据《山西省国民经济和社会发展第十二个五年规划纲要》和《国家基本公共服务体系"十二五"规划》，按照"学有所教、劳有所得、病有所医、老有所养、住有所居"的要求，本规划的范围确定为公共教育、劳动就业服务、社会保障、基本社会服务、医疗卫生、人口和计划生育、住房保障、公共文化、公共体育等领域的基本公共服务。山西"十二五"规划纲要还明确了基础设施、环境保护两个领域的基本公共服务重点任务，包括：行政村通公路和客运班车，城市建成区公共交通全覆盖；行政村通电，无电地区人口全部用上电；邮政服务做到乡乡设所、村村通邮；县县具备污水、垃圾无害化处理能力和环境监测评估能力；保障城乡饮用水水源地安全等（见图2）。

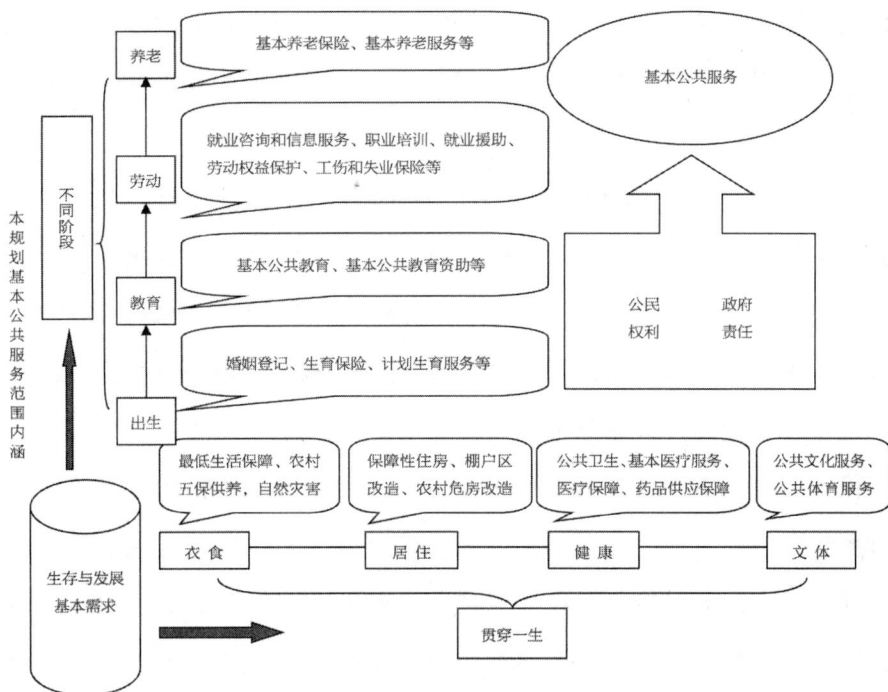

**图2　山西省"十二五" 规划示意图**

现阶段我国的基本公共服务还存在不均等现象，主要表现在：城乡之间基本公共服务供给不均等，农村基本公共服务水平远低于城市；区域之间基本公共服务供给差异大，东部地区政府提供的基本公共服务数量和质量明显高于中西部地区；社会成员之间享有的基本公共服务不均等，比较突出的是进城农民工享有的基本公共服务水平远低于城市户籍居民。一是公共服务制度不完善。在我国各地，有些政府部门同时扮演了基本公共服务的提供者和监督者两个角色，这使得对基本公共服务缺乏有效的监管，从而容易产生公共资源分配不公的现象。此外，由于有些政府部门长期的导向是以经济建设为中心，这就导致个别政府部门倾向于将有限的资源配置到经济建设领域，而忽略了在公共服务方面的支出。从而，制度层面上的不完善造成了我国有些地方的基本公共服务无法均等化。二是公共服务资源配置不平衡。

在我国，公共资源配置不平衡主要体现在中央部委办局之间、各省与自治区和直辖市之间、县与县之间、区与区之间、乡镇城乡之间失衡，其背后是严重的各地城乡之间公共资源配置不均衡。如社保、教育、医疗、公共实施等资源配置还存在不均等、发展不平衡的现象。三是城乡居民间公共服务提供不均等。除上述的资源集中于一线、二线和一般的城市外，制度上也更为偏向大中城市，如在我国有的城市城乡收入分配、卫生事业、养老事业等制度改革，尽管正在优化、合理地配置中，但在其完善程度上还不及各大中城市里的制度改革，城乡居民公共服务均等化的范围有待进一步扩大、延伸、优化组合和科学安排。基本公共服务供给不足和公共服务需求扩张的双重压力，使建立健全基本公共服务体系仍然面临许多困难和挑战。基本公共服务的规模和质量难以满足人民群众日益增长的需求；农村、贫困地区和针对社会弱势群体的基本公共服务尚未得到充分保障；体制机制有待于进一步完善，城乡区域间制度设计不衔接，管理条块分割，资源配置不合理，服务提供主体和提供方式比较单一，基层政府事权与支出责任不匹配，以及监督问责缺位等问题较为突出。必须深刻认识到，基本公共服务体系不健全，不仅难以保障发展成果惠及全民，不利于社会和谐稳定，而且还会制约经济社会健康协调可持续发展。

山西完善基本公共服务体系建设机遇大于挑战，要顺应全省人民过上更好生活新期待，努力提高基本公共服务水平和均等化程度，推动民生持续改善和幸福指数进一步提升，为实现经济社会转型跨越发展和全面建成小康社会夯实基础。

## 一、社会保障均等化状况分析

基本社会保障服务均等化，它既是社会保障制度公平价值取向的基本要求，还是体现中国特色社会主义福利社会的题中应有之义。具体指居民应当不分城乡、不分地区地享有对基础教育、基本医疗、基本养老和社会救助的基本权利，并能够实现机会均等和结果平等。山西已经基本建立了覆盖养老、医疗、工伤、失业、生育等所有保险项目的社会保险制度，覆盖城乡居民的社会保障体系框架初步形成，社会保险覆盖范围进一步扩大，社会保险待遇水平大幅提高，各项社会保障制度更加规范（见表8）。

### 表8　山西省"十二五"时期基本社会服务基本标准

| 服务项目 | 服务对象 | 保障标准 | 支出责任 | 覆盖水平 |
|---|---|---|---|---|
| 社会救助 | | | | |
| 最低生活保障 | 家庭人均收入低于当地最低生活保障标准的城乡居民 | 全省城乡低保平均保障标准和补助水平达到全国平均水平 | 地方政府负责，中央财政对困难地区适当补助 | 目标人群覆盖率100% |
| 自然灾害救助 | 因自然灾害致使基本生活困难的人员 | 灾后12小时内基本生活得到初步救助 | 中央和地方政府共同负责 | 目标人群覆盖率100% |
| 医疗救助 | 最低生活保障家庭、"五保"户以及低收入重病患者、重度残疾人、低收入家庭老年人等特殊困难群体 | 医疗救助起付线逐步降低或取消，政策范围内住院治疗经各类国家医疗保险补助后，个人实际承担的医疗费用救助比例原则上不低于50% | 地方政府负责，中央财政对困难地区适当补助 | 目标人群覆盖率100% |

续表

| 服务项目 | 服务对象 | 保障标准 | 支出责任 | 覆盖水平 |
|---|---|---|---|---|
| 社会救助 | | | | |
| 流浪乞讨人员生活救助 | 城市生活无着的流浪乞讨人员 | 免费享有临时基本食物、住处、急病救治、返乡及安置服务；实现全省70%的县(市)都有一所流浪乞讨人员救助保护设施 | 县级以上政府负责 | 目标人群覆盖率100%，市、县(市)均设有标准的救助机构 |
| 流浪未成年人救助保护 | 流浪未成年人 | 免费享有生活照料、教育和职业培训、医疗救治、行为矫治、心理辅导、权益保护、返乡及安置等服务 | 县级以上政府负责 | 目标人群覆盖率100%，市、县(市)均设有标准的救助机构 |
| 社会福利 | | | | |
| 孤儿养育保障 | 失去父母、查找不到生父母的未成年人 | 社会福利机构中收养的儿童和弃婴的生活费标准不低于民政部规定的孤残儿童最低养育标准，不低于当地平均生活水平，机构养育标准高于散居养育标准 | 地方政府负责，中央财政按照一定标准给予补助 | 目标人群覆盖率100% |
| 农村"五保"供养 | 无劳动能力、无生活来源又无法定赡养、抚养、扶养义务人，或者法定赡养、抚养、扶养义务人无赡养、抚养、扶养能力的老年、残疾或者未满16周岁的村民 | 供养标准不低于各县(市、区)上年度村民平均生活消费支出水平，并随着国民经济和社会发展及当地村民平均生活消费水平的提高适时调整 | 地方政府负责，中央财政对困难地区适当补助 | 目标人群覆盖率100%，集中供养能力达到50%以上 |
| 殡葬补贴 | 推行火葬地区低收入家庭身故者的家庭 | 为低收入家庭身故者遗体运送、火化等提供补助 | 地方政府负责 | 使火化率逐步提高 |
| 基本养老服务 | | | | |
| 基本养老服务补贴 | 社会老人尤其是家庭经济困难且生活难以自理的失能半失能60岁及以上城乡居民 | 根据老年人身体状况和家庭收入情况评估，确定补贴标准 | 中央和地方政府负责 | 目标人群覆盖率50%以上 |

（一）基本养老保险

从山西基本养老保险的情况看，在城镇已经建立了社会统筹与个人账户相结合的城镇企业职工基本养老保险制度，制度覆盖各类企业从业人员、个体工商户和灵活就业人员、农民工、事业单位合同制职工和编外用工，并实现了省级统筹，在全省范围内统一了缴费比例和基数，统一了基本养老金计发办法和调整政策，统一了业务经办规程，统一编制和实施基金预算，实现了地区基金余缺调剂，确保离退休人员基本养老金按时足额发放。同时，山西制定了基本养老保险关系跨省转移接续办法，为流动就业人员提供了制度保障。自 2011 年 7 月 1 日起，山西城镇居民社会养老保险试点工作启动，全省开展城镇居民养老保险试点县共 97 个，其中包括阳曲县等国家试点县 85 个、省试点县 12 个，占全省 119 个县（区）的 81%，覆盖了全省约 240 万城镇无业居民，2012 年基本实现全覆盖。同时，在事业单位开展的工作人员养老保险制度改革试点工作稳步推进。

在农村，全省建立了新型农村社会养老保险制度。2008 年，山西省政府下发了《山西省人民政府关于开展新型农村社会养老保险试点工作的指导意见》，并展开试点工作。2009 年 11 月，经国务院新型农村社会养老保险试点工作领导小组批准，山西省 15 个县（市、区）列入国家首批新型农村社会养老保险 (简称新农保) 试点。2010 年 11 月，又新增 15 个新型农村社会养老保险国家试点。

综上所述，山西城镇职工基本养老、城镇居民社会养老、农村社会养老保险组成的基本养老保险制度基本建立，城镇企业职工基本养老保险制度实现了省级统筹，2012 年底新型农村社会养老保险和城镇居民社会养老保险实现制度全覆盖。为保障改善民生，体现党和政府对企业退休人员的关怀，国家有关部门批准，从 2015 年 1 月 1 日起，进一步提高企业退休人员基本养老金水平。调整范围是 2014 年 12 月 31 日前已按规定办理退休（职）手续并按月领取基本养老金的企业退休人员，共惠及 169.4 万人；总体调整水平按照 2014 年全省企业退休人员月人均基本养老金的 10% 确定。目前，山西基本养老保障存在的问题：一是农村与城镇实行不同的社会保障办法，城乡之间保障水平差距大；二是企业和机关事业单位等不同群体保障水平差距较大；三是由于城市保障制度的制约以及农民工工资水平低、流动性大，农民工参保率还较低而且农村与城镇两种不同的社会保障制度衔接困难，农民工的养老社会保障问题比较突出。

（二）基本医疗保险

从山西城镇情况看，全省建立了城镇职工基本医疗保险和城镇居民基本医疗保险两项制度，基本医疗保险已经从职工扩大到全体城镇居民，城镇居民基本医疗保险待遇标准也进一步提高。从 2015 年起居民大病医保不再需要居民个人交费。"参加居民基本医保的人员，居民大病医保不用交费，直接享受报销待遇。"同时，从 2015 年起，太原市实施新的居民大病保险报销政策，居民大病保险年报销限额为 40 万元。这意味着，太原市城镇居民医保年总报销限额由 40 万元提高到 47 万元；居民基本医保年报销限额保持 7 万元未变，居民大病保险年报销限额由 33 万元提高到 40 万元。

（三）城乡社会保障比较分析

从山西农村情况看，建立了新型农村合作医疗制度，通过个人缴费、集体扶持和政府资助的方式筹集资金，为广大农村居民提供基本医疗保障。山西省新型农村合作医疗试点工作于 2003 年 10 月启动，

2014 年，山西共有 2191.3 万农村居民参加新农合，参合率较上年略有增长，达到 99.4%。筹资标准提高到 390 元。2015 年，山西新农合人均财政补助标准在 2014 年的基础上又提高了 60 元。根据山西省政府决定，2015 年城镇居民医保和新农合财政补助由人均 320 元提高到 380 元。山西省财政厅拨付 2015 年省级财政城镇居民基本医疗保险和新型农村合作医疗补助资金（第二批）共 4.1 亿元，其中，新农合 3.38 亿元，城镇居民医保 0.72 亿元。2015 年，山西省继续稳定新农合参合率，进一步提高保障水平，继续保持参合率在 95% 以上，实现应保尽保。截至 2015 年 7 月，中央和省级城乡医保补助资金 75.93 亿元已全部下达。其中，中央财政新农合 49.45 亿元，城镇居民医保 7.59 亿元；省级财政新农合 15.48 亿元，城镇居民医保 3.41 亿元。新农合补助资金由省级财政直接拨入县级新农合基金财政专户，确保了补助资金及时足额到位。

2015 年 9 月 1 日，山西通过鼓励、倡导、帮助流动人口参加城乡居民基本医疗保险和新农合，提高流动人口参合参保率和转移接续率，确保流动人口享受到优质的基本公共卫生计生服务项目等举措，力推流动人口基本公共卫生服务均等化。从山西连续 5 年的流动人口动态监测数据看，流动人口群体以农民工居多，他们有的没有参加新农合和城乡医保，有的虽然参加了城镇基本医疗保险或新型农村合作医疗保险，但流动就业时医保关系接续不上，种种原因导致其不能报销住院费用或住院报销难。为此，各级卫生计生部门在制定措施和落实政策时，要将流动人口特别是农民工纳入进去。同时鼓励、倡导、帮助流动人口参加城乡居民基本医疗保险和新农合。各地要在提高流动人口的参合参保率上下功夫，让流动人口不仅能报销住院费用，还能享有大病保险救助资格。与此同时，要提高流动人口参合参保率和转移接续率。要把涉及流动人口参合参保及保障关系转移接续办法、办理大病保险的途径、异地住院费用直接结算办法以及享受医疗卫生和计生普惠政策的宣传到户到人，不断提高流动人口享受各种医疗卫生计生基本保障的政策知晓率。各市要将流动人口纳入到常住人口中，加大财政投入力度，确保流动人口享受到优质的基本公共卫生计生服务。并加强对流动人口均等化工作的督查，重点抓好流动人口均等化工作的日常服务和后续服务。2015 年山西省已实现城镇医保全省异地就医即时结算。这意味着，山西 11 个市城镇基本医疗保险参保人员省内异地就医将不用"先垫付后报销"，而是在出院时可以直接结算。

总体上看，由城镇职工基本医疗保险、城镇居民基本医疗保险和新型农村合作医疗制度组成的基本医疗保障制度基本建立并覆盖山西全体城乡居民，但各地市之间、城乡之间、不同群体之间的保障水平存在很大差异，尤其是城镇职工、城镇居民与新农合保障水平差距较大。

从山西基本社会保障的城乡均等化程度看，受城乡分割体制影响，农村与城市之间社会保障制度设计、保障范围及模式水平等方面存在很大差异，城乡居民社会保障待遇不统一、不公平。虽然近几年来，政府加大了农村社会保障体系建设和改革力度，也加大了对农村社会保障的投入，但是，依然未改变城镇居民与农村居民享受不平等社会保障的事实。

首先，城乡居民保障模式不同。比如，城镇居民参加基本医疗保险，农民参加新型农村合作医疗制度。在筹资来源上，城镇职工基本医疗由用人单位和个人共同缴费，具有强制性；新型农村合作医疗制度由个人、集体、国家三方出资，属自愿行为；在医疗保障提供上，城镇职工基本医疗保险设定了起付线和封顶线，按医疗费用所处不同区间分别给予经济补偿；新型农村合作医疗制度则以大病统筹为主，重点帮助农民提高抵御大病经济风险的能力。

其次，城市居民和农村居民社会保障项目的覆盖上存在较大差距。在城镇，由城镇职工基本养老、基本医疗，城镇居民社会养老、基本医疗组成的四项制度覆盖全省城镇全体居民已经指日可待。针对城市不同群体，也建立起最低生活保障制度、灾害救助、社会救济、流浪人员救助等社会救助制度，住房公积金、经济适用房、廉租房等住房保障制度以及优抚安置等，基本涵盖了社会保障的所有项目。在农村，虽然山西省新型农村合作医疗制度、新型农村社会养老保险发展较快，但农村社会保障仅包括养老、合作医疗等社会保障项目及"五保"供养、低保、特困户基本生活救助等社会救济制度，而失业保险、生育保险、工伤保险、住房保障及很多社会保障项目对农村居民、农民工而言仍然缺失。

## 二、基础教育均等化状况分析

衡量一个国家或地区的公共教育均等化水平要考虑以下因素：一是要科学确定公共教育供给范围并具有发展眼光。基本公共教育的范围就是义务教育，公共教育均等化标准要重点体现基础教育阶段是否真正实现在社会各区域、各阶层人群之间的公平提供；而随着经济社会发展，该范围今后可逐步拓展到学前教育、普通高中教育、职业教育、高等教育、继续教育、特殊教育等现阶段的公共教育领域。二是公共教育均等化标准要对办学条件和办学过程及教育质量等多方面进行衡量。从目前看，应该从学校办学规模和办学条件、师资配备、课程设置、经费投入、教育教学质量、学校布局等方面衡量基本公共教育供给状况，使公共教育更为有效供给，实现公共教育服务均等化。结合国家中长期教育改革和发展规划纲要的要求和山西目前公共教育服务的实际，主要分析义务教育均衡发展情况，并从教育经费、办学条件和师资力量等方面重点分析义务教育发展的差距（见表9）。

表9　山西省"十二五"时期基本公共教育服务基本标准

| 服务项目 | 服务对象 | 保障标准 | 支出责任 | 覆盖水平 |
|---|---|---|---|---|
| 九年义务教育 | | | | |
| 义务教育免费 | 适龄儿童、少年 | 免学费、杂费以及农村寄宿生住宿费，免费向农村学生提供教科书；农村中小学年生均公用经费标准，普通小学不低于500元，普通初中不低于700元 | 中央与地方财政按比例分担 | 目标人群覆盖率100%，九年义务教育巩固率达到95%以上 |
| 寄宿生生活补助 | 农村家庭经济困难寄宿学生 | 年生均补助小学1000元，初中1250元 | 地方政府负责，中央财政适当补助 | 目标人群覆盖率100% |
| 农村义务教育学生营养改善 | 贫困地区农村义务教育学生 | 在寄宿生生活补助基础上，集中连片特殊困难地区每生每天营养膳食补助3元（每年在校时间按200天计） | 地方政府负责，国家试点地区中央财政承担，其他地区中央财政适当补助 | 目标人群覆盖率100% |

续表

| 服务项目 | 服务对象 | 保障标准 | 支出责任 | 覆盖水平 |
|---|---|---|---|---|
| 高中阶段教育 | | | | |
| 中等职业教育免费 | 职业高中、普通中专和技工学校全日制学历教育学生 | 免学费 | 按学校现行管理体制和经费隶属关系由各级财政分级负担，民办学校按属地原则由当地政府负担 | 目标人群覆盖率100%,使高中阶段教育毛入学率达到93% |
| 中等职业教育国家助学金 | 全日制在校农村学生及城市家庭经济困难学生 | 资助每生每年不低于1500元,资助两年 | 中央与各级地方财政按比例分担 | 目标人群覆盖率100% |
| 普通高中国家助学金 | 家庭经济困难学生 | 资助每生每年不低于1500元,资助两年 | 中央与各级地方财政按比例分担 | 目标人群覆盖率100% |
| 学前教育 | | | | |
| 学前教育资助 | 家庭经济困难儿童、孤儿和残疾儿童 | 每生每年1000元 | 省、市、县按比例分担，中央财政适当补助 | 目标人群覆盖率100%,学前一年毛入园率达到90% |

## （一）城乡之间义务教育发展差距

城乡之间义务教育发展的差距是山西义务教育均衡发展的突出问题。集中体现在教育经费、办学条件和师资水平、教育质量上。尽管通过一系列改革措施，全省农村中小学学校师生比大于城镇，在义务教育阶段城乡教师数量配备均等化程度有所提高，但是从师资水平、教学质量等方面衡量，城市学校特别是重点学校远远高于农村学校。在农村学校，许多教师是通过在职进修、自学考试等方式达到学历标准，还有很大比例是由民办教师转为公办，教师水平参差不齐，教师拥有高学历的比例城乡差距仍然很大，教师整体素质还有待提高。

从山西义务教育的地区间均等化程度看，由于地理条件和经济发展水平的差距，各地区义务教育情况存在较大的差距，存在基础教育经费供给的差异、基础教育条件地区发展不平衡的状况。尽管 2014 年新改扩建 206 所公办标准化幼儿园，农村小学、初中学生人均公用经费补助标准分别提高到 695 元、895 元，21 个县初步通过国家义务教育均衡发展评估验收；实施薄弱学校改造计划，招聘 1407 名农村义务教育特岗教师。城乡特殊教育生均公用经费补助标准由 310 元、750元统一提高到 4000 元；中职教育免收学费全覆盖惠及 45 万名学生；教育经费投入依然不足。特别是在农村学校，办学条件较差，城市学生的人均教育经费远远大于农村学生，城市义务教育办学条件高于农村，严重制约基础教育的均衡发展。

从全国来看，2015 年全国有学校 52405 所，山西 1895 所，占全国的比重为 3.62%；专任教师 3475636 人，山西 113107 人，占全国的比重为 3.25%。其中：城区，全国 1111803 人，山西 34409 人，占全国的比重为 3.09%；镇区，全国 1718633 人，山西 56449 人，占全国的比重为 3.28%；乡村，全国 645200 人，山西 22249 人，占全国的比重为 3.45%；在校学生数，全国 43119500 人，山西 1126840 人，占全国的比重为 2.61%；城区全国 14410106 人，山西 389795 人，占全国的比重为 2.71%；镇区全国 21684430 人，山西 576807 人，占全国的比重为 2.66%；乡村全国 7024964 人，山西 160238 人，占全国的比重为 2.28%（见表 10）。

表 10 显示，山西和全国比，包括和其他省份比，都是处于比较落后的地区。

表10　2015年分地区初中情况　　　（单位：人）

| 地区 | 学校数（所） | 专任教师 | 城区 | 镇区 | 乡村 | 在校学生数 | 城区 | 镇区 | 乡村 |
|---|---|---|---|---|---|---|---|---|---|
| 全国 | 52405 | 3475636 | 1111803 | 1718633 | 645200 | 43119500 | 14410106 | 21684430 | 7024964 |
| 北京 | 340 | 32855 | 25990 | 4286 | 2579 | 283366 | 232961 | 33410 | 16995 |
| 天津 | 329 | 26345 | 15924 | 7467 | 2954 | 261474 | 154432 | 79156 | 27886 |
| 河北 | 2378 | 173824 | 47745 | 91476 | 34603 | 2361330 | 644836 | 1303991 | 412503 |
| 山西 | 1895 | 113107 | 34409 | 56449 | 22249 | 1126840 | 389795 | 576807 | 160238 |
| 内蒙古 | 716 | 59103 | 21955 | 32758 | 4390 | 639648 | 275036 | 334018 | 30594 |
| 辽宁 | 1517 | 98838 | 50555 | 36824 | 11459 | 1012944 | 528036 | 381158 | 103750 |
| 吉林 | 1181 | 64724 | 25515 | 25320 | 13889 | 595518 | 277647 | 221931 | 95940 |
| 黑龙江 | 1564 | 93830 | 38581 | 37720 | 17529 | 899803 | 409983 | 369678 | 120142 |
| 上海 | 537 | 37564 | 30442 | 6031 | 1091 | 412345 | 341531 | 61061 | 9753 |
| 江苏 | 2091 | 173386 | 80174 | 83795 | 9417 | 1867166 | 915658 | 868698 | 82810 |
| 浙江 | 1712 | 120224 | 55979 | 53668 | 10577 | 1479353 | 706262 | 658860 | 114231 |
| 安徽 | 2858 | 150856 | 31026 | 80661 | 39169 | 1900786 | 437822 | 1064787 | 398177 |
| 福建 | 1240 | 97965 | 31097 | 46608 | 20260 | 1133458 | 441955 | 513122 | 178381 |
| 江西 | 2131 | 120729 | 25345 | 65510 | 29874 | 1763985 | 393978 | 999604 | 370403 |
| 山东 | 2891 | 264850 | 91916 | 141979 | 30955 | 3108127 | 1178660 | 1603152 | 326315 |
| 河南 | 4565 | 285946 | 65150 | 149518 | 71278 | 4048103 | 950049 | 2244546 | 853508 |
| 湖北 | 2013 | 131325 | 46819 | 63263 | 21243 | 1365319 | 547028 | 625858 | 192433 |
| 湖南 | 3331 | 168235 | 34262 | 86475 | 47498 | 2224138 | 533753 | 1186146 | 504239 |
| 广东 | 3415 | 275787 | 136514 | 110234 | 29039 | 3553170 | 1892438 | 1327234 | 333498 |
| 广西 | 1839 | 119008 | 23687 | 74874 | 20447 | 1963062 | 381412 | 1266951 | 314699 |
| 海南 | 391 | 25717 | 9420 | 14480 | 1817 | 328889 | 144274 | 167663 | 16952 |
| 重庆 | 906 | 75556 | 25290 | 43027 | 7239 | 960383 | 329542 | 543524 | 87317 |
| 四川 | 3864 | 198832 | 46498 | 111413 | 40921 | 2463860 | 635725 | 1395555 | 432580 |

续表

| 地区 | 学校数（所） | 专任教师 | 城区 | 镇区 | 乡村 | 在校学生数 | 城区 | 镇区 | 乡村 |
|------|------|------|------|------|------|------|------|------|------|
| 贵州 | 2128 | 123677 | 21189 | 70708 | 31780 | 1979699 | 334546 | 1145764 | 499389 |
| 云南 | 1682 | 123858 | 19912 | 64095 | 39851 | 1894282 | 312094 | 1006844 | 575344 |
| 西藏 | 97 | 9714 | 1447 | 6865 | 1402 | 117520 | 16415 | 81521 | 19584 |
| 陕西 | 1727 | 104674 | 26859 | 65834 | 11981 | 1070779 | 363758 | 623392 | 83629 |
| 甘肃 | 1491 | 83857 | 15703 | 36233 | 31921 | 909255 | 203890 | 411492 | 293873 |
| 青海 | 270 | 16132 | 4012 | 8590 | 3530 | 213165 | 57757 | 115514 | 39894 |
| 宁夏 | 237 | 19369 | 7170 | 8875 | 3324 | 274333 | 112745 | 126236 | 35352 |
| 新疆 | 1069 | 85749 | 21218 | 33597 | 30934 | 907400 | 266088 | 346757 | 294555 |

资料来源：《中国统计年鉴2016》。

（二）校与校之间教育质量差异较大

全面改善贫困地区义务教育薄弱学校基本办学条件项目是党中央、国务院实施精准扶贫战略、确保实现全面建成小康社会目标的重要组成部分，"全面改薄"是党中央、国务院着眼于贫困地区义务教育发展、保障教育公平而作出的重大决策，意义重大，影响深远。

农村教学点是县域内义务教育学校的重要组成部分。为切实改善边远地区农村小学教学点的办学现状，提升管理水平，提高办学效益，促进全省义务教育均衡发展，从山西省义务教育资源配置情况看，目前存在的突出问题是区域内学校之间资源配置不均，优质教育资源短缺、辐射面窄，教育质量严重不均衡。学校被分成重点学校（包括市重点、区重点、县重点等）、一般学校、薄弱学校等不同等级，这也是造成目前"择校热""乱收费"等问题的重要原因之一。省、市直属学校与县区实验学校，城区的普通中小学与农村中小学之间存在教育质量严重的不均衡。目前，择校问题在城市和县城都比较突出，大中城市主要表现为向名校名师集中，农村主要表现为向县城和大乡镇集中。这种主观意愿式的选择性流动，加剧了城市"大班额"和农村"空巢学校"并存的矛盾。"重点学校"与薄弱学校的存在，造成区域内学校两极分化，客观上加剧义务教育发展的不均衡。各地要严格执行农村义务教育经费保障机制改革政策，积极采取措施，切实保证教学点的办学经费。对教学点按 100 人核定公用经费进行供给，保证其正常运转。完善教育经费保障机制。义务教育全面纳入公共财政保障范围，建立由各级政府共同负担、省政府负责统筹落实的投入体制。学前教育投入由政府、社会举办者和家庭合理分担，逐步增加政府对学前教育的投入。普通高中实行以财政投入为主，其他渠道筹措经费为辅的机制。中等职业教育实行政府投入为主，行业、企业及其他社会力量依法筹集经费的政策。

（三）农民工子女和"留守儿童"的义务教育问题

随着近年来山西城市化、工业化的加速，农民工子女和"留守儿童"的义务教育问题日益突出。一方面，农民工进城就业后子女入学问题凸显；另一方面，没有随父母迁移到城市的儿童成为"留守儿童"，这部分儿童在家庭教育、学习娱乐、情感等方面都存在一些问题。留守儿童基本上可以在农村接受义务教育，他们的小学阶段在校率很高，但是进入初中阶段以后，在校率下降。

如表 11 显示，2015 年全国进城务工子女和农村"留守儿童"在校情况：普通小学毕业生数 2737544 人，进城务工人员随迁子女

1169812 人，农村"留守儿童" 1567732 人。普通小学中在校学生数总
计 23972215 人，其中进城务工人员随迁子女 10135581 人，农村"留
守儿童" 13836634 人；毕业生数总计 2737544 人，其中进城务工人员
随迁子女 1169812 人，农村"留守儿童" 1567732 人，但是招生人数
4229785 人，远远大于毕业人数，其差额为 1492241 人，有 1/2 的小
学生没有毕业。2015 年初中阶段在校学生数总计 9891121 人，其中进
城务工人员随迁子女 3535380 人，农村留守儿童 6355741 人，占到在
校生的 64.25%。尤其应该关爱这些孩子，避免他们不愿学习辍学等。

表 11　2015 年进城务工子女和农村"留守儿童"在校情况

（单位：人）

| 项　目 | 总计 | 进城务工人员随迁子女 | #外省迁入 | #本省外县迁入 | 农村留守儿童 |
|---|---|---|---|---|---|
| 普通小学 | | | | | |
| 毕业生数 | 2737544 | 1169812 | 544630 | 625182 | 1567732 |
| 招生数 | 4229785 | 1835257 | 822075 | 1013182 | 2394528 |
| #受过学前教育 | 4160292 | 1820589 | 817159 | 1003430 | 2339703 |
| 在校学生数 | 23972215 | 10135581 | 4608081 | 5527500 | 13836634 |
| #女 | 10586887 | 4314315 | 1955337 | 2358978 | 6272572 |
| 初中 | | | | | |
| 毕业生数 | 2490760 | 835043 | 298806 | 536237 | 1655717 |
| 招生数 | 3347257 | 1199478 | 489361 | 710117 | 2147779 |
| 在校学生数 | 9891121 | 3535380 | 1375604 | 2159776 | 6355741 |
| #女 | 4367018 | 1469463 | 565377 | 904086 | 2897555 |

资料来源：《中国统计年鉴 2016》。

### 三、公共卫生和基本医疗服务均等化状况分析

改革开放以来，山西高度重视公共卫生体系建设，理顺体制机制、加大公共卫生事业费投入力度、强化基础设施建设，积极改善农村卫生服务条件，医疗卫生和公共卫生服务体系逐步完善，基本医疗公共服务水平进一步提高，人民群众健康水平得到明显提高。但山西公共卫生服务水平相对滞后，从山西基本公共卫生与医疗服务的均等化情况看，一是卫生资源供给总量不足，全国三甲医院病床位每千人 1 张，山西只有 0.66 张；二是基本公共医疗卫生服务资源分布不均，且主要集中在大中城市，群众看病难较突出，尤其是农村居民基本公共卫生和医疗服务的便利性、可得性较差，基本卫生医疗服务供给与质量存在较大的城乡差异和地区差异；三是医疗保障水平偏低，个人医药费用负担较重。

根据农村医疗卫生状况调查，当城市中的居民较为普遍地享受着医疗卫生、就业辅助、交通通讯、教育优待等国家提供的公共服务和福利时，以土地为生存手段和生活保障的农民处于无助状态。他们在忍受着收入分配不公平的同时也不得不承受着公共服务分配不公的痛苦。

美国著名健康经济学家 V.R.福克斯在《谁将生存？健康、经济学和社会选择》中说过："在设计对贫困者的援助方案时，医生总是倡议提供更多医疗服务，教育者倡议提供更多教育，建筑业倡议提供更多住房，但是，贫困者最想要的是什么呢？它迫切需要得到某些领域的政策分析家的关注。"

#### （一）公共卫生和基本医疗服务均等化现状

我国城乡之间卫生条件差距较大，不少农民仍面临着"看病难、病不起"的问题，农民因病返贫的现象仍普遍存在。在党的十八大报

告中，强调改革目标是"人人享有基本医疗卫生服务"的总目标，进一步明确为"要坚持为人民健康服务的方向"。

1. 医疗卫生服务体系建设

经过长期发展，山西已建立起由医院、基层医疗卫生机构、专业公共卫生机构等组成的覆盖城乡的医疗卫生服务体系，同时，非公医疗机构也得到大力发展。截至 2015 年底，全省共有医疗卫生机构(含诊所、村卫生室)41002 个，其中医院 1274 所，基层医疗卫生机构 39196 个，专业公共卫生机构 460 个，其他机构 72 个；社会资本举办医疗机构 25827 所，占医疗卫生机构总数的 62.99%。卫生防疫、防治机构 134 个，妇幼保健院（所、站）133 个。编制床位数 18.3 万张。

2. 医疗卫生资源规模

截至 2015 年底，全省共有卫生人员 29.5 万名，其中卫生技术人员 21.4 万名；卫生院卫生技术人员 2.2 万人，其中农村乡镇卫生院卫生技术人员 2.0 万人；社区卫生服务中心（站）卫生技术人员 1.0 万人；防疫、防治卫生技术人员 0.4 万人，妇幼保健（所、站）卫生技术人员 0.6 万人。每千常住人口拥有医疗机构床位数 5.00 张、执业（助理）医师数 2.46 名、注册护士 2.27 名。全省有三级医院 59 所，其中三级甲等 43 所，除朔州外其他 10 个市都有 1 所以上三甲医院；县级综合医院 112 所，91% 达到二级甲等水平；2015 年全省卫生总费用 798.97 亿元，占 GDP 的 6.26%。

3. 医疗卫生服务利用

2015 年全省医疗卫生机构门急诊总人次数为 1.25 亿人次，出院人数 379.71 万人，住院手术服务 87.69 万人次。较 2014 年总诊疗人次减少 2.34%，入院人数减少 0.20%。2015 年全省医疗卫生机构病床使用率

为 68.74％，医院平均住院日为 10.8 天，门诊病人次均诊疗费用 144.5
元，出院者平均每日住院费用 682.3 元。

（二）医疗服务供给存在较大的地区差距

目前中国的医疗卫生支出所占国民生产总值（GDP）约为 5.6％，但
是在农村地区医疗卫生支出只占全部医疗卫生支出的 20％，城市与城

### 表 12　2014 年山西卫生机构床位数和人员情况　（单位：人）

| 市名 | 常住人口 | 卫生机构床位数（张） | 卫生技术人员 | #执业（助理）医师 | #注册护士 | 按城镇乡村分 | |
|---|---|---|---|---|---|---|---|
| | | | | | | 城镇人口 | 乡村人口 |
| 全省 | 36479599 | 177442 | 209491 | 89852 | 79055 | 19623157 | 16856442 |
| 太原市 | 4298900 | 36209 | 49062 | 19304 | 22158 | 3621821 | 677079 |
| 运城市 | 5252258 | 26714 | 26776 | 11968 | 9049 | 2334465 | 2917793 |
| 临汾市 | 4414596 | 18964 | 23302 | 9831 | 8211 | 2155347 | 2081037 |
| 大同市 | 3391947 | 17368 | 20142 | 8992 | 7391 | 2036609 | 1355338 |
| 长治市 | 3404434 | 16067 | 17688 | 7296 | 6946 | 1649796 | 1754638 |
| 晋中市 | 3320308 | 14246 | 16731 | 6991 | 6218 | 1675226 | 1645082 |
| 忻州市 | 3128460 | 12278 | 13401 | 6118 | 4230 | 1397179 | 1731281 |
| 吕梁市 | 3813133 | 11122 | 14036 | 6482 | 4731 | 1820839 | 1703466 |
| 晋城市 | 2308946 | 10095 | 12609 | 5781 | 4307 | 1304291 | 1004655 |
| 阳泉市 | 1392674 | 7354 | 9305 | 3946 | 3813 | 904662 | 488012 |
| 朔州市 | 1753943 | 7025 | 6439 | 3143 | 2001 | 914605 | 839338 |

资料来源：《2015 年山西统计年鉴》。

市、城镇与农村地区之间存在较大差别。山西提出到 2020 年，确保农村贫困人口脱贫，贫困县全部摘帽，山西与全国同步进入全面小康社会，贫困群众和全省人民同步进入全面小康社会。山西贫困面积大，贫困人口多，贫困程度深，60% 以上的贫困村民人均纯收入不足 3000元，2015 年 36 个国定贫困县农民人均可支配收入 6078 元，仅有全国平均水平的一半多。

有关资料统计显示：中国的医疗卫生资源 80% 集中在城市和大医院，农村医疗卫生资源严重不足，条件差、设备少、水平低，农村缺医少药的局面还没有根本扭转。农民患病在当地难以得到有效治疗，要到外地、到大医院就诊，不仅造成了看病困难，也大大增加了农民的经济负担。

表 12 显示 2014 年山西卫生机构床位数和人员情况，全省卫生机构床位数 177442 张，卫生技术人员 209491 人，从城乡每千人医疗机构床位看，山西省城乡每千人医疗机构床位为 4.86 张，山西省城乡每千人的卫生技术人员、执业医师、注册护士分别为 5.74 人、2.46 人、2.17 人，其中太原市排名第一，卫生机构床位数 36209 张，卫生技术人员 49062 人，城乡每千人医疗机构床位为 8.42 张，城乡每千人的卫生技术人员、执业医师、注册护士分别为 11.41、4.49 和 5.15 人。而朔州市卫生机构床位数 7025 张，卫生技术人员仅 6439 人，排在全省最后。城乡每千人医疗机构床位为 4.01 张，城乡每千人的卫生技术人员、执业医师、注册护士分别为 3.67、1.79 和 1.14 人。距离省会城市太原差距较大。随着城镇化进程的加快，城乡一体化的发展，逐步缩小城乡差距，让城乡人民共享基本公共服务，这是十八届五中全会的要求。

（三）城乡医疗卫生资源分布不均，医疗卫生条件差距大

从山西农村医疗卫生条件来看，虽然近几年政府加大了对农村地区公共卫生和医疗服务的投入，各类卫生医疗服务体系，特别是农村基层乡镇卫生院、村卫生室建设大力推进，2010年底，村级卫生室建设实现了全覆盖；与此同时，农村基层医疗卫生队伍建设得到加强，乡镇卫生院、村卫生室等农村医疗卫生机构的医疗水平和服务能力进一步增强。但是与城市比较，全省农村的基本卫生医疗条件、卫生人员水平及服务可及性还是存在较大差距，农村居民看病难、看病贵问题依然比较突出。

### 表13　山西省城乡每千人口卫生技术人员

| 年份 | 卫生技术人员 | | | 执业（助理）医师 | | | 注册护士 | | |
|---|---|---|---|---|---|---|---|---|---|
| | 合计 | 城市 | 农村 | 合计 | 城市 | 农村 | 合计 | 城市 | 农村 |
| 2011 | 5.80 | 11.80 | 3.90 | 2.5 | 4.60 | 1.80 | 2.3 | 5.30 | 1.2 |
| 2015 | 5.47 | 10.01 | 3.71 | 2.42 | 4.11 | 1.77 | 1.85 | 4.08 | 0.99 |

资料来源：《中国统计年鉴2016》。

表13显示，从城乡每千人卫生技术人员看，2011年山西省城市每千人的卫生技术人员、执业医师、注册护士分别为10.01人、4.11人、4.08人，而农村仅为3.71人、1.77人、0.99人。2015年山西省城乡每千人口卫生技术人员分布：卫生技术人员城乡合计为5.8人，其中，城市11.8人，农村3.9人，城乡差别为7.9人；执业（助理）医师城乡合计为2.5人，其中，城市4.6人，农村1.8人，城乡差别为2.8人；注册护士城乡合计为2.3人，其中，城市5.30人，农村1.2人，城乡差别为4.1人。

#### 表 14  山西省城乡每千人口卫生机构床位

| 年份 | 每千人口医疗卫生机构床位 | | | 每千人口乡镇卫生院床位 |
|---|---|---|---|---|
| | 合计 | 城市 | 农村 | |
| 2011 | 4.49 | 7.57 | 3.30 | 1.22 |
| 2015 | 5.00 | 9.19 | 3.68 | 1.16 |

资料来源：《中国统计年鉴2016》。

表14显示，从城乡每千人医疗机构床位看，2011年山西省城市每千人医疗机构床位为7.57张，而农村仅为3.30张，每千人乡镇卫生院的床位更低，仅为1.22张；2015年山西省城市每千人医疗机构床位为9.19张，而农村仅为3.68张，每千人乡镇卫生院的床位更低，仅为1.16张；2015年低于2011年0.06张。随着国家逐步缩小城乡差别，从山西省城乡每千人口卫生机构床位这一指标来看变化不大，由2011年4.49张增加到2015年5.0张（见表14）。总体而言，山西农村地区的卫生人员数、卫生机构床位提供数明显低于城市，无论从设施、设备等硬件资源，还是卫生技术人员数量、卫生人员技术水平等软件资源看，卫生医疗资源配置在农村与城市之间存在较大的差距，农村不仅医疗资源不足、技术薄弱，而且就医极不方便，城乡卫生服务可及性差距较大，农村低收入人口、偏远地区居民卫生服务的可及性更差。

## 第三节  山西综改区基本公共服务均等化的差距及原因分析

经过山西经济快速发展，经济总量迈上了一个新台阶。2011年全省GDP达到1.1万亿元，经济发展与社会发展的协调性不断增强。然而山西经济社会发展中长期积累的矛盾仍然突出，发展规模不大，经济结构不优，质量效益不高，特别是"一煤独大"没有改变。2016 年山西 GDP 总值仅为 1.29 万亿元，同比增长 4.5%，增速全国倒数第二。在经济快速增长的煤炭黄金十年，相当一部分人未能真正共同分享改革和经济发展的成果。目前基本公共服务在地区间、城乡间、不同群体间差距的扩大以及居民收入分配差距过大等诸多问题，成为实现社会和谐的重要障碍。

### 一、基本公共服务均等化的差距

当前山西省在基本公共服务均等化方面最突出的问题是公共产品和服务投入不足、区域差异较大、城乡差距巨大，尤其是农村公共产品及服务欠账较多，总量不足，水平不高，基本公共服务的城乡差距最为突出，主要表现在以下方面：

（一）基本公共服务投入不足，结构失衡

长期以来，以 GDP 增长率为核心的经济增长政策取向，导致政府忽视公共服务和社会管理职能，虽然近年来在山西公共财政支出总量稳步增长的基础上，支出结构进一步优化，经济建设支出占财政支出的比重呈现下降趋势，财政支出重点加大了对"三农"、教育、科技、医疗卫生、社会保障、保障性住房、环境保护等方面的支持力度，尤其是教育、医疗卫生财政性支出增加较多（见表 15），但是财政对基础性公共服务投入整体水平不足，用于社会性公共服务支出比重低，所占比重变化不大，社会总体福利水平的增长落后于经济增长的速度。

我国到 20 世纪末，国家财政性教育经费支出占国民生产总值的比重应达到 4%。但到 2009 年，这一比重仅为 3.58%，而 2009 年山西省财政一般预算支出中，教育支出占比为3.78%，2010年降为3.58%；2011年上升为3.76%，2014年上升为3.98%；2009年卫生支出占GDP的比重仅为1.38%，2010年为1.24%，2011年为1.45%，2014年上升为1.91%；山西在医疗卫生费用支出规模不断增大的同时，其投入比例偏小。与此同时，多数医疗卫生费用支出的责任落在城乡居民自己身上，导致居民医疗卫生支出负担过重。近年来，由于政府公共服务支出总体不足，迫使居民用自身的收入来支付快速增长的教育、医疗、社会保障等支出，不仅挤压了居民的其他消费增长，而且强化了居民的谨慎消费预期，降低了居民消费倾向，影响了经济稳定增长和社会和谐稳定。

表15　2007—2015年山西省主要基本公共服务支出情况

（单位：亿元、%）

| 年份 | 一般预算支出 | 教育 | | 文化体育与传媒 | | 社会保障和就业 | | 医疗卫生 | |
|---|---|---|---|---|---|---|---|---|---|
| | | 金额 | 比重 | 金额 | 比重 | 金额 | 比重 | 金额 | 比重 |
| 2007 | 1049.92 | 181.2 | 17.26 | 26.8 | 2.55 | 182.8 | 17.41 | 52.1 | 4.96 |
| 2008 | 1315.02 | 234.9 | 17.87 | 27.2 | 2.07 | 218.4 | 16.61 | 71.5 | 5.44 |
| 2009 | 1561.70 | 278.1 | 17.81 | 27.9 | 1.79 | 236.9 | 15.16 | 101.7 | 6.51 |
| 2010 | 1931.36 | 328.6 | 17.01 | 31.2 | 1.61 | 274.5 | 14.21 | 113.9 | 5.89 |
| 2011 | 2363.85 | 421.8 | 17.84 | 48.2 | 2.03 | 321.6 | 13.6 | 159.6 | 6.75 |
| 2012 | 2759.46 | 558.03 | 20.22 | 60.20 | 2.18 | 354.61 | 12.85 | 180.34 | 6.54 |
| 2013 | 3030.13 | 542.44 | 17.90 | 66.69 | 2.20 | 419.02 | 13.83 | 201.63 | 6.65 |
| 2014 | 3085.28 | 507.28 | 16.44 | 63.95 | 2.07 | 450.72 | 14.61 | 243.94 | 7.91 |
| 2015 | 3422.97 | 602.85 | 17.61 | 73.08 | 2.13 | 533.45 | 15.58 | 290.71 | 8.49 |

资料来源：根据2008—2016年山西统计年鉴计算。2007年政府收支分类科目改革，故以前年度的社会保障和就业数据不可比。

## （二）基本公共服务城乡差距较大

受长期以来的城乡二元分割制度安排和我国公共政策长期偏向城市的影响，目前山西基本公共服务供给水平城乡差异巨大，提供的公共产品与服务向城镇倾斜，而农民基本公共服务的需求得不到保障。这种不均等，不仅恶化了不同社会群体的利益关系，导致农村居民基本生存和发展权利难以保障，而且制约着和谐社会建设进程，影响着社会稳定和公平公正的实现。

其表现：一是城乡差异性的供给制度。二是农村基本公共服务在供给数量总体上严重不足，标准低于城镇居民，质量得不到保证。主要体现在农村基础设施建设严重不足、农村义务教育得不到公平保障、农村公共卫生医疗服务落后、可及性差以及农村社会保障覆盖面窄、保障水平有限等方面。如在社会保障体系建设方面，农村社会保障体系建设与城市有较大差距，总体上社会保障覆盖范围较窄、标准较低，特别是进城务工农民基本社会保障缺乏。三是农村公共服务供给体制不合理。中央与地方政府的权责划分不明确，表现在公共服务供给错位、缺位，事权与财力和支出责任不匹配。

## 二、影响山西综改区基本公共服务均等化的原因

长期以来，城乡分割分治的二元体制和以往过分强调效率优先的政策取向，在全国各地普遍形成的是重 GDP 增长轻社会事业、重城市轻农村、重管理轻服务的发展观念。在山西经济增长的同时，公共需求的全面快速增长与服务不到位已经成为日益突出的社会矛盾。目前，山西基本公共服务不仅表现为总量不足、分布不均，城乡供给不平等、区域供给不均衡问题，而且制度建设也严重不足，缺乏统一管理。这

种非均等化并不是经济发展以后才形成的，它不仅与经济因素有关，更与中华人民共和国成立之初就实施的"城市优先"发展战略、财政体制、政府职能定位和政府绩效评价等一系列制度安排因素有关。

(一) 公共资源配置不均衡导致社会分享公共服务不均衡

我国公共资源配置不均衡实际上源于计划经济体制的行政性配置，其最突出的表现是城乡分割和基本公共服务的歧视性政策。山西由于长期偏向工业、城市的发展战略，使得城乡之间呈现二元经济特征，基本公共服务也呈现明显的二元特征。这种"先城市后农村"的观念使得基本公共服务的供给长期以来采取两种政策，农村公共产品的供给主要靠农村集体经济，而城市公共产品的供给是靠公共财政。在城乡差异化的公共服务供给制度下，主要的公共资源被投入到城市，用于城市公共产品和服务的提供，而人口占多数的广大农村地区获得的公共资源却非常少。当前山西的城乡差距、地区差距乃至个人收入分配差距，在很大程度是与公共资源配置的不均衡相关。

从城乡差距看，中华人民共和国成立以来，山西公共产品和公共服务基本是以满足城镇居民的需求为主，农村居民分享财政提供的公共产品和服务水平极低。其中最突出的表现是在相当长时期内，农村居民的公共产品和服务需求主要是通过缴费的方式来获得，以至于农民负担一度达到难以承受的地步。近年来，政府为改变这种状况做出了极大的努力，包括提出"新农村建设"、取消农业税、建立新型合作医疗制度等，使农村居民分享基本公共服务方面的状况有了一定程度的改善。但相对于庞大的农村人口规模来说，这种改善还只是初步的。农村基本公共服务在缩小城乡差距方面的功能还远没有充分发挥，仍然需要长期不懈的努力。

从地区差距看，由于我国公共财政转型尚处于起步阶段，公共资源的均衡配置依然受到体制方面及经济发展水平的制约。经济较发达的东部沿海地区，基本公共服务水平较高，而山西贫困人口较多，基本公共服务程度很低。近年来，山西省 11 个市经济都得到了不同程度的快速增长，但受经济发展水平的影响，各市间基本公共服务的差距仍旧很明显。

**(二) 公共财政体制不合理导致社会分享公共服务不均衡**

目前，我国基本公共服务供给采取中央和地方政府分担的方式。在现行的财政管理体制下，由于政府职责不明确，上下级政府之间事权与支出责任不匹配，地方政府财力不足或者说现有的财政体制的约束也是导致基本公共服务不均等的重要原因。山西经过 30 多年经济的持续高速增长，具备一定的提供公共服务的经济实力和物质基础。"十一五"时期，全省财政一般预算收入累计 3704.76 亿元，是"十五"时期 1094.35 亿元的 3.39 倍，年均增长 21.36%。2010 年全省可用财力达到 1400 亿元，是 2005 年的 545.71 亿元的 2.57 倍。2014 年财政支出总量和增量的八成以上和全部增量均用于民生改善。但由于政府职能转型的滞后、政府相关职能的缺失及缺乏合理的公共财政制度安排，政府在提供基本公共服务上的职能长期弱化，社会和居民承担了更多的基本公共服务的职责，使基本公共服务不平衡问题日趋扩大。政府职责不明确还体现在不同地方政府之间职责的划分上。在实际提供公共服务的过程中，会出现某项公共服务到底应由哪个政府来提供的情况。一般来说，应根据受益范围划分供给责任，但有些公共服务的受益范围是不明确的，比如，公共交通，很多公路是跨市县的，那么到底应该由哪个市县政府来提供，就可能会出现职责划分不清、互相推诿的情况。职责不清的结果会导致某些公共服务未能提供或提供不足，从而形成地区间的不均等。

## 第四节　推进山西综改区基本公共服务均等化的总体思路和目标

推进基本公共服务均等化是全面建成小康社会的重要内容，是市场经济条件下政府的基本职责，党的十六届六中全会通过的《中共中央关于构建和谐社会若干重大问题的决定》，进一步明确提出逐步实现基本公共服务均等化的目标，这标志着基本人权和民生领域的公平问题成为构建和谐社会的公共政策的基本目标。在 2012 年 7 月，国务院印发了基本公共服务的"十二五"规划，在十八大报告中也提出到 2020 年基本公共服务均等化总体实现的目标，这体现了在我国进入新的发展阶段后，改善民生、加快健全基本公共服务体系、加强社会建设被放在更加重要的位置，已经成为社会和谐稳定的重要保障，也是当前山西综改区资源型经济转型发展迫切需要完成突破的产业转型、生态修复、城乡统筹、民生改善四大重要任务之一。

"十二五"时期是山西资源型经济转型的攻坚时期，也是全面建成小康社会的关键时期。"十三五"全省要逐步完善覆盖城乡居民的基本公共服务体系，稳步提升人民受教育程度，不断提高人民群众思想道德素质、科学文化素质和健康素质，社会主义民主法制更加健全，人民权益得到切实保障。文化事业和文化产业加快发展，社会管理制度趋于完善，社会更加和谐稳定。按照这一要求，山西综改区推进基本公共服务均等化的总体思路和主要目标是：

供给有效扩大。政府投入大幅增加，基本公共服务预算支出占财政支出比重逐年提高。基本公共服务国家标准体系和标准动态调整机制逐步健全，各项制度实现全覆盖。创新公共服务供给方式，实现提供主体和提供方式多元化。

发展较为均衡。资源布局更趋合理，优质资源共享机制加快建立，县（市、区）域内基本公共服务均衡发展基本实现，农村和老区、贫穷地区基本公共服务水平明显提高。

服务方便可及。以基层为重点的基本公共服务网络全面建立，设施标准化和服务规范化、专业化、信息化水平明显提高，城乡居民能够就近获得基本公共服务。

群众比较满意。城乡居民基本公共服务需求表达机制有效建立，服务成本个人负担比率合理下降，绩效评价和行政问责制度比较健全，社会满意度不断提高。

体制全面创新。基本公共服务体制机制初步建立，基本公共服务体系初步完善，公共教育、医疗保障机制、收入分配调节机制、群众利益协调和权益保障机制、社会矛盾调处机制、社会稳定风险评估机制等不断创新。

## 第五节　推进基本公共服务均等化的政策建议

山西省国家资源型经济转型综合配套改革试验区的设立，为山西实现转型跨越发展带来了难得的重大改革发展机遇。这一转型不仅是要改变经济结构、做大经济总量、提升经济质量，而且要以基本公共服务均等化为主线推进政府转型、社会管理体制改革等一系列改革创新，为推进社会主义和谐社会建设创造条件。面对这一难得的改革发展机遇，山西要坚持以解放思想为先导，以增进人民福祉为基本导向，紧紧依靠改革，以改革促转型、以改革谋发展，围绕推进基本公共服务均等化，加快行政体制改革、社会管理体制改革、公共财政体制改革步伐，实现综改区公平与可持续的科学发展。

## 一、积极推动政府转型，加快建设公共服务型政府

推进政府职能转变，加快建立公共服务型政府，是提高政府公共服务供给效率，实现公共服务基本均等化的重要保障。促进山西基本公共服务均等化，必须建立政府在基本公共服务供给中承担最终责任的体制机制，在公共服务体制建设、政府责任、分工体制、财政体制、干部考核机制等多方面取得实质性突破。

### （一）加快政府职能转变，更好地发挥政府的作用

按照科学发展和全面建成小康社会的理念，强化政府在公共产品供给中的主体地位，加快建设公共服务型政府。要实现以 GDP 为中心向以"人"为中心的政府转型。突出强调政府在提供基本公共服务中的主体地位、主导作用，使政府成为社会性公共服务的主体，在协调重大利益关系、克服发展失衡、提升人力资本、维护社会公平正义等方面扮演重要角色。

发挥市场的决定性作用，在全面深化改革的今天，政府和市场的功能要分开，政府不能"越位"，同时也不能"缺位"。两者不是绝对对立的，而是优势互补、相辅相成的。健康的社会主义市场经济，需要市场和政府"两只手"各司其职、协调配合，寻求最佳结合点。基于此，《决定》提出市场在资源配置中起决定性作用的同时，要更好地发挥政

府的作用。政府的职责和作用是保持宏观经济稳定，加强和优化公共服务，保障公平竞争，加强市场监管，维护市场秩序，推动可持续发展，促进共同富裕，弥补市场失灵；"加强中央政府宏观调控职责和能力，加强地方政府公共服务、市场监管、社会管理、环境保护等职责"。归纳起来，政府要做好5件事，即宏观调控、市场监管、公共服务、社会管理和环境保护。

进一步简政放权，深化行政审批制度改革，最大限度减少中央政府对微观事务的管理，市场机制能有效调节的经济活动，一律取消审批，对保留的行政审批事项要规范管理、提高效率；直接面向基层、量大面广、由地方管理更方便有效的经济社会事项，一律下放地方和基层管理。

（二）加强政府公共职责保障机制建设

以新一轮财税体制改革为契机，按照事权和支出责任相适应的原则建立中央与地方分工体制，使各级政府的公共职责明确化、规范化、法定化。建立从中央到地方各级政府的职责分工及其保障机制。在此基础上，建立符合公共服务型政府要求的绩效评估体系和行政问责制度。

（三）建立政府基本公共服务绩效评价体系

应把基本公共服务数量和质量指标纳入政府绩效考核体系中，并逐步增加其权重。建立健全基本公共服务绩效评价体系。绩效评估体系应包括义务教育、基本医疗和公共卫生、失业保险、养老保险、最低生活保障、社会救助、公共就业服务等方面的单项和综合评估。同时，还需要完善评估程序，包括目标制定、执行、评估等环节都需要严格规范。要建立相应的制度框架，保证评估体系发挥其应有的作用。要引入多元化的评估机制，坚持透明性、公开性的原则，以公民为中心，积极引入外部评估机制，建立多元化的绩效评估体系，促进基本公共服务的均等化。

（四）全面发展社会事业，切实保障和改善民生

推动各类教育协调发展。新改扩建 200 所公办标准化幼儿园，完成"十二五"全省建设 1000 所幼儿园的目标。推进义务教育办学模式改革，全面改善义务教育薄弱学校和寄宿制学校基本办学条件，加大城乡教师交流、校长轮岗力度，力争再有 30 个左右的县通过国家义务教育均衡发展评估验收。启动普通高中办学标准化建设工作。认真落实特殊教育提升计划。加快构建现代职业教育体系，深入实施"百校千企"工程。建设一批优势特色学科专业，进一步提升高等教育质量和水平。深化教育领域综合改革，稳步推进教育考试招生制度改革。

提升医疗卫生服务水平。深化医药卫生体制改革，推进太原市城市公立医院改革试点工作，实现全省县级公立医院综合改革全覆盖。人均基本公共卫生服务经费财政补助标准由 35 元提高到 40 元。完善城乡居民大病保险制度，加快发展商业健康保险。为农村 60 岁以上老年人实行免费体检。进一步完善基本药物制度，做好常用低价药品供应保障工作。积极推进分级诊疗制度。加强村医队伍建设。采取建立医疗联合体、实施城乡对口支援、开展远程诊疗等举措，切实提升基层医疗卫生机构服务能力。

着力稳定和扩大就业。重点做好高校毕业生、农村转移劳动力、城镇困难人员、化解过剩产能失业人员和退役军人等群体就业工作。完善落实创业扶持政策，鼓励支持劳动者自主创业，以创业带动就业。

第十一章 以基本公共服务均等化推进全面建成小康社会

强化政府公共就业服务，提高职业培训质量，做好就业援助工作。

## 二、按照基本公共服务均等化的要求建立现代财政制度

新一轮财税体制改革围绕建立现代财政制度改革目标，拟从改进预算管理制度、完善税收制度、建立事权和支出责任相适应的制度三方面入手。十八届三中全会通过的《中共中央关于全面深化改革若干重大问题的决定》将财税的重要性上升到国家层面，其亮点基于财政是国家治理的基础和重要支柱这一重大命题，是对财政职能作用的重要论断，标志着我国财政理论将在新时期的突破、发展与完善。在合理界定各级政府事权的基础上，建立事权和支出责任相适应的制度，在转变政府职能、合理界定政府与市场边界的基础上，充分考虑公共事项的受益范围和管理效率，研究调整中央与地方事权和支出责任，逐步理顺中央与地方收入划分，总体上将大量减少中央专项转移支付和对地方的干预，促进市场统一和公共服务均等化。

完善财政转移支付政策，增加一般性转移支付规模和比例，增强县级政府提供基本公共服务的财力保障。优化财政支出结构，加快公共财政体系建设，提高财政保障能力。全面落实国家税收制度改革政策措施，逐步健全有利于加快转变经济发展方式的地方税收体系，推进基本公共服务均等化进程。

（一）加大政府财政转移支付力度，完善政府间转移支付机制

转移支付制度是实现基本公共服务均等化、调节收入再分配和实现政府目标的重要手段。为了有效调节和保障城乡之间基本公共服务均衡发展，就必须强化政府财政转移支付对于公共服务均等化的作用，加大各级政府对农村的财政转移支付力度，增强基层政府提供基本公

共服务的能力。如基础教育，在中央政府义务教育投入增长有限的情况下，山西省应主要对省级、地市和县级政府的义务教育投入责任进行标准化。山西"十二五"前期经济发展水平比较高，财政能力充裕，在促进义务教育资源配置均等化过程有能力承担更多的支出责任。"经费省级政府统筹"时，既要提高省级财政的支付责任，又应考虑省级财政支付能力的限制，还应考虑基层政府间的财力差异，实施"差别对待"。优先支持农村特别是贫困农村的义务教育，使其取得比城市更多的财政支持。这既是对农村义务教育长期投入过少的补偿，也是实行城乡协调发展所要求采取的必要步骤。

（二）以基本公共服务均等化为导向进一步深化财政管理体制改革

探索推进省直接管理县的财政管理体制，减少政府间财政关系的层级；积极推进乡镇财政管理体制改革试点，进一步规范和调整县与乡之间的财政关系；完善激励约束机制，强化省级政府调节地方财力分配的责任，增强省级财政对市县级财政的指导和协调功能，逐步形成合理、平衡的纵向与横向财力分布格局，逐步强化基层政府供给基本公共服务的体制保障能力。

山西资源型经济转型综合配套改革试验区改革的重点任务，就是完善财税体制，奠定资源型经济转型的财税基础。规范财政体制，积极探索建立与资源型经济转型相适应的财税政策。综合考虑山西省资源型经济转型发展的实际，增加中央财政对山西的均衡性转移支付力度。发挥各级政府财政性资金的杠杆作用，搭建支持资源型经济转型发展的投融资平台，综合运用补助、贴息、债券、担保等政策工具，引导社会资金参与资源型经济转型发展。国家对设立国家资源型经济转型综合配套改革试验区给予财政税收政策支持。

### 三、加快建立新型公共服务供给体制

随着市场经济体制的不断完善和政府职能的转变，国家与社会、政府机构与民间组织的关系出现重大变化。因而，建立以政府为主导的公共服务供给的多中心治理模式已经初步具备了组织与资源基础。

#### （一）完善政府、市场、社会在基本公共服务供给上的分工

政府在基本公共服务的供给过程中应居主导地位，在"市场失灵"或者"第三方治理中的志愿失灵"的情况下担负起保障公共服务供给的最终责任。市场力量、公众和社会组织是公共服务产品供给机制中不可缺少的主体，具有效率较高和形式灵活的优势，能够适应数量庞大和多样化的公共服务需求。根据公共服务供给的具体经济社会环境，以及政府、市场和社会的比较优势，形成公共服务供给过程中政府、市场、公众和社会组织之间的合理分工。改进政府提供公共服务方式，加强基层社会管理和服务体系建设，增强城乡社区服务功能，强化企事业单位、人民团体在社会管理和服务中的职责，引导社会组织健康有序发展，充分发挥群众参与社会管理的基础作用。

#### （二）建立基本公共服务的多元参与机制

仅仅由政府作为公共服务供给主体有难以克服的缺陷。主要原因是政府公共服务供给不以营利为目的，往往不计成本，而且政府供给具有垄断性，这种没有竞争的垄断极易使政府丧失对效率、效益的追求。为此，在明确政府在公共服务供给中最终责任的前提下，可以通过招标采购、合约出租、特许经营、政府参股等形式，将原由政府承担的部分公共职能交由市场主体行使。可以考虑开放经营性公共服务市场，消除社会资本进入障碍，营造有利于各类投资主体公平、有序竞争的市场环境。这样，不仅可以打破传统公共产品生产模式的垄断

状态，缓解基本公共服务供给短缺的状况，而且可以利用对于政府公共财政支持的同类项目的竞争压力，缓解由"委托代理"关系产生的"政府失灵"对基本公共服务供给效率的影响。政府完全可以放宽公共服务投资的准入限制，构建多元化的参与机制，吸引代理机构甚至企业参与公共服务的生产。鼓励和引导民间组织广泛参与基本公共服务。作为政府转型的一项重要任务，应尽快把某些公益性、服务性、社会性的公共服务职能转给具备一定条件的非营利性社会组织。

综上所述，2015 年是"十二五"的收官之年，目前全面建成小康社会进入决定性阶段，"十三五"改革进入攻坚期和深水区。要确保到 2020 年实现全面建成小康社会宏伟目标就必须提高人民生活水平，彰显出要满足百姓生活幸福度。要"千方百计增加居民收入"，推动区域协调发展，塑造基本公共服务均等化等区域协调发展新格局。推动城乡协调发展，健全城乡发展一体化体制机制，健全农村基础设施投资长效机制，推动城镇公共服务向农村延伸，提高社会主义新农村建设水平。坚持共享发展，必须坚持发展为了人民、发展依靠人民、发展成果由人民共享，作出更有效的制度安排，使全体人民在共建共享发展中有更多获得感，增强发展动力，增进人民团结，朝着共同富裕方向稳步前进。按照人人参与、人人尽力、人人享有的要求，坚守底线、突出重点、完善制度、引导预期，注重机会公平，保障基本民生，增加公共服务供给，从解决人民最关心最直接最现实的利益问题入手，提高公共服务共建能力和共享水平，实现全体人民共同迈入全面小康社会。

# 后 记

2020 年全面建成小康社会，是我们党向全国人民作出的庄严承诺，也是时代赋予我们哲学社会科学工作者不可推卸的历史重任。山西省在《中共山西省委关于制定国民经济和社会发展第十三个五年规划的建议》中提出，主动适应经济发展新常态，力争经济较快增长，确保到 2020 年实现我省与全国同步全面建成小康社会。确保如期实现全面建成小康社会目标，既面临诸多困难和问题，也有难得的机遇。加快全面建成小康社会，就必须吃透山西省情，立足山西实际，自觉践行新的发展理念，用新的发展理念引领新的发展实践，着力解决发展的不平衡、不协调、不可持续问题。

本书是山西省社会科学院经济研究所在对山西经济社会发展长期跟踪研究、深入分析所取得的一系列成果的基础上，结合"十三五"时期山西全面建成小康社会的历史背景和现实基础，经过进一步拓展和深化而形成的。

全书由山西省社会科学院经济研究所所长、研究员景世民进行总体设计和把握，经济所副所长、研究员张文丽负责拟定编写提纲并统纂成书，各章节具体分工为：第一章由张婷负责、第二章由刘晓明负责、第三章由何静负责、第四章由黄桦负责、第五章由栗挺负责、第六章由郭卫东和田国英负责、第七章由张保华负责、第八章由孙秀玲负责、第九章由邵琦和贾云海负责、第十章由栗挺负责、第十一章由武小惠负责。本书的编纂出版得到了山西省社会科学院领导和出版单位的大力支持，值此出版之际，深致谢意。

由于研究水平所限，对山西全面建成小康社会理论与实践的研究还有待进一步深入，衷心希望各界同仁提出宝贵意见。

编者

2016 年 10 月

# 参考文献

1. 中央党校中国特色社会主义理论体系研究中心.正确理解如期全面建成小康社会，求是,2015-04-30.

2. 冯帆.传统小康社会思想及其历史启示.前沿，2007(4).

3. 秋石.全面建成小康社会是实现中国梦的关键一步———论学习贯彻习近平总书记关于"四个全面"的战略布局，求是，2015-04-30.

4. 李捷.光明专论:百年追梦与民族自强，光明日报，2013-01-04.

5. 周新民.实现"中国梦"是当代中国的最大政治，人民网，2012-12-12.

6. 国防大学中国特色社会主义理论体系研究中心.沿着中国特色社会主义道路奋力实现"中国梦"，经济日报,2013-01-04.

7. 王建农.全方位开展小康社会进程监测.中国信息报，2014-12-25.

8.崔新建.全面小康与人的全面发展.人学与现代化———全国第五届人学研讨会论文集，2002(12).

9.张守军,张彩玲.康有为的小康思想.财经问题研究，2005(11).

10.魏秀芬等.小康思想的理论研究.北京农学院学报，2005(1).

11.安仲全.《春秋公羊解诂》研究.山东师范大学,2009(4).

12.耿相魁."小康"理论探微——从传统到现代.河南社会科学,2006(9),第14卷第5期.

13.刁静洋.浅析全面建成小康社会视域下的生态文明建设.现代交际,2015(11).

14.解振华.贯彻落实中央决策部署精神 加快推进生态文明建设.中国生态文明,2015(4).

15.全面建设小康社会统计监测课题组.中国全面建设小康社会进程统计监测报告(2011).调研世界,2011(12).

16.曲福田.可持续发展的理论与政策选择.中国经济出版社,2000.

17.胡代光,周叔莲,汪海波.西方经济学名著精粹(第二卷).经济管理出版社,1997.

18.厉以宁.区域发展新思路.经济日报出版社,2000.

19.于同申.发展经济学——新世纪经济发展的理论与政策.中国人民大学出版社,2002.

20.程俊英.诗经译注.上海古籍出版社,1985.

21.孔子.论语.广西民族出版社,1998.

22.康有为.孟子微.中华书局,1987.

23.中共中央文献研究室编.邓小平年谱(1975—1997)(上).中央文献出版社,2004.

24.中共中央文献研究室编.邓小平年谱(1975—1997)(下).中央文献出版社,2010.

25.孟庆鹏.孙中山文集(下册).团结出版社,1997.

26.中共中央文献研究室小康社会研究课题组.小康社会理论与时间发展三十年.中央文献出版社,2009.

27.牛仁亮.辉煌山西60年.中国统计出版社,2009.

28.郑社奎.山西农村50年.山西经济出版社,1999.

29.黄季焜.制度变迁和可持续发展:30年中国农业与农村.上海人民出版社,2008.

30.蔡昉,王德文,都阳.中国农村改革与变迁:30年历程和经验分析.上海人民出版社,2008.

31.张复明等.破解资源诅咒:矿产收益、要素配置与社会福利.商务印书馆,2016.

32.陈钊.区域经济生态化研究.四川大学出版社,2011.

33.杨万东等.经济发展方式转变.中国人民大学出版社,2011.

34.陶良虎,刘光远.美丽中国:生态文明建设的理论与实践.人民出版社,2014.

35.李军.走向生态文明新时代的科学指南(学习习近平同志生态文明建设重要论述).中国人民大学出版社,2015.

36.严耕.中国生态文明建设发展报告(2015).北京大学出版社,2016.

37. 山西省农村社会经济调查队. 山西农村统计资料概要(1949—1990).山西经济出版社,1992.

38.山西省财政厅.山西农村收入差距和贫困的现状及成因研究.经济科学出版社,2013.

39.习近平.摆脱贫困.福建人民出版社,1992.

40.范小建.扶贫开发形势和政策.中国财政经济出版社,2008.

41.游俊,冷志明,丁建军.连片特困区蓝皮书:中国连片特困区发展报告(2013)——武陵山片区多维减贫与自我发展能力构建.社会科学文献出版社,2013.

42.迟福林.民富优先.中国经济出版社,2011.